献给任东来教授（1961～2013）

旧伴同游尽却回，云中独宿守花开。

自是去人身渐老，暮山流水任东来。

（于鹄·《别旧山》）

五月金陵春事尽，风摧玉树竟凋零。

清音在耳成遗响，往事萦怀感懿行。

细论古今存大志，精研宪政望升平。

天堂幸似图书馆，把卷忘忧得永宁。

（李剑鸣·《吊东来》）

法治教育研究丛书

自由的天性

——十九世纪美国的律师与法学院

LAWYERS and LIBERTY:
The Legal Education in 19th Century America

胡晓进 / 著

中国政法大学出版社

2014·北京

图书在版编目（ＣＩＰ）数据

自由的天性:十九世纪美国的律师与法学院/胡晓进著. —北京:中国
政法大学出版社，2014.5
　ISBN 978-7-5620-5286-9

　Ⅰ.①自… Ⅱ.①胡… Ⅲ.①法学教育－教育史－美国－19世纪 Ⅳ.
①D971.2

　中国版本图书馆CIP数据核字(2014)第069561号

出 版 者　　中国政法大学出版社

地　　址　　北京市海淀区西土城路25号

邮寄地址　　北京100088信箱8034分箱　邮编100088

网　　址　　http://www.cuplpress.com（网络实名：中国政法大学出版社）

电　　话　　010-58908524(编辑部) 58908334(邮购部)

承　　印　　固安华明印业有限公司

开　　本　　880mm×1230mm　1/32

印　　张　　10.75

字　　数　　270千字

版　　次　　2014年5月第1版

印　　次　　2014年5月第1次印刷

定　　价　　32.00元

"知识不仅仅是一种达到目的的手段，而且本身就是目的，为了知识而享受知识。从社会角度说，知识既是获得幸福的关键，也是培养高尚情操的关键。知识是自治的必备条件。因此，在一个国家的全部法规中，最重要的一条，就是在人民中间普及知识，这是维护自由和幸福的最扎实的基础。"

托马斯·杰斐逊
（1743～1826，
美国的建国之父）

"在天性上，所有人都是平等、自由的；未经同意，没有人可以对他人行使权力；所有的合法政府都建立在被统治者的同意基础上；之所以同意，是为了保证被统治者的福祉能超过他们在自然状态下所能享受的独立与自由；因此，全社会的福祉乃是一切政府的首要原则。"

詹姆斯·威尔逊
（1742～1798，美国
著名政治家、法律家）

"法学教授的授课内容应该包括四大部分。第一部分是民法，主要是古代罗马法的基本理念；第二部分是英国的普通法；第三部分是十三个殖民地的法令；第四部分是各国政府形式与政策——特别是欧洲与中国的政制。"斯泰尔斯认为中国的制度可能是世界最优的，中国占了世界总人口的三分之一，其政治智慧值得美国这样的初生大国学习。

埃兹拉·斯泰尔斯
（1727～1795，
耶鲁第七任校长）

西奥多·德怀特
(1822～1892，哥伦
比亚法学院教授)

"真正的律师首先是一个真正的公民、真正的人。怎样才算是真正的律师？要弄清这一点，我们必须首先了解律师的职责。他需要学习、思考与行动；他既在幕后运作，也在前台活动；他掌握法律原则，以此赢得裁决。晚上，他挑灯阅读柯克勋爵的著作；白天，他在参加庭审的陪审团面前条分缕析，或是剖析近期谋杀案的蛛丝马迹，或是解开某些复杂欺诈行为的多重内幕。有些时候，他是一心一意的思考者；有些时候，他又是彻头彻尾的行动者。他绝不理会但丁为利亚、拉结、雅各的女儿描述的不同形象，也不会想着谁在天堂门口手捧鲜花欢迎他人，谁又对着镜子顾影自怜，孤芳自赏。"

托马斯·库利
(1824～1898，密歇根
大学法律系教授)

"法律的目的在于维护社会公正、保障社会秩序；法律的成败取决于普通民众的认可与支持，如果法律与民众背道而驰，将会不堪一击、一文不值。"

克拉拉·福尔茨
(1849～1934，美国
历史上的传奇女子)

"我所有的牺牲与成就，都必将为后人所记取；尽管我似乎有些怪异、满脑子幻想，但在那样充满偏见与限制的年代，我以自己的成功证明，只要努力抗争、坚持不懈，终将有所收获。"

自由社会的律师与法学院
（代前言）

在近代语境之下，自由至少包括四种含义：哲学层面的自由意志、个体层面的个性解放、政治层面的个人权利，以及国家层面的民族解放；与之对应的是意志自由、个性自由、政治自由与民族自由。

意志自由是超越了自然律的"从心所欲不逾矩"，多数人可望而不可即的；相比而言，个性自由更为现代人所看重，"海阔凭鱼跃，天高任鸟飞"是所有人的追求。然而，若要求得个性之解放，必先有社会之宽容。宽容与自由总是一对孪生子，形影不离。胡适先生很早呼求"我们的自由"：思想自由，言论自由，出版自由，因为"这几种自由是一国学术思想进步的必要条件，也是一国社会政治改善的必要条件"。[1] 但是到了晚年，他却发现，容忍比自由更重要，"容忍是一切自由的根本，没有容忍，就没有自由"。[2]

容忍，最重要的是容得下不同的声音，听得进批评。因此，新闻舆论的开放与自由，尤为重要。"一个国家里没有纪实的新闻而只有快意的谣言，没有公正的批评而只有恶意的谩骂和丑诋，——这是一个民族的大耻辱。这都是摧残言论出版自由的当

---

[1] 胡适："我们要我们的自由"，载欧阳哲生编：《胡适文集》（11），北京大学出版社1998年版，第144页。

[2] 胡适："容忍与自由"，载欧阳哲生编：《胡适文集》（11），北京大学出版社1998年版，第823页。

然结果"。[1] 早在 18 世纪末，美国先贤托马斯·杰斐逊就曾有言，"如果让我来决定，到底应该有政府而没有报纸，还是应该有报纸而没有政府，我将毫不犹豫地选择后者"。[2]

杰斐逊一生追求自由，他起草的《弗吉尼亚宗教自由法》，成为美国宗教与信仰自由的蓝本。他在《独立宣言》中将自由与生命并列，以此作为任何政府的出发点与基石，有了生命与自由，才有个人幸福可言。

一、律师造就了美国的自由

我们都知道，杰斐逊是伟大的政治家，被誉为美国民主之父。在美国首都华盛顿特区，耸立着圆柱穹顶的杰弗逊纪念堂，杰斐逊的巨像站立其间，遥望着他所深爱的国度。同时，杰斐逊也是杰出的律师，他曾跟随乔治·威思学习法律，前后长达 5 年之久，然后进入殖民地议会，成为大陆会议代表。

在去费城参加第一次大陆会议时，杰斐逊撰写了一份《英属北美权利概观》，认为殖民地自由人民的权利源于自然的法则，而非国王的恩赐。这种思想在《独立宣言》中得到深化与发扬。《独立宣言》上签名的 50 多人，有 30 人是律师或者法官出身。[3]《独立宣言》提出，为了保障个人的生命权、自由权和追求幸福的权利，人们才建立起政府；"政府之正当权力，来自被统治者的同意。任何形式的政府，只要破坏上述目的，人民就有权利改变或废除它，并建立新政府；新政府赖以奠基的原则，得以组织

---

[1] 胡适："我们要我们的自由"，载欧阳哲生编：《胡适文集》（11），北京大学出版社 1998 年版，第 144 页。

[2] 托马斯·杰斐逊：《杰斐逊选集》，朱曾汶译，商务印书馆 1999 年版，第 389 页。

[3] Robert F. Boden, "The Colonial Bar and the American Revolution", 60 *Marquette Law Review*, 1976, pp. 2~3.

权力的方式，都要最大可能地增进民众的安全和幸福"。[1]

秉承这一原则，独立之后的各邦开启了前所未有的制宪试验。从 1776 年独立到 1787 年费城制宪，大约有 11 个州（邦）制定了新宪法，这些州宪法成败参半，为 1787 年宪法的制定提供了丰富的经验教训。因此，这段时间可以称得上是美国宪法的试验期。1787 年宪法的成功与这段时间的试验密不可分。

在美国宪法的试验期，有个人的贡献尤为突出，他就是约翰·亚当斯。亚当斯是马萨诸塞著名律师，博览群书，讲话简明扼要，常常一语中的。在第一次大陆会议上，他就极力主张各殖民地联合起来，做好准备，共同抵制英国的不公正政策。与此同时，他与马萨诸塞州的保王党人展开论战，从英国宪法与传统入手，证明英国议会无权管理殖民地内部事务，殖民地和英国本土同属英王治下的平等政治主体。

1776 年初，在几位大陆会议代表的建议之下，亚当斯以书信的形式出版了《关于政府的构想》。[2]在这份二十多页的小册子里，亚当斯首先申明了建立政府的目的在于谋求全社会的福祉，在于让最多数的人获得最大程度的幸福，这是古今一致、人类同求的目标。很多政治思想家已经证明，唯有共和政府才能实现此目的；因为共和政府推行法治，是法律之国[3]。那么，应该如何组建共和政府呢？亚当斯认为关键在于选举代表制议会，而且唯有两院制议会才能担此重任。因为单一的代表大会拥有个人的所有缺点与恶习，容易为偏见、激情与轻率所左右；单一的代

〔1〕 任东来、陈伟、白雪峰等：《美国宪政历程：影响美国的 25 个司法大案》，中国法制出版社 2004 年版，第 555 页。

〔2〕 John Adams, *The Works of John Adams, Second President of the United States: with a Life of the Author, Notes and Illustrations*, Vol. IV, Boston: Charles C. Little and James Brown, 1851, p. 191.

〔3〕 为便于阅读，本书所涉人名、地名、校名、书名、术语等内容的英文或以脚注形式体现或在索引中注明，以供研习参考——编辑注。

表大会可能会贪得无厌，毫无顾忌地减轻自己的责任；单一的代表大会也可能会野心勃勃地让自己永久连任下去。此外，单一的代表大会人数庞大，行动迟缓，缺乏足够的立法技艺，而且容易制定自私自利的武断之法，最终会导向专制。[1]

《关于政府的构想》出版后，亚当斯曾将其寄送给好几个朋友，征求他们的看法，得到了他们的一致肯定。[2]在1776年到1787年间制定的11部州（邦）宪法中，有9部采用的是两院制，只有1776年的宾夕法尼亚宪法与1777年的佐治亚宪法坚持一院制。但是存续的时间都不长，1787年联邦宪法制定后，两州相继重新制宪，恢复两院制。

1779年，约翰·亚当斯将这一"构想"应用于马萨诸塞州制宪，参与制定了新的马萨诸塞宪法。这部1780年生效的宪法，除了"权利宣言"与"政府框架"两大部分外，还有一个独立的前言，直陈政府是社会契约的产物，制宪的目的是为了谋求共同的福祉。"权利宣言"共30条，从天赋人权出发，论述政府与人权的关系，以及如何保障个人基本权利。"政府框架"则分为立法权、执行权、司法权等数章，详细规定了议会两院、正副总督、各类法官的权责。此外，还将大学与教育机构单列出来，明确规定州政府与哈佛大学等教育机构的关系。[3]

在1770年代的制宪大潮中，如果说宾夕法尼亚和佐治亚宪法代表的是一院制、强调分权的一极，那么1779年制定的马萨诸塞宪法，则体现着两院制、注重制衡的一端。而且马萨诸塞宪法不但是专门的制宪大会制定的，也是由专门的批准宪法大会讨论通

---

[1] John Adams, *The Works of John Adams*, *Second President of the United States*: *with a Life of the Author*, *Notes and Illustrations*, Vol. IV, pp. 193~199.

[2] Page Smith, *John Adams*, *Vol. I*, 1735~1784, New York: Doubleday & Company, Inc, 1962, p. 248.

[3] Frances Newton Thorpe ed. , *The Federal and State Constitutions*, *Colonial Charters*, *and the Organic Laws of the State*, *Territories*, *and Colonies*, Vol. III, pp. 1888~1908.

过的，从制定到批准都有民众代表参与，是一部体现人民主权的宪法。这些经验，后来都为 1787 年联邦宪法所吸收。[1]

1787 年夏，各州代表齐聚费城制宪时，亚当斯远在英国，而杰斐逊则出使法国，未能亲逢盛会。有备而来的詹姆斯·麦迪逊，引经据典、娓娓道来，数十次发表长篇演说，以弗吉尼亚方案为基础，确定了新的宪法框架，并留下了详细的会议记录，被后人誉为"美国宪法之父"。

麦迪逊对美国宪法的贡献，不仅仅只在制宪会议。他还是《联邦党人文集》的著者之一，并起草了至关重要的《权利法案》。前者直接推动各州通过新宪法，后者则成为新宪法最初的十条修正案，奠定了个人自由的基础。

与《独立宣言》一样，在 1787 年宪法上签字的"建国之父"们，也多半出身于律师或者法官。可以毫不夸张地说，律师缔造了美国宪法，宪法成就了美国自由。

二、律师维护了美国的自由

詹姆斯·麦迪逊虽然被誉为"美国宪法之父"，但在 1787 年的制宪会议上，他的发言次数并非最多。还有一位詹姆斯先生更为活跃，他就是来自宾夕法尼亚的詹姆斯·威尔逊。

威尔逊也是律师，早在殖民地宣布独立之前，他就曾发表《论英国议会立法权的性质与范围》的小册子，从自然法的高度出发，提出，"在天性上，所有人都是平等、自由的；未经同意，没有人可以对他人行使权力；所有的合法政府都建立在被统治者同意的基础上；之所以同意，是为了保证被统治者的福祉能超过他们在自然状态下所能享受的独立与自由；因此，全社会的福祉

---

[1] 胡晓进："美国宪法的试验期"，载《政治与法律评论》（第四辑），北京大学出版社 2014 年版。

乃是一切政府的首要原则。"[1]

在制宪会议上，威尔逊的发言多达160余次，他主张议会两院都由人民选举产生，以人口为基础平均分配两院议席，设立单一的民选最高执政官。威尔逊认为，宪法的所有权力都来自人民，为了保障人民的自由，必须防止来自专制和堕落两个方面的威胁。为了阻止后者，应该给予政府适当的权力，但是为了预防前者，还应当合理地划分这些权力。宪法分开设立立法、执法与司法部门，使他们相互牵制，就是为了防止专制、保障自由。7月24日，受会议委托，威尔逊与其他四位代表一起，组成宪法细节委员会(Committee of Detail)，负责组织宪法结构、统一宪法文字与风格。[2]可以说，1787年宪法的最后文本，从语法到结构，都留下了威尔逊的印迹。[3]

威尔逊不但参与制定了美国宪法，还参与解释和传授美国宪法。他是美国最高法院最早的一批大法官，留下了几份颇有影响的判决书，为后来的法官和法院多次引用。在担任大法官的同时，威尔逊还曾短期兼任费城学院（宾夕法尼亚大学前身）法学教授，留下了非常详尽的讲稿。威尔逊十分看重平等选举在自由社会中的作用，他认为，同样数量的公民应该选举同样比例的代表。选举权的平等，是自由国家的首要原则。[4]

威尔逊所讲的选举权平等，显然不包括黑人奴隶，黑人奴隶当时被视为其他人口，既不自由，更无平等可言。在黑人奴隶争

---

[1] "Considerations on the Nature and Extent of the Legislative Authority of the British Parliament", James Wilson, *Collected Works of James Wilson*, edited by Kermit L. Hall and Mark David Hall, Indianapolis: Liberty Fund, 2007, pp. 4 ~ 5.

[2] Max Farrand ed., *The Records of the Federal Convention of 1787*, Vol. II, New Haven: Yale University Press, 1911, p. 106.

[3] Mark David Hall, *The Political and Legal Philosophy of James Wilson*, 1742 ~ 1798, Columbia, MO: University of Missouri Press, 1997, p. 21.

[4] Kermit L. Hall and Mark David Hall (eds.), *Collected Works of James Wilson*, pp. 837 ~ 839.

取自由的过程中，美国律师同样功不可没。*1841* 年，美国最高法院判决"阿米斯达案"时，站在被奴役的黑人一边，为其自由辩护的律师，就是美国前任总统、时任国会议员的约翰·昆西·亚当斯。他在法庭上的慷慨陈词，打动了在场的每一个听众，包括几位大法官。最终，这些被抓来的黑人，重获自由之身。也正是因为这位卸任总统的不懈努力，众议院才得以废除臭名昭著的"钳口律"，不再禁止讨论要求废除奴隶制的请愿书。[1]

亚当斯的父亲约翰·亚当斯是美国的第二任总统。在美国独立之前，他在波士顿开业当律师，曾为"波士顿惨案"中开枪杀死殖民地平民的英国士兵辩护，帮助其中几名士兵洗清罪名。老亚当斯是美国历史上第一位律师总统，在他之后，19 世纪的二十几位位美国总统中，除了麦迪逊等少数几位不是律师外，其他绝大多数均是律师出身。这其中，最为著名的律师总统，自然非亚伯拉罕·林肯莫属。

在林肯任总统期间，美国废除了奴隶制度，黑人获得了人身自由。*1863* 年，林肯在葛底斯堡发表演说："八十七年前，我们的先辈们在这片大陆上创立了一个新的国家，她孕育于自由之中，奉行人人平等原则。"当时，美国内战，正以血与火的方式，考验着美国的自由与平等原则。林肯希望经过这次严峻的考验之后，这个国家能在上帝的福佑之下，获得自由的新生；民有民治民享的政府能永远存续下去。

但是，对于内战中的南北双方而言，自由却有着完全不同的含义。林肯在 *1964* 年说，"我们都宣称是为了自由而战"，"但在使用同一个词时，我们所指的却不是一件事"。对于北方来说，自由指的是每个人都能享有他的劳动果实；对于南方白人来说，自由意味着做主人的权威和地位：拥有"任意处置其他人及其劳动

---

[1] 埃里克·方纳：《给我自由！一部美国的历史》（上卷），王希译，商务印书馆 2010 年版，第 572 页。

成果"的权力。联邦的胜利，将北方对自由的理解，转化成为一种正常的国家模式。[1]

奴隶制与内战，重新定义了美国的自由，也赋予了一些象征物前所未有的自由含义。比如，位于费城老议会大楼的一口大钟，据说曾在美国宣布独立之时敲响过，被誉为美国的"独立钟"，后来又在各种场合多次敲响。废奴主义者将这口钟与美国人的独立自由联系起来，将其命名为"自由钟"。此后，自由钟逐渐成为美国最庄严珍贵的自由象征之一。[2]

在19世纪的美国，最能象征自由的，当然首推自由女神像。"我在金门之畔，高举明灯，欢迎渴望自由呼吸的人们。"铜像底座上的诗句，让无数新移民激动不已，铜像所在的小岛，后来也以自由岛名世。1886年，当这份法国人送的大礼在纽约曼哈顿港口落成时，时任美国总统的格罗弗·克利夫兰参加了铜像揭幕仪式。

克利夫兰是美国内战后半个世纪内唯一的民主党总统，他以诚实、正直著称。与林肯一样，克利夫兰也是律师出身，内战前后曾在纽约州布法罗等地执业，成绩出色，赢得了业界好评。与林肯不同的是，克利夫兰并非自学成才。在成为律师之前，他曾在律师事务所当过一段时间学徒，他的法律知识和技能，来自老律师的传授与训练。实际上，19世纪的美国，很大一部分律师都是法律学徒出身。只是到了内战以后，美国大学逐渐专业化之后，法学院才渐渐多起来。

三、律师建立了最初的法学院

19世纪初期美国的法学教育，延续了殖民地时期的传统，依

〔1〕 埃里克·方纳：《美国自由的故事》，王希译，商务印书馆2002年版，第149页。
〔2〕 埃里克·方纳：《美国自由的故事》，王希译，商务印书馆2002年版，第142页；埃里克·方纳：《给我自由！一部美国的历史》（上卷），王希译，商务印书馆2010年版，第566页。

然以学徒制为主，依靠律师、法官的个人传授。起草《独立宣言》的杰斐逊，最初就是跟着威思当学徒，后来他又推荐威思到威廉－玛丽学院执教，威思因此成为美国最早的法学教授。

与杰斐逊同时代的建国先贤詹姆斯·威尔逊，也是法律学徒出身，后以律师身份从政，出任大陆会议代表，签署《独立宣言》，参与 1787 年费城制宪。建国后，威尔逊成为美国最高法院首批大法官，一度兼任费城学院（即后来的宾夕法尼亚大学）法学教授（系该校历史上第一位法学教授），将法学教育引入大学。

当然，在 18 世纪末 19 世纪初，像威思和威尔逊这样到大学兼任法学教授的著名律师、法官，只是他们群体中的极少数，更多的人还是在自己的事务所带学徒。当然，有时候学徒多了也可以形成规模不小的法律学校，比如利奇菲尔德，现在已经成为美国法学教育史上的传奇。

实际上，在 19 世纪上半叶，像利奇菲尔德这样的私人性法律学校，遍布大西洋沿岸各州，麻省、康涅狄格、纽约、宾夕法尼亚、马里兰、弗吉尼亚、北卡罗来纳等州，几乎都有。这种私人性的法律学校，是 19 世纪美国法学教育的重要组成部分，成为从学徒制向学院制过渡的中间模式。

著名的耶鲁法学院即来源于私人性法律学校——纽黑文法律学校。纽黑文法律学校系耶鲁毕业生（律师）所创办，后来与耶鲁合作，招收法律学生，其间几经波折，辛赖纽黑文当地律师施以援手，才得以维系。

在耶鲁接收纽黑文法律学校的同一时期，美国一些其他的大学，也陆续接收一批类似的法律学校。比如辛辛那提学院（辛辛那提大学前身）接收辛辛那提法律学校，佐治亚大学接收兰普金法律学校，查普希尔法律学校纳入北卡罗来纳大学，列克星敦法律学校并入华盛顿学院（华盛顿－李大学前身）。这些私人性法律学校，均为著名律师、法官所创办。随着法律学校并入大学，这些律师、法官，大多也成为法学教授。

大学兼并附近的法律学校，是内战前美国法学教育的一种普遍做法，以耶鲁最为典型。因此，这种接收现存法律学校、为我所用的办学方式，可谓 19 世纪美国法学院中的"耶鲁模式"。

与"耶鲁模式"不同，由大学直接办法学院的方式被称作"哈佛模式"。比如早期的威廉－玛丽学院和费城学院，这两所学院聘请了美国最早一批的法学教授（也都是律师出身），率先将法学教育引入大学。只可惜由于种种原因，没能持续坚持下去。直到 1829 年，约瑟夫·斯托里出任哈佛大学戴恩讲座教授，法学院才算真正在大学站稳脚跟。在约瑟夫·斯托里等人的帮助下，哈佛法学院兴盛一时。与此同时，由著名律师、政治家亨利·克莱全力支持的特兰西瓦尼亚大学，也坚持聘请法学教授，培养绅士型律师。这些教授，基本上都是著名的律师或法官，有些受过大学教育，但他们的法律知识也多半是通过当学徒得来的。

与律师事务所和私人法律学校相比，大学法学院的优点显而易见：其一，办学资金、场地有保障，不需借助个人房产；其二，教师更为稳定，不会因为办学者离开或者过世而停办。而且，在 19 世纪末，工业革命创造的巨大社会财富，通过各种渠道流向大学，大学实力空前雄厚，再加上学生缴纳的学费，各大学法学院如雨后春笋般破土而出，私人法律学校更无立锥之地，从此逐渐退出历史舞台。

因此，19 世纪美国的法学教育，基本上是从学徒到学院的过渡，是一个学院制战胜学徒制的过程。

当然，美国法学教育从学徒制走向学院制，与知识的专业化、学科化进程也密不可分。19 世纪末，美国大学开始细分科系，各种学术团体也相继成立，知识学科化之后，大学各学院的分工也更加明晰，为法学走进大学提供了制度基础。

但是，在大学向学科化、专业化发展的时代，法学教育要想在大学立足，必先证明法律是一门学科，具有自身的科学性。长期以来，法律都被视为一门技艺，可以传习，无法教授。简而言之，法律并非科学，无法登上作为学问圣殿的大学。律师与工匠无异，大学不训练工匠，自然也不负责培养律师。

四、法学院的品质预示着美国的未来

为了让大学也可以培养律师，从威廉·布莱克斯通开始，所有在大学讲授法律的学者，几乎都坚持认为，本国法律就是科学。1758 年，布莱克斯通担任瓦依纳英国法讲座教授后，在首次讲座中即提出，"英国的法律与政制是一门科学，可以通过学院讲座课程的形式，进行培植、整理与诠释"。[1]

布莱克斯通的这一主张，也为美国法学教授所继承。1858 年，律师出身的西奥多·德怀特出任哥伦比亚学院法学教授时，美国的律师还多是学徒出身，或者自学成才，很多人将法律看作一种谋生的行当，或者是晋升的阶梯，而非一门科学。[2]但是德怀特认为，法律与大学的其他学问一样，是一门科学，需要校方平等对待。他主张延长学制、提升入学标准，以此增强法学教育的学术性。

在 19 世纪美国的法学教授中，最不遗余力地为法律的科学性辩护的，当首推哈佛大学的克里斯托弗·兰代尔。兰代尔明确提出，"法律是一门科学；法律科学的所有已知材料，都写在书本里。如果法律不是一门科学，大学最好顾忌自己的尊严，别教授法律；如果法律不是一门科学，而是一种手艺，学习法律的最好

---

[1]　William Blackstone, *Commentaries on the Laws of England*, Book I, Philadelphia: Rees Welsh & Company, 1915, pp. 1~2.

[2]　Theodore W. Dwight, "Columbia College Law School, New York", 1 *Green Bag* 141 (1889).

方法当然是跟掌握这门手艺的人当学徒。"[1] 兰代尔认为，法律不但是一门科学，还是"一门最伟大最难掌握的科学，需要最有头脑的人全心投入"。"在大学学习和传授法律，唯一的途径只能是书本"。因此，兰代尔格外重视法律图书馆的作用。

"书本是所有法律知识的最终来源，每个学生若要掌握这门法律科学，都必须借助这种最终来源"；因此，图书馆就是法学教授和学生的工作室，"其作用如同化学家、物理学家的实验室、动物学家的自然史博物馆、植物学家的植物园"。[2]

任教哈佛之前，兰代尔曾在纽约做过十余年律师，但是不太成功。谁也没有预料到，这位"失败的律师"成为法学教授后，彻底改变了美国法学教育的模式：让法律成为一门科学，让法学院成为培养律师的首要渠道。兰代尔之后，法学院在美国大学中的地位日益巩固，他所倡导的教学方法，证明了大学的法学院比律师事务所更适合培养律师。

兰代尔是内战前哈佛法学院毕业生，读书时曾做过法学院图书管理员。在他任法学院院长期间（1870~1895），法学院图书馆藏书数量增加了一倍，购书经费每年达到两千多美元。法学院的学生人数，也从一百多人增加到四百多人。[3]这些都显示出法学院已经基本取代律师事务所，成为学习法律、获得律师资格的首要渠道。

兰代尔之后，继任哈佛法学院院长的詹姆斯·埃姆斯，毕业后便直接留校任教，没有做过一天律师。他是哈佛历史上第一位

〔1〕 Christopher C. Langdell, "Teaching Law as a Science", Harvard University, *A Record of the Commemoration*, *November Fifth to Eighth*, *1886 on the Two Hundred and Fiftieth Anniversary of the Founding of Harvard College*, Cambridge：John Wilson and Son, 1887, p. 85.

〔2〕 Christopher C. Langdell, "Teaching Law as a Science", pp. 86~87.

〔3〕 Charles Warren, *History of the Harvard Law School and of Early Legal Conditions in America*, Vol. 2, New York：Lewis Publishing Company, 1908, pp. 491~493.

没有律师执业经验的法学教授。后来，这种直接从毕业生中挑选教师的做法，逐渐成为通例，法学教授也随之成为一门独立的职业。由此，美国的法学教育完全学院化。

正是因为法学院的蓬勃生机，美国律师协会在成立之初（1878 年）就创设了法律教育与律师资格委员会。从 1890 年起，该委员会每年都会撰写一份美国法律教育报告，并向美国律师协会汇报各州律师资格要求、培养现状，提出相应的改革建议。

由此可见，19 世纪的美国律师，自始至终都是美国法学教育的灵魂。他们先是在自己的办公室（律所）带学徒，培养新律师，其中有些人还办了专门的法律学校；后来，一些著名律师又成为大学的法学教授，将法学教育学院化。

法学院培养了新一代的律师，新一代的律师又成为美国自由的中流砥柱。说到底，美国是一个法律人统治的国度。正如美国著名律师威廉·库克所言，与美国的财富和权力相比，美国的制度更具影响力；发扬和光大这种制度，过去需要，将来也同样需要法律行业的引领。法律行业的品质取决于法学院的品质，法学院的品质预示着美国的未来。

目　录

第一章 自由之基：美国早期法学教育

殖民地时期的美国，没有一家法学院，要想当律师，只有自学或者拜师学艺，当学徒。[1] 美国独立后，各州继续以律师带徒弟的方式培养新律师。因为律师被视为法庭成员，有些州法院，对律师的养成时间（学徒期）提出了明确要求。比如，马萨诸塞州法院的要求是，学徒满 5 年可以获得地区法院律师资格（如果有大学文凭，则只需 3 年）；执业 2 年后，可成为州最高法院律师。纽约州要求经过 7 年的学习，方可获得律师资格，其中前 4 年用来学习古典文化知识（年满 14 岁以后）。宾夕法尼亚州法院要求，年满 21 岁以后学习法律者，学徒期为 2 年，21 岁以下，则为 3 年，执业满 2 年，可获州最高法院律师资格。除弗吉尼亚外，独立后的各州几乎都有类似的资格年限的要求，或 3 年或 5 年，从地区法院到州最高法院，出庭律师的养成时间，各不相同。[2]

---

[1] 当然，家境优渥者，也可以跨海渡洋回到母国（英国），接受律师会馆（Inns of Court）的培训。但是，18 世纪的律师会馆，已经"停止履行严肃性的教育功能"，有点像生活吃喝的俱乐部。从理论上讲，没有读过"任何一部法律著作"的人，在英国也可能成为一名律师。另可参考劳伦斯·M. 弗里德曼：《美国法律史》，苏彦新译，中国社会科学出版社 2007 年版，第 77 页。尽管如此，在《独立宣言》上签名的 30 名律师中，仍有 9 人曾经在英国律师会馆学习过。Robert F. Boden, "The Colonial Bar and the American Revolution", 60 *Marquette Law Review* 2~3 (1976).

[2] Alfred Zantzinger Reed, *Training for the Public Profession of the Law: Historical Development and Principal Contemporary Problems of Legal Education in the United States with Some Account of Conditions in England and Canada*, New York: Charles Scribner's Sons, 1921, pp. 83~84. 律师养成时间上的要求，在 1830 年代的"杰克逊民主"时期大大降低，很多州甚至完全取消了律师资格门槛。另可参考劳伦斯·M. 弗里德曼：《美国法律史》，苏彦新译，中国社会科学出版社 2007 年版，第 335~336 页。

美国早期的很多政治家、法官，都是法律学徒出身，比如第二任总统约翰·亚当斯、第三任总统、《独立宣言》执笔人托马斯·杰斐逊、第五任总统詹姆斯·门罗，以及历史上最伟大的法官约翰·马歇尔。而且，这些耀眼的政治明星、耳熟能详的历史人物，除了亚当斯总统，其他几位的法律知识几乎都源于同一个老师：乔治·威思。威思被誉为美国历史上第一位法学教授，拥有传奇般的经历，他一生的成就与自己的得意门生托马斯·杰斐逊紧密相连。

第一节　托马斯·杰斐逊的贡献

托马斯·杰斐逊是美国著名的政治家，《独立宣言》起草人，曾任弗吉尼亚州州长（1779～1783）、美国驻法公使（1785～1789）、国务卿（1789～1793）、副总统（1797～1801）、总统（1801～1809），被誉为美国的立国之父。同时，杰斐逊还是美国著名的教育家，他改革弗吉尼亚的教育体制，创立弗吉尼亚大学，还以自己的藏书为基础，建立了国会图书馆。由于杰斐逊本人是律师，他对法学教育尤为重视，亲身经历了美国建国之前的学徒式法学教育，深知其中的弊病，倡导以通识教育为基础进行法学教育，设立了美国大学的第一个法学教授席位，对美国早期法学教育的革命性转变起了关键性的推动作用。

一、早期的法律学徒

据杰斐逊自传所述，17 岁之前，杰斐逊主要在文法学校学习英语、拉丁语、希腊语、法语和古典文学。17 岁（1760 年春天）始进入威廉－玛丽学院，受教于从苏格兰来的威廉·斯莫尔博士，

托马斯·杰斐逊（1743～1826）

斯莫尔对当时"大多数实用学科造诣都很深，有可喜的传授才能，作风正派，心胸豁达"，决定了杰斐逊一生的命运。[1] 斯莫尔不但教会杰斐逊数理知识，而且将其最亲密的朋友乔治·威思介绍给杰斐逊，让杰斐逊跟着他学习法律。

威廉·斯莫尔
(1734~1775)

乔治·威思是美国早期著名的律师、政治家、法官、法学教授，独立宣言签字者、制宪会议代表，培养了托马斯·杰斐逊、约翰·马歇尔[2]、詹姆斯·门罗[3]、布什罗德·华盛顿[4]等一大批杰出法官、政治家。

为什么选择学习法律？因为杰斐逊认为，法律知识是了解政府工作的一个先决条件，好的政府要依靠法律来起到稳定民心的作用。学法律是在政界崭露头角的最可靠方法，当一个青年读完大学准备投身公共生活时，他必须瞩目于法学或医学。[5] 每一项政治措施都永远与该国的法律有密切的关系，对法律一窍不通的人总是茫然无措，往往被那些精通法律的对手挫

〔1〕 托马斯·杰斐逊：《杰斐逊选集》，朱曾汶译，商务印书馆1999年版，第32页。

〔2〕 John Marshall（1755~1835），美国国务卿（1800~1801）、联邦最高法院首席大法官（1801~1835），他在马伯里诉麦迪逊案（*Marbury v. Madison*，1803）中所撰写的司法意见，对美国司法审查制度的确立起到了关键作用，被誉为美国最伟大的大法官。

〔3〕 James Monroe（1758~1831），美国第五任总统（1817~1825），1823年发表"门罗宣言"，倡导美洲中立，远离欧洲纷争。门罗与约翰·马歇尔是中学同学，从威廉－玛丽学院毕业后，曾跟随托马斯·杰斐逊当学徒，学习法律知识。门罗去世于1831年7月4日，是继约翰·亚当斯、托马斯·杰斐逊之后，第三个死于独立日的总统。

〔4〕 Bushrod Washington（1762~1829），美国最高法院大法官（1799~1829），约翰·马歇尔的同门、同事兼好友。

〔5〕 托马斯·杰斐逊：《杰斐逊选集》，朱曾汶译，商务印书馆1999年版，第4、365、468页。

败。而且，学法律、做律师，还可以过上体面的生活。[1]

在殖民地时期，律师、牧师、医生是大学生毕业后从事的三大职业，早期做牧师的人最多，但是到了18世纪中期，由于殖民地的商业与贸易日趋频繁、本土政治逐渐展开，律师的地位与前途得到很大改善，毕业后选择律师职业的人不断增多。[2]

乔治·威思（1726~1806）

选定律师职业后，如何学习法律？殖民地时期，学法律当律师主要有三条途径：去英国本土的律师会馆学艺、自学成才、在当地拜师。[3] 律师会馆是英国的律师培训学院，当时的英国人视律师会馆为律师出身的正途，但对美洲殖民地的居民而言，漂洋过海，负笈英伦，费用高昂，并不划算。而且，进入18世纪后，律师会馆的培训质量大幅下滑，作为培训核心内容的讲座与模拟法庭基本停止，只剩下与律师共同进餐一项，根本学不到什么东西。1729年之后，就连英国律师会馆培训的律师，也必须做一段时间的法律学徒，才能独立执业。[4]

至于自学法律，虽然不乏成功的先例，但也必须克服巨大的障碍。其一，法律书籍稀缺而且昂贵，普通人买不起。殖民地时期还没有公共图书馆，要看书只能找朋友借。杰斐逊曾深受法律

〔1〕 托马斯·杰斐逊：《杰斐逊选集》，朱曾汶译，商务印书馆1999年版，第403页。

〔2〕 Charles R. McKirdy, "The Lawyer As Apprentice, Legal Education in Eighteenth Century Massachusetts", 28 *Journal of Legal Education* (1976), p. 125.

〔3〕 Charles R. McManis, "The History of First Century American Legal Education: A Revisionist Perspective", 59 *Washington University Law Quarterly* (1981), pp. 601~602.

〔4〕 Davison M. Douglas, "The Jeffersonian Vision of Legal Education", 51 *Journal of Legal Education* (2001), pp. 188~189.

书籍缺乏之苦，对法律书籍格外珍视。[1] 1790 年 6 月 11 日，他在给侄儿约翰·加兰·杰斐逊（托马斯·杰斐逊堂兄的儿子）的信中再三叮嘱，让他将自己借出的法律书籍取回，"借的书一读完立刻放回书橱，不要借给任何其他人，也不要让任何人以你的名义从［我的］书房里把书拿走"。[2] 其二，即使购得相关的法律书籍，无人指导，也很难读懂。殖民地时期，美国法律体系尚未形成，沿用的是英国普通法，使用的多是几个世纪前英国法律学者撰写的论文、编写的案例汇编，背景隔膜、结构古怪、行文拗口。自学成才，实属不易。其三，到美国革命时，几乎所有的殖民地都开始立法限制自学法律的人从事律师职业。[3]

因此，最现实的途径还是在本地拜师，做一段时间的法律学徒。18 世纪中期，美国最初的 13 个殖民地，除了弗吉尼亚外，都要求经过一段时间的学徒期，才能开业做律师。[4] 可以说，在职业准入方面，殖民地已经建立了清楚而稳定的标准。学徒制是美国独立前后律师的标准出身，1783 年之前，很少有人未经学徒而直接成为专职律师。[5]

正因如此，杰斐逊在威廉－玛丽学院的老师威廉·斯莫尔才会推荐他做乔治·威思的学徒，跟着他学法律。从 1762 年到 1767 年，杰斐逊在威思的指导下学了 5 年法律，两人结下了深厚的情谊。杰斐逊的父亲过世很早，他一直将威思视为自己的父执。

威思指定给杰斐逊的第一部必读的书，是爱德华·柯克的

［1］ Davison M. Douglas, "The Jeffersonian Vision of Legal Education", 51 *Journal of Legal Education*（2001），p. 189.

［2］ 托马斯·杰斐逊：《杰斐逊选集》，朱曾汶译，商务印书馆 1999 年版，第 471 页。

［3］ Craig Evan Klafter, "The Influence of Vocational Law Schools on the Origins of American Legal Thought, 1779 ~ 1829", 37 *American Journal of Legal History*（1993），p. 311.

［4］ Craig Evan Klafter, "The Influence of Vocational Law Schools on the Origins of American Legal Thought, 1779 ~ 1829", 37 *American Journal of Legal History*（1993），p. 311.

［5］ 罗伯特·斯蒂文斯：《法学院：19 世纪 50 年代到 20 世纪 80 年代的美国法学教育》，阎亚林等译，中国政法大学出版社 2003 年版，第 1 页。

《柯克论利特尔顿》。[1] 威思告诉杰斐逊，这部书是"法律学者的入门书"，劝他仔细读它，一行一行地，并且在读书札记中把自己所理解的内容记下来。

除了阅读法律著作外，威思还建议杰斐逊出席任何对外开放的法庭，把旁听到的有关内容记载下来。杰斐逊按照老师的要求，经常出席弗吉尼亚地方法院的开庭审判，并且做些辅助工作。[2] 1765 年 5 月，弗吉尼亚议会提出反印花税[3]决议时，正在学习法律的杰斐逊在下议院走廊门外旁听了辩论，聆听了帕特里克·亨利[4]的精彩演说，时隔半个多世纪，杰斐逊对此仍记忆犹新，他在自传中称赞亨利的演说"非常了不起，我从任何其他人那里从未听到过，他的演说就和荷马一样伟大"。[5] 学习法律期间，美国殖民地反抗英国的斗争，激发了杰斐逊的从政热情。

当然，学徒期间，杰斐逊最常做的工作还是在私人图书馆为威思查找案件记录，抄写法律文书。这也是训练法律学徒的常用方法。虽然最初的 13 个州（邦）对学徒期限要求不一，但学习的内容与形式大同小异，有不少共通之处。一般情况下，在拜师做

---

〔1〕　爱德华·柯克（Edward Coke, 1552~1634），英国著名法官、法学家，习惯法的代表人物。托马斯·利特尔顿（Thomas de Littleton, 1407~1481），英国著名法官、法学家，著有《论占有》（*Treatise on Tenures*）。柯克曾写过《英国法律概论》（*The Institutes of the Laws of England*）一书（共四部分），《论利特尔顿》为该书的第一部分。

〔2〕　刘祚昌：《杰斐逊全传》，齐鲁书社 2005 年版，第 27 页。

〔3〕　1765 年 3 月，英国颁布印花税法（*Stamp Act*，11 月生效），规定殖民地一切文件、契约、报纸、执照、广告、历书、证书等都要贴印花税票，缴纳印花税，激起殖民地的强烈不满。

〔4〕　Patrick Henry（1736~1799），美国革命时期著名政治家、演说家，提出"不自由、毋宁死"。他也是自学成才的典型，学了六星期法律，便参加弗吉尼亚的律师资格考试，考试委员会认为他虽然法律知识不足，但相信他会很快掌握相关法律，因此同意批准他成为律师。见 Craig Evan Klafter, "The Influence of Vocational Law Schools on the Origins of American Legal Thought, 1779~1829", 37 *American Journal of Legal History* (1993), p. 311.

〔5〕　托马斯·杰斐逊：《杰斐逊选集》，朱曾汶译，商务印书馆 1999 年版，第 33 页。

学徒之前，学生和老师之间会有一个口头协定，规定双方在学徒期内的义务，主要是学徒应该尊重老师，并保证行为端正，认真学习。

学徒制的本质实际上是一场交换，学生给老师缴纳一定的费用并为其服务数年，老师指导学生学习并提供食宿。学徒期内，师父与徒弟朝夕与共，通过言传身教培养学生。从理论上讲，这是一种将书本知识与实践操作结合起来的培训方法，如果实施得当，效果应该非常好。但从实际情况来看，也存在不少问题。根据当时人的回忆，最大的缺陷是书本知识不足。这并不是说师父不愿意教，而是殖民地的法律书实在太少了。[1]革命之前，殖民地的出版社出版的法律类书籍大约只有75种左右，一半以上是针对普通大众的"普法性"读物，还有很多是小册子。主要的教科书都是从英国进口的，过时而且难读。一般的法律老师又没有收藏其他方面的书，致使几年学徒下来，学生没读过几本书。

幸运的是，杰斐逊遇到了一位好老师。乔治·威思不但没收学费，而且建议杰斐逊博览群书，鼓励他继续研读古典著作及哲学书籍，并且强调广博的知识对于法律学者的重要性。这一点深得杰斐逊的认同。

二、以通识教育为基础

在威思先生的指导下，杰斐逊学了5年法律。按道理，单纯阅读法律书籍、了解法律运作程序，一两年足够。之所以规定更长的学徒期，主要原因是，招学徒的律师都希望学徒尽可能长期给自己当助手。但是，与其他招徒律师不同的是，威思并没有给杰斐逊规定繁重的抄写任务，而是任其自由发展。而杰斐逊也正

---

[1] Charles R. McKirdy, "The Lawyer As Apprentice, Legal Education in Eighteenth Century Massachusetts", 28 *Journal of Legal Education* (1976), pp. 128~129.

好利用这难得的集中学习机会，广泛涉猎人文与自然科学知识。

从个人角度说，杰斐逊认为，知识不仅仅是一种达到目的的手段，而且本身就是目的，为了知识而享受知识。从社会角度说，知识既是获得幸福的关键，也是培养高尚情操的关键。知识是自治的必备条件。因此，在一个国家的全部法规中，最重要的一条，就是在人民中间普及知识，这是维护自由和幸福的最扎实的基础。[1]

虽然，杰斐逊的自传对自己学习法律的5年经历只是一笔带过，没有详谈自己曾读过哪些书。但是，从其留下的大量书信中，不难发现他阅读的大致范围。

1785年8月19日，在给外甥彼得·卡尔的信中，杰斐逊语重心长地告诫他，博学多才是人的福分，建议他多读历史著作。[2] 1787年，当他得知卡尔也在跟着乔治·威思学习法律后，更是不厌其烦地为他列大纲、开书目，建议他多学语言、多阅读伦理学、宗教学方面的著作，并亲自征求威思先生的意见。[3]

1790年，得知女婿托马斯·曼·伦道夫[4]决心攻习法律之后，杰斐逊又在信中推荐他读亚当·斯密的《国富论》、孟德斯鸠的《论法的精神》、洛克的《政府论》、《联邦党人文集》、休谟的政治论文以及法国经济学家的理论著作。[5]

同年，得知侄儿约翰·杰斐逊完成学业，有意继续攻读法律时，杰斐逊同样非常高兴地建议他多看其他学科的书："其他学科，特别是历史，对于培养一名律师是必不可少的，必须同时进修。我把要读的书排列成三栏，建议你每天12点钟以前读第一栏

---

〔1〕 托马斯·杰斐逊：《杰斐逊选集》，朱曾汶译，商务印书馆1999年版，第26、373页。

〔2〕 托马斯·杰斐逊：《杰斐逊选集》，朱曾汶译，商务印书馆1999年版，第354页。

〔3〕 托马斯·杰斐逊：《杰斐逊选集》，朱曾汶译，商务印书馆1999年版，第407～408页。

〔4〕 Thomas Mann Randolph Jr.（1768～1828），曾任弗吉尼亚州州长（1819～1822）。

〔5〕 托马斯·杰斐逊：《杰斐逊选集》，朱曾汶译，商务印书馆1999年版，第468～469页。

的书，12 点到 2 点读第二栏的书，晚上读第三栏的书，整个下午都进行体育锻炼的娱乐"。[1] 第一栏：柯克的《论利特尔顿》、柯克的《英国法律概论》第二、第三和第四部分，柯克、沃恩、索尔基特、雷蒙特、斯特兰奇、伯罗斯、弗农等人的《判例汇编》，凯姆的《衡平法原理》，以及布莱克斯通的著作与弗吉尼亚相关法律。

第二栏：达尔林普尔的《论封建制》、黑尔的《普通法史》、吉尔伯特的《论遗赠》、《论保有权》、《论地租》、《论扣押物权》、《论证据》、洛克的《政府论》、孟德斯鸠的《论法的精神》、斯密的《国富论》等。

第三栏：马利特的《古代北方》、肯尼特的《英国史》三卷、勒德洛的《回忆录》、伯克的《乔治三世》、罗伯逊的《苏格兰史》、《美洲史》，以及伏尔泰的历史著作。

1814 年 8 月 30 日，应一位学习法律的晚辈的请求，杰斐逊给他转抄了自己几十年前写给一位朋友的"劝学信"："在着手学习法律之前，必须先打下坚实的基础。因此，非常必要熟悉拉丁语和法语，前者你已了解，后者现在就应该学。在日常生活中，数学与自然哲学也非常有用、非常有意思，使得每个人都愿意掌握。数学推理与演绎也是法律研究与抽象思考的良好前提。在此，我向你推荐科学不同分支的基本读物：数学：贝罗特的《数学教程》；天文学：弗格森、勒莫尼埃或者德拉兰德的著作都行；自然哲学：乔伊斯的《科学对话》，马丁的《英国哲学》，马森布鲁克的《物理学教程》。打下基础后，你就可以进入常规性的法律学习。但是，一天之中的不同阶段，人的脑力是不一样的，我建议你按照以下方法安排时间：早上 8 点开始读物理、伦理、宗教与自然法方面

---

〔1〕 托马斯·杰斐逊：《杰斐逊选集》，朱曾汶译，商务印书馆 1999 年版，第 470 页；Thomas Jefferson, *The Writings of Thomas Jefferson*, collected and edited by Paul Leicester Ford, New York: G. P. Putnam's Sons, 1895, Vol. 5, p. 181.

的著作；8 点到 12 点，学习法律；12 点到 1 点，读政治学著作；下午读历史"。[1] 杰斐逊在这封信中还开列了详细的书单，大部分法学书目与 1790 年给侄儿约翰·杰斐逊的信中所提到的著作相同，这里不再赘述。

在 8 月 30 日的信中，杰斐逊没有交代几十年前这封"劝学信"的具体写作时间。据学者考证，这封信大约写于 1770 年代早期，[2] 那时的杰斐逊已经开始执业当律师，并担任弗吉尼亚议会议员，以博学多闻著称，在法律界与政界小有名气，向他求教的人很多。由于写作时间距离杰斐逊结束法律学徒训练不远，在某种程度上，这封"劝学信"也可以看作是杰斐逊 5 年学习生活的写照。

正如上文所述，殖民地时期，弗吉尼亚的法学教育与众不同，成为律师只用考试，并不要求固定的学徒期，但杰斐逊仍心甘情愿地跟着威思学了 5 年，他之所以愿意花这宝贵的 5 年，是因为他认识到，法律并不是孤立的学问，只有博览群书，方能把法律学透。在这 5 年间，他全面研读各类著作：洛克、西塞罗、孟德斯鸠、莎士比亚、米尔顿、维吉尔、希洛多德、荷马、伏尔泰、马基雅维里、塞万提斯以及百科全书派的书籍。他的阅读范围涉及历史、政治、伦理、文学及科学诸领域。[3]

在做法律学徒的过程中，杰斐逊逐渐发现了学徒制的通病：阅读面太窄，无法掌握法律的精髓；注重法律操作，而轻视法学理论。要解决这一问题，只有将法律学习与通识教育结合起来，在通识教育的基础上展开法律教学。这样的想法，唯有大学才能实现。当时的殖民地，虽然已有几所学院，但多为教会所控制，主要是为了

---

[1] Thomas Jefferson, *The Writings of Thomas Jefferson*, collected and edited by Paul Leicester Ford, New York: G. P. Putnam's Sons, 1898, Vol. 9, pp. 480~485.

[2] Steve Sheppard ed. , *The History of Legal Education in the United States: Commentaries and Primary Sources*, Pasadena, California: Salem Press, Inc. , 1999, p. 173.

[3] 托马斯·杰斐逊：《杰斐逊选集》，朱曾汶译，商务印书馆 1999 年版，第 27~28 页。

培养牧师与医生，根本没有一个法学教授，遑论法学院。

为了改变这种状况，杰斐逊觉得有必要将法学教育引入大学，在大学设立法学教授席位。

三、第一个法学教授席位

早在 1770 年代，当杰斐逊还是弗吉尼亚州议会议员时，他就曾提出一个系统的普通教育计划，其中就包括改革威廉－玛丽学院，扩大其学科范围，将其从一所教会学院变成一所名副其实的大学。[1]

威廉－玛丽学院是杰斐逊的母校，位于弗吉尼亚的威廉斯堡，1693 年从英国王室获得成立特许状（当时的英王是威廉、王后是玛丽，故名威廉－玛丽学院），是北美殖民地建立的第二所学院（第一所为 1636 年建立的哈佛学院）。特许状规定，学院可设神学、哲学、语言学、其他艺术和科学教授；学院由一位校长、六名教师或教授，以及一百名左右的学生组成。[2]

杰斐逊希望增加威廉－玛丽学院的教授人数，提议设立八个方向的教授席位，分别是：道德哲学与艺术教授，法律与治安教授，教会史教授，数学教授，解剖与医学教授，自然哲学与自然史教授，古代、东方以及北欧语言教授，现代语言教授。其中，法律、历史、医学与现代语言教授席位是新设立的。法律教授负责讲授市政法、普通法、衡平法、商法、海事法与教会法。但是，由于教会代表的反对，杰斐逊的提案未获通过。[3]

1779 年，杰斐逊出任独立后的弗吉尼亚州州长，终于有机会推行自己的法学教育思想。按照特许状规定，弗吉尼亚州州长是

---

[1] 托马斯·杰斐逊：《杰斐逊选集》，朱曾汶译，商务印书馆 1999 年版，第 72 页。

[2] Richard Hofstadt & Wilson Smith eds. , *American Higher Education: A Documentary History*, Vol. 1, Chicago: University of Chicago Press, 1961, p. 35.

[3] Steve Sheppard ed. , *The History of Legal Education in the United States: Commentaries and Primary Sources*, p. 144.

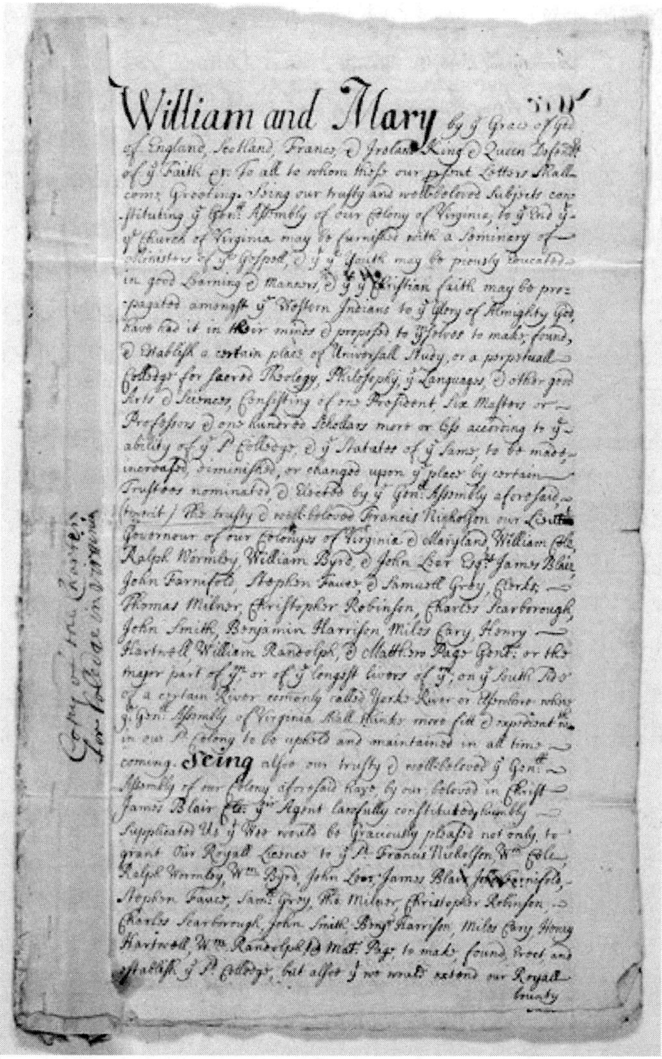
William and Mary by ye Grace of God
of England, Scotland, France & Ireland King & Queen Defenders
of ye Faith &c. To all to whom these our present Letters shall
come Greeting. Seeing our trusty and well-beloved Subjects con-
stituting ye Genll. Assembly of our Colony of Virginia, to ye end yt
ye Church of Virginia may be furnished with a Seminary of
Ministers of ye Gospell, & yt ye Youth may be piously educated
in good Learning & Manners, & yt ye Christian faith may be pro-
pagated amongst ye Western Indians to ye Glory of Almighty God,
have had it in their minds & proposed to themselves to make, found,
& establish a certain place of Universall Study, or a perpetuall
Colledge for sacred Theology, Philosophy, ye Languages, & other good
Arts & Sciences, Consisting of one President Six Masters or
Professors & one hundred Scholars more or less according to ye
ability of ye sd Colledge, & ye Statutes of ye same, to be made,
increased, diminished, or changed upon ye place by certain
Trustees nominated & elected by ye Genll. Assembly aforesaid
(to wit) Our trusty & well-beloved Francis Nicholson our Lieutt.
Governour of our Colonyes of Virginia & Maryland, William Cole,
Ralph Wormley, William Byrd, & John Lear Esqrs. James Blair,
John Farnefold, Stephen Fouce & Samuell Gray, Clerks,
Thomas Milner, Christopher Robinson, Charles Scarborough,
John Smith, Benjamin Harrison, Miles Cary, Henry
Hartwell, William Randolph, & Matthew Page Gent. or the
major part of them or of ye longest livers of them, on ye South side
of a certain River commonly called Yorke River or elsewhere where
ye Genll. Assembly of Virginia shall think more fitt & convenient
in our sd Colony to be upheld and maintained in all time
coming. Seeing also our trusty & well-beloved ye Genll.
Assembly of our Colony aforesaid have, by our beloved in Christ
James Blair Clk. their Agent lawfully constituted, humbly
Supplicated Us yt Wee would be Graciously pleased not only to
grant Our Royall Licence to ye sd Francis Nicholson, Wm. Cole,
Ralph Wormley, Wm. Byrd, John Lear, James Blair, John Farnefold,
Stephen Fouce, Saml. Gray, Tho. Milner, Christopher Robinson,
Charles Scarborough, John Smith, Benja. Harrison, Miles Cary, Henry
Hartwell, Wm. Randolph, & Mat. Page, to make, found, erect and
establish ye sd Colledge, but also yt we would extend our Royall
bounty

威廉－玛丽学院的特许状

威廉－玛丽学院监事会的当然成员。监事会有权制定学院规章，有权选择教师和教授。1779 年 12 月，在杰斐逊的提议之下，威廉－玛丽学院监事会通过决议，取消学院下设的文法学校，以及神学与东方语言学两个教授席位，增设法律与治安教授，解剖、医学与化学教授，现代语言教授三个席位。[1] 由于特许状只允许威廉－玛丽学院设六个教授席位，监事会不得不让几位教授兼授相关科目。[2]

增设的法律与治安教授席位是美国历史上的第一个大学法学教席，意义重大。对于教授人选，自然非常慎重。经过反复斟酌，监事会决定聘请乔治·威思出任该职。实际上威思也是担当此任的不二人选。

乔治·威思 1726 年出生于弗吉尼亚一个种植园主家庭，自幼受到良好的家庭教育，阅读广泛，精通拉丁、希腊等古典语言。1740 年代开始学习法律，成为当地著名律师，曾出任弗吉尼亚司法总长。1770 年代倡导美国独立，参与起草《独立宣言》，并代表弗吉尼亚第一个签字。美国独立后，曾任弗吉尼亚州众议院议长、州最高法院法官。担任律师期间，广收门徒，托马斯·杰斐逊、约翰·马歇尔、詹姆斯·门罗、布什罗德·华盛顿等建国先贤均出自其门下，论法学教育成就，殖民地无出其右者。任命威思担任威廉－玛丽学院首任法学教授，可谓实至名归。

杰斐逊将法学教育纳入大学，是美国法学教育史上的一次革命性变化。至今，法学院仍是大学的重要组成部分，法学教育还是大学教育的一环。而且，美国大学没有法律本科，法学院的所有学生均具有其他专业的本科学历，体现的正是杰斐逊以通识教育为基础展开法学教育的思想。美国法学教育从学徒制到大学制

---

〔1〕 Steve Sheppard ed., *The History of Legal Education in the United States*: *Commentaries and Primary Sources*, p. 144.

〔2〕 托马斯·杰斐逊：《杰斐逊选集》，朱曾汶译，商务印书馆 1999 年版，第 74 页。

乔治·威思塑像

的转变，是一次巨大的飞越。

当然，我们也不能贬低、遗忘学徒制法学教育的历史功绩。不论在什么时代，有经验的师父都可以带出好徒弟。当今美国，诊所法律教育勃兴，在某种程度上可以说是继承了学徒制的优点。大量实务界的著名律师进入法学院任教，也正说明经验仍是法学教育的核心部分。

第二节　詹姆斯·威尔逊： 律师与宪法

詹姆斯·威尔逊是美国独立、制宪时期的著名政治家、法律家，既是大陆会议代表，也签署过《独立宣言》，还参加过1787年的费城制宪，是制宪会议上的活跃分子，其作用仅次于美国宪法之父詹姆斯·麦迪逊。[1] 制宪会议结束后，威尔逊又积极参与并实际领导了宾夕法尼亚批准宪法的斗争，为宪法尽快通过作出了巨大贡献。1789年，宪法正式生效后，威尔逊出任首届联邦最高法院大法官，并担任费城学院法学教授，解释和传授自己参与制定的宪法。

美国宪法从制定、批准到最初的解释，都留下了威尔逊的身影，威尔逊对美国宪法的影响可谓独一无二，可在其身后的一个多世纪里，威尔逊的重要历史地位却没有得到学界的足够重视，既缺乏有分量的传记，专门的研究论文也寥寥无几，[2] 几乎成为最受忽视的立国先贤。直到20世纪后半期，状况才有所改观，学者们新编、扩充了威尔逊的文集[3]，还出版了一些高质量的

---

[1] Max Farrand, *The Framing of the Constitution of the United States*, New Heaven: Yale University Press, 1913, p. 197. 中文译本见马克斯·法仑德：《美国宪法的制定》，董成美译，马清文校，中国人民大学出版社1987年版，第120页。

[2] Andrew C. McLaughlin, "James Wilson in the Philadelphia Convention", *Political Science Quarterly*, Vol. 12, No. 1 (Mar., 1897), pp. 1~20; Arnaud B. Leavelle, "James Wilson and the Relation of the Scottish Metaphysics to American Political Thought", *Political Science Quarterly*, Vol. 57, No. 3 (Sep., 1942), pp. 394~410.

[3] 1804年，威尔逊的儿子为其父编辑了三卷本的文集（The works of the Honourable James Wilson, L. L. D.）；1896年，詹姆斯·安德鲁斯（James DeWitt Andrews）曾出版过一个两卷本的威尔逊法律讲座集（The works of James Wilson），在此基础之上，哈佛教授罗伯特·麦克罗斯基（Robert Green McCloskey）于1967年整理出版了新的两卷本威尔逊文集（The works of James Wilson），增加了威尔逊在制宪之前发表的一些演说与政论。

论文[1]、专著[2]，分别探讨了威尔逊的人民主权、自然法思想与共和理论。这些著述使我们能更加清楚地理解威尔逊的政治、法律思想，而这些思想大多跟美国宪法紧密相关，因此，概述威尔逊与美国宪法的关系，也有助于深入了解威尔逊的思想贡献与美国宪法教育的早期历史。

一、参与独立前的政治辩论

詹姆斯·威尔逊 1742 年出生于苏格兰，受人资助念完文法学校，1757 年获奖学金进入圣安德鲁斯大学，后遭父丧辍学。从 20 岁起开始当家庭教师，挣钱补贴家用。1765 年，为了出人头地，威尔逊漂洋过海来到美洲殖民地，经人推荐出任费城学院助教，并于次年获得费城学院荣誉硕士学位。

---

[1] John V. Jezierski, "Parliament or People: James Wilson and Blackstone on the Nature and Location of Sovereignty", *Journal of the History of Ideas*, Vol. 32, No. 1 (Jan. ~ Mar., 1971), pp. 95 ~ 106. Stephen A. Conrad, "Polite Foundation: Citizenship and Common Sense in James Wilson's Republican Theory", *The Supreme Court Review*, Vol. 1984, 1984, pp. 359 ~ 388; Stephen A. Conrad, "Metaphor and Imagination in James Wilson's Theory of Federal Union", *Law & Social Inquiry*, Vol. 13, No. 1 (Winter, 1988), pp. 1 ~ 70; Stephen A. Conrad, "Undercurrents of Republican Thinking in Modern Constitutional Theory: James Wilson's 'Assimilation of the Common – Law Mind'", *Northwestern University Law Review*, Vol. 84 (Fall, 1989), pp. 186 ~ 219; Arthur E. Wilmarth, Jr., "Elusive Foundation: John Marshall, James Wilson, and the Problem of Reconciling Popular Sovereignty and Natural Law Jurisprudence in the New Republic", *George Washington Law Review*, Vol. 72 (Dec., 2003), pp. 113 ~ 193.

[2] 比较好的一部传记是哈佛大学塞缪尔·莫里森的弟子佩奇·斯密斯（Charles Page Smith）撰写的 *James Wilson: Founding Father*, 1742 ~ 1798 (Chapel Hill, University of North Carolina Press, 1956)；英国圣安德鲁斯大学的锡德（Geoffrey Seed）也写过一部研究威尔逊政治思想的传记 *James Wilson: Scottish Intellectual and American Statesman* (Millwood, N. Y.: KTO Press, 1978)；而最新成果则是 Mark David Hall 的博士论文 *The Political and Legal Philosophy of James Wilson*, 1742 ~ 1798, Columbia, Mo.: University of Missouri Press, 1997.

詹姆斯·威尔逊画像

1766 年夏，威尔逊拜约翰·迪金森为师，开始研习法律。迪金森是美国建国时期著名政治家，大陆会议与制宪会议代表，曾在英国中殿（Middle Temple）律师学院学习，是当时享有盛名的律师。在迪金森的指导下，威尔逊阅读了大量的法学和哲学著作，加上在苏格兰求学时曾受到苏格兰启蒙思想的影响，威尔逊对法律的理解极富道德色彩与自然正义倾向。这一点很快就在独立前的政治辩论中体现出来。

威尔逊跟随迪金森学习法律之时，正值殖民地掀起抗议《汤森税法》的斗争，1767～1768 年，迪金森在报纸上发表系列评论文章《一个宾夕法尼亚农夫致英国殖民地居民的信》，[1] 重提反《印花税》时的"无代表不纳税"原则，反对母国为了增加岁入向殖民地征税；迪金森承认，英国议会有权管理母国与殖民地之间的贸易，但应该本着互利的原则出发，因为双方同是整体的一部分。迪金森希望通过区分税收的目的（增加岁入还是管理贸易），来判断税收是否合理，立场还比较温和。

威尔逊虽然是迪金森的学生，但却不大同意老师的主张，读了迪金森的十二封信后，他也写了一篇政论文章：《论英国议会立法权的性质与范围》，彻底否认英国议会对殖民地的立法管辖权。威尔逊从自然法的正义观出发，认为政府的统治直接建立在被统治者的同意之上；殖民地在英国议会没有代表，英国议会的立法没有经过殖民地人民的同意，因此，英国议会无权管理殖民地事务；不但不能管理内部事务，就连外部事务也无权干涉；因为殖民地与母国之间只是由共同效忠的国王连接在一起，并无臣属关系。

当时的殖民地民众还只是在争论如何抵制不合理的税收，没

---

[1] John Dickinson（1732～1808），*Letters from a Farmer in Pennsylvania*，*To the Inhabitants of the British Colonies*. http：//deila. dickinson. edu/cdm4/document. php？CISOROOT = /ownwords&CISOPTR =409，访问日期：2010 年 3 月 1 日。

约翰·迪金森画像

有发展到完全否认英国议会的管辖。威尔逊的主张无疑过于激进，在朋友的劝阻下，他没有将文章交报纸发表。[1]

经过 1770 年代初的短暂平静后，1773 年，殖民地与母国在茶叶销售问题上再起争议，并引发更为严重的政治争论与对立，反英舆论日益高涨。在此背景之下，威尔逊发表了几年前所写的《论英国议会立法权的性质与范围》，这本小册子从自然法的高度出发，认为"在天性上，所有人都是平等、自由的；未经同意，没有人可以对他人行使权力；所有的合法政府都建立在被统治者的同意基础上；之所以同意，是为了保证被统治者的福祉能超过他们在自然状态下所能享受的独立与自由；因此，全社会的福祉乃是一切政府的首要原则"[2]。相比之下，英国议会的所作所为，"违背了最基本的法律准则、政府的根本目的、英国宪法的精神、殖民地的自由与幸福"，[3] 当然不能接受。

威尔逊的这段话，让人不由自主地想起两年后的《独立宣言》，两者惊人的相似，"威尔逊先生关于英国和殖民地关系的理论，与我们在《独立宣言》中所见的根本上是一致的"。[4]杰斐逊读到这本小册子后，也大加赞赏，将其精彩段落抄录在笔记本上，威尔逊的小册子对杰斐逊影响巨大，[5] 在当时流传

---

[1] Mark David Hall, *The Political and Legal Philosophy of James Wilson*, 1742~1798, p. 12.

[2] "Considerations on the Nature and Extent of the Legislative Authority of the British Parliament", James Wilson, *Collected Works of James Wilson*, edited by Kermit L. Hall and Mark David Hall (Indianapolis: Liberty Fund, 2007), pp. 4~5.

[3] *Collected Works of James Wilson* (Indianapolis: Liberty Fund, 2007), p. 18.

[4] 卡尔·贝克："论《独立宣言》——政治思想史研究"，彭刚译，载《18 世纪哲学家的天城》，何兆武译，生活·读书·新知三联书店 2001 年版，第 238 页。

[5] 至于杰斐逊读到威尔逊的小册子时是在起草《独立宣言》之前还是之后，目前尚无定论，见 Herbert Lawrence Ganter, "Jefferson's 'Pursuit of Happiness' and Some Forgotten Men", *The William and Mary Quarterly*, Second Series, Vol. 16, No. 3 (Jul., 1936), pp. 430~434; Vol. 16, No. 4 (Oct., 1936), pp. 558~585.

甚广。[1]

这本小册子也让威尔逊声名鹊起，赢得了当地民众的认可，当选为大陆会议代表，并最终秉承选民的意愿，在《独立宣言》上签字。同年，威尔逊参与宾夕法尼亚制宪，但因不赞同建立议会至上、不分权的一院制州政府，愤而辞去公职，专门从事律师职业，成为当时宾夕法尼亚的著名律师。[2]

二、参加制宪会议

1787 年，当商讨如何完善联盟制度的会议在费城召开时，威尔逊的巨大声望使其顺理成章地当选为会议代表。威尔逊一向主张建立一个更为有效的中央政府，这次会议正好给了他一个发挥才干、实现抱负的机会，使他名垂青史，成为卓越的立宪建国领袖。据詹姆斯·麦迪逊记载，威尔逊自始至终都在会议现场，在制宪会议上的发言次数多达 160 余次，位居第二，[3] 其发言与贡献主要集中在以下几个方面。

第一，主张议会两院都由人民选举产生。5 月 31 日，在讨论、表决"弗吉尼亚方案"时，威尔逊两次发言，要求两院议员都由人民选举。他"坚信议会中人数多的一院应该直接民选，因为联邦金字塔要达到相当的高度，就应该打下尽可能宽厚的基础。没有人民的信任，任何政府都不可能持久，这种信任是共和政府的核心要素"[4]。詹姆斯·麦迪逊等人也认为，至少有一院应该直

---

[1] 伯纳德·贝林：《美国革命的思想意识渊源》，涂永前译，中国政法大学出版社 2007 年版，第 194~195 页。

[2] 就连乔治·华盛顿都愿意掏钱将自己的侄子送到威尔逊名下学习法律，见 Mark David Hall, *The Political and Legal Philosophy of James Wilson*, 1742~1798, p. 19. 华盛顿没有儿子，视侄子布什罗德·华盛顿（Bushrod Washington）如亲生儿子；布什罗德后来也成为最高法院大法官，接替的正是威尔逊逝世后空出的席位。

[3] 詹姆斯·麦迪逊：《辩论：美国制宪会议记录·上》，尹宣译，辽宁教育出版社 2003 年版，第 34 页。

[4] Max Farrand, I, p. 49, 52, 57.

接民选。当天会议的表决结果是，一院由人民直接选举产生，另一院的选举方法待定。6 月 25 日，会议再次讨论第二院议员的选举方式，威尔逊的立场稍微有些调整，但仍继续坚持由人民选出的专门选举人选举第二院议员，因为中央政府与州政府都建立在个人基础之上，议院是由个人构成的。[1] 但无人附议。最终，第二院议员由各州议会选举产生。

第二，以人口为基础平均分配议席。议席分配问题，在大陆会议决定组建邦联时，就曾引发大州与小州之间的激烈纷争，最终，为尊重小州的主权与平等地位，邦联国会同意各州拥有平等的否决权，从此埋下了无权与软弱的根源。1787 年召集各州代表开会，就是要解决这个问题。但由于大州与小州之间的巨大差异依然存在，议席分配问题成为制宪会议上争论最激烈、费时最长的一个问题，从 6 月中旬一直讨论到 7 月中旬，期间经过多次修改。秉着人民主权的观念，威尔逊从一开始就要求按人口比例分配席位，因为"所有权力都来自人民，同等数量的人民应该拥有同等数量的代表；不同数量的人民拥有不同数量的代表"；"从自然属性上讲，每个人都有自己的主权，所有人在自然上一律平等"；"人，而非财产，才是分配议席的尺度"。[2] 对于第一院，代表们的争议并不大，一致同意按人口基数选议员，关键是第二院，很多代表，特别是小州的代表都要求以州为单位推选议员。对此，威尔逊曾提出一个折中方案：以十万为基数，大州每十万人产生一名第二院议员，人口不足十万的小州选举一名议员，虽然麦迪逊等人勉强接受，[3] 还是遭到康涅狄格等小州的坚决抵制，他们提出第二院每州一个席位，双方相持不下，只好另外设立专门委员会商讨此事。[4] 7 月 5 日，专门委员会提出，第二院

---

〔1〕 Max Farrand, I, p. 406, 413, 416.

〔2〕 Max Farrand, I, pp. 179 ~ 180, p. 183.

〔3〕 Max Farrand, I, pp. 488 ~ 490.

〔4〕 Max Farrand, I, p. 516, 520.

内每州席位平等。[1] 威尔逊当然不能同意，他指出，现行邦联的主要缺陷就是无能，为什么无能？就是因为小州拥有平等的投票权，它们的否决票使邦联无所作为；要建立一个有效的政府，就必须改掉这个毛病。[2]

第三，设立一名民选的最高执政官。6月1日，针对"弗吉尼亚方案"中"设立由议会选举的全国执政官"提议，威尔逊表示，执政官应由一人担任，可以使其具有当机立断的能力与责任，执政权集于一人，不仅不是君主制的胚胎，反而是预防暴政的最安全屏障。[3] 但会议要明确执政官的权限后再作决定，因此推迟讨论执政官人数。对于执政官的选任方式，威尔逊重申应由人民选任，他希望不仅议会两院都由人民选举，不受各州议会干涉，执政官也应如此，这样，议会与执政官才既可能相互独立，又独立于各州。[4] 但是会议没有采纳他的建议。6月4日，会议再次讨论执政官人数，威尔逊坚持己见：目前各州的情况虽然千差万别，但都有一名最高执政官，没有出现三头执政的情况，这说明，多头执政会带来不受控制的、无尽的敌对仇恨，不仅会干涉公共施政，还会将这种敌视的毒怨散播到政府两院和各州，乃至民众中间。[5] 当天，会议通过表决，设立一人执政官。6月16日，针对"新泽西方案"提出的多人执政建议，威尔逊再次强调，"一人比三人更负责，三人会彼此争雄，直到一人统治另外两人；罗马三人执政时期，先是恺撒，后是屋大维，就是明证。斯巴达的双王、罗马的执政官，也都证明分散执政权力会导致党派纷争"。因此，"要控制立法权，必须将其分解；而要控制执政机构，就得

---

[1] Max Farrand, I, pp. 523 ~ 526.

[2] Max Farrand, II, pp. 10 ~ 11.

[3] Max Farrand, I, p. 65, 66, 70.

[4] Max Farrand, I, p. 69.

[5] Max Farrand, I, p. 96, 105, 109.

把它合一"。〔1〕

威尔逊的这些思想和主张虽然没有完全得到制宪会议采纳，但其出色的学识与辩论，却赢得了与会者的一致称赞。7月24日，受会议委托，威尔逊与其他四位代表一起，组成宪法细节委员会，负责组织宪法结构、统一宪法文字与风格。〔2〕可以说，1787年宪法的最后文本，从语法到结构，都留下了威尔逊的印迹。〔3〕

三、为新宪法辩护

为了避免现存各州议会讨价还价、迁延耽搁，制宪会议决定将新宪法交由各州专门成立的公民代表大会批准，直接获得民众授权，确保宪法的最高法地位。北方小州特拉华一马当先，于1787年12月7日率先批准新宪法，以期为自己在新联邦内赢得有利地位。与此同时，临近特拉华的大州宾夕法尼亚也召开公民代表大会，讨论是否批准新宪法。威尔逊是大会中唯一参加过制宪会议的代表，对宪法最有发言权，表现也最为突出，在十余天的会议里，发表了十余次长篇演说，他从制宪会议面临的困境出发，阐述了选择目前这种政府形式的合理性与可行性。

首先，面对如此辽阔的土地，如此不同的气候、地理环境与经济状况，该如何选择政府形式，是制宪者面临的最大难题。传统的政府理论认为，共和只适合面积较小的城邦式国家；历史上的联邦国家，要么最终分解，要么走向专制帝国，并没有留下成功经验。因此，美国立宪，不能走欧洲的老路，只能建立以代表制为基础的联邦共和国。制宪者面临的另一个难题是，如何处理联邦与州的关系，如何最大限度地发挥联合优势，而又不伤害各州的积极性。威尔逊的主张是，将联邦直接建立在人民代表之上，

〔1〕 Max Farrand, I, p. 254.
〔2〕 Max Farrand, II, p. 106.
〔3〕 Mark David Hall, *The Political and Legal Philosophy of James Wilson*, 1742～1798, p. 21.

制宪会议

让他们充当民众与政府之间的联结纽带。[1]

其次，虽然国会拥有很大权力，宪法至高无上，但所有的权力都来自人民，修改宪法的权力仍掌握在人民手中。宪法开宗明义，以"我们人民"开头，表明宪法是人民制定。在权力来源上，美国宪法与英国大宪章完全不同，大宪章是国王把一部分权力永久让渡给贵族与主教。所以英国需要《权利法案》保障民众的权利，而美国不需要，因为一切权利都由人民保留。新泽西、纽约、康涅狄格都没有《权利法案》，它们的公民不也享受着和我们一样的自由？自由的威胁来自两个方面：一个是专制，另一个是放荡堕落；为了阻止后者，应该给予政府适当的权力，但是为了预防前者，还应当合理地划分这些权力。宪法分开设立立法、

---

〔1〕 Jonathan Elliot, *The Debates in the Several State Conventions of the Adoption of the Federal Constitution* (Philadelphia: J. B. Lippincott Co., 1891), Vol. 2, pp. 418 ~ 425; *Collected Works of James Wilson* (Indianapolis: Liberty Fund, 2007), pp. 178 ~ 184.

执法与司法部门，使他们相互牵制，就是为了实现后一个目的。[1]

谈到分权，威尔逊认为，除了部门之间分权外，国会分两院也是一种分权，各部门都有独立的权力来源，人员互不交叉，能保证相互制衡。美国国会的权力来自民众，是授权性，没有授予的权力一概没有；而英国议会的权力是在与国王斗争中争取来的，逐渐发展成议会至上，议会拥有广泛而全面的权力。根据新宪法，美国国会、总统、法院都没有至高无上的权力，最高的、不受控制的权力仍保留在民众手中。[2]

在威尔逊看来，正因为国会的权力直接源自民众，而非各州的让渡，所以新宪法通过以后，各州原有的主权就不复存在了，它们将自己的权力交给了联邦政府。如果还保留各州主权，势必又回到邦联时期各自为政的状态，这是大家都不愿看到的。当然，各州仍掌握着很大一部分权力，可以在国会的权力范围之外发挥

---

[1] Jonathan Elliot, *The Debates in the Several State Conventions of the Adoption of the Federal Constitution*, Vol. 2, pp. 434 ~ 441; *Collected Works of James Wilson* (Indianapolis: Liberty Fund, 2007), pp. 193 ~ 201. 这段是威尔逊 11 月 28 日在州公民代表大会上为宪法辩护的主要内容，乔纳森·埃利奥特（Jonathan Elliot）所编的各邦批准宪法辩论集（五卷本）将日期误写为 10 月 28 日。除了明显的笔误外，埃利奥特的这套辩论集还不加辨别地收入了一些记录模糊、偏颇甚至错误的辩论记录，印行前后，就曾遭到在世制宪者的批评，比如詹姆斯·麦迪逊就多次（1826 年 11 月 25 日、1827 年 11 月 1 日、1830 年 7 月 7 日）致信埃利奥特，表示辩论集很不全面，有些地方有缺陷、令人费解，存在不同程度的错误（http://rotunda.upress.virginia.edu:8080/founders/default.xqy? keys = FOEA – print – 02 – 02 – 02&mode = TOC）；而直接参与弗吉尼亚大会辩论的约翰·马歇尔甚至表示，如果不是看到记录前面的名字，他都很难相信辩论集中的话是出自自己之口，见 Leonard W. Levy, Kenneth L. Karst, ed., *Encyclopedia of the American Constitution* (New York: Macmillan Reference USA, 2000), pp. 2120 ~ 2121. 当然，这些批评也许与他们多年之后思想改变、希望淡化早期立场有关。

[2] Jonathan Elliot, *The Debates in the Several State Conventions of the Adoption of the Federal Constitution*, Vol. 2, pp. 454 ~ 456.

积极作用。[1] 由于人民掌握着最终权力，可以修改宪法，因此，威尔逊提出，美国宪法不是统治者与被统治者之间的契约，而更像是人民签署的授权委托书，他们委托代表行使权力，并保留收回委托的权力。[2] 也就是说，宪法直接联结民众与联邦政府，州在其中不占主导地位。

州与联邦的关系，一直是美国制宪前后的核心问题，在批准宪法的争论中、在共和国早期的宪法解释中，威尔逊反复遇到这个问题，他坚持认为，主权在民，民众建立联邦政府，所以各州没有主权。在宾夕法尼亚批准宪法的争论中，他的这种主张暂时占了上风，也促使宾夕法尼亚于 1787 年 12 月 11 日投票通过新宪法，成为第一个批准新宪法的大州，极大地鼓舞了其他州的宪法支持者，为他们提供了辩护的理由与榜样。

实际上，早在 1787 年 10 月初，尚未召开批准宪法大会时，刚开完制宪会议的威尔逊，就在宾夕法尼亚议会发表过一次解释新宪法的演说。在这份不长的演说中，威尔逊阐述了新宪法的组织原则与具体安排，解释了为何没有列举个人权利、为何要维持常备军、征收国内税。在演说的结尾，威尔逊真诚地表示，将宪法交给大家讨论，肯定会遇到批评；人的本性是趋利避害，为了联合起来争取更大的利益与安全，请大家认真考虑这部宪法；这部宪法肯定不完美，但完美的事物一般极难实现，宪法已经给大家提供了修改的渠道；在目前的情况下，他可以大胆地说，"这是世上最好的政府形式"。[3]

这是制宪会议后威尔逊首次就新宪法方案发表演说，他也因此成为第一个公开为新宪法辩护的制宪会议代表。乔治·华盛顿

[1] Jonathan Elliot, *The Debates in the Several State Conventions of the Adoption of the Federal Constitution*, Vol. 2, pp. 457~464.

[2] Jonathan Elliot, *The Debates in the Several State Conventions of the Adoption of the Federal Constitution*, Vol. 2, pp. 498~499.

[3] *Collected Works of James Wilson* (Indianapolis: Liberty Fund, 2007), pp. 171~177.

看到报上登载的演说内容后，特意给朋友寄了一份，称赞演说很有启发，请朋友多印一些。据统计，截至 1787 年 12 月 29 日，共有 12 个州的 34 种报纸重印了这份演说，除此之外，演说内容还以小册子的形式在各州广为流传。[1] 对这类小册子深有研究的美国著名历史学者伯纳德·贝林认为，在当时"激变的环境"中，威尔逊 1787 年 10 月 6 日的演说，比《联邦党人文集》更能激起民众的理解，这份演说是那时最著名、对某些人来说也最声名狼藉的联邦主义者的声明。[2]

的确如此，威尔逊发表这番演说时，弗吉尼亚、纽约等州尚未召开批准宪法大会，在某种程度上，威尔逊也算得上是最早的联邦主义者，他的这番演说为其他州批准宪法的辩论提供了智力支持，也成为联邦主义者的思想基础。[3] 由于威尔逊在批准宪法的辩论中发挥了杰出作用，他受邀在 1788 年 7 月 4 日庆祝独立与宪法生效的大会上发表主题演说，讲述自古希腊、罗马以来人类对宪政的孜孜求索，希望美国的宪法实验能开辟政治史上的新纪元。[4]

四、解释和传授宪法

美国宪法确实开启了历史新纪元，参与这项伟大实验并发挥突出作用的威尔逊也觉得自己应该得到回报，他主动给华盛顿总统写信，毛遂自荐，希望出任最高法院首席大法官，但遭到华盛

---

[1] Mark David Hall, *The Political and Legal Philosophy of James Wilson*, 1742 ~ 1798, p. 23.

[2] 伯纳德·贝林：《美国革命的思想意识渊源》，徐永前译，中国政法大学出版社 2007 年版，第 280 页，译文根据原文有所改动。

[3] 在本州批准宪法的斗争中，詹姆斯·麦迪逊、亚历山大·汉密尔顿都曾参考过威尔逊的演说，参见 Gordon S. Wood, *The Creation of the American Republic*, 1776 ~ 1787, Chapel Hill: University of North Carolina Press, 1969, pp. 530 ~ 540.

[4] *Collected Works of James Wilson* (Indianapolis: Liberty Fund, 2007), pp. 285 ~ 293.

顿婉拒。[1] 当然，鉴于威尔逊的卓越才华，华盛顿还是提名他进入最高法院，威尔逊也因此位列美国历史上的首批大法官。在担任大法官的同时，威尔逊还兼任费城学院的法学教授，并从事土地投机，最终因投机失败，客死他乡，很不光彩地结束了自己原本辉煌的人生。

威尔逊在最高法院的 9 年（1789～1798）正值美国联邦司法体制的草创时期，案件不多，因此威尔逊只参与审理了大约二十起案件，其中一些还是在他所主持的巡回上诉法院，[2] 留下的意见书不过数十页。在这不多的意见书中，有两份特别值得一提，一份是 1792 年审理的海伯恩案，另一份是 1793 年判决的齐泽姆案。

海伯恩案起源于国会 1792 年 3 月通过的《伤残军人抚恤法》，该法规定，凡在美国独立战争中伤残的老兵，都可以向联邦巡回法院提出抚恤申请，巡回法院将符合条件的申请交由陆军部长审核，由陆军部决定是否发放抚恤金。[3] 当威尔逊主持宾夕法尼亚司法区巡回法院，面对抚恤申请时，他觉得这份立法非常不妥，联邦法院不应卷入行政事务。1792 年 4 月 18 日，他直接给华盛顿总统去信，明确表示，总统负责执法、国会掌握立法权、法院司法，这是宪法的基本规定；宪法保障司法与法官独立，而《伤残军人抚恤法》交给巡回法院的工作不是司法性的，而且还要接受行政机构的审核，这明显损害了法院的独立司法权，违背了宪法的根本原则。因此，宾夕法尼亚司法区巡回法院的几位法官一致

---

〔1〕 Mark David Hall, *The Political and Legal Philosophy of James Wilson*, 1742～1798, p. 25.

〔2〕 建国之初，美国还没有固定的联邦上诉法院，而是由最高法院大法官与联邦地区法院法官组成巡回上诉法院，负责某一司法区内的上诉案件。

〔3〕 1 Stat. 243～245（1789～1799）Chapter 11, 2 Congress, Session 1, *An act to provide for the settlement of the claims of widows and orphans barred by the limitations heretofore established, and to regulate the claims to invalid pensions.* 来自 HeinOnline 数据库。

拒绝执行这样的法律。[1] 针对威尔逊等人的举动，当时就有国会议员提出，看来法院认为该法律违宪了，这是"有史以来法院第一次宣布国会的一项法律无效"。在给朋友的信中，麦迪逊也表示，此案是"司法审查权存在的证据"。[2] 威尔逊等人的举动，使海伯恩案成为通往马伯里案[3]的重要一步，但却比马伯里案早了10年。

如果说海伯恩案表达的是威尔逊的司法独立诉求，次年判决的齐泽姆案则体现了他的人民主权思想。齐泽姆是南卡罗来纳州公民，因革命时期的一桩债务与佐治亚州发生纠纷，继而在联邦法院起诉佐治亚州。根据宪法第3条第2款，联邦的司法权限包括一州与他州公民之间的诉讼，联邦法院因此受理了此案。但佐治亚州拒绝出庭，理由是州作为主权和独立的政治实体，享有免于起诉的主权豁免。威尔逊撰写的司法意见认为，此案关系重大，涉及主权的归属问题。在讲了一通主权与统治对象的关系后，威尔逊表示，美国是由人民直接建立的，主权仍然保留在人民手中，佐治亚不是一个主权州；[4] 他还回顾了"邦联条例"的失败经验，重申美国宪法直接源自美国人民。[5]

可是，当时的美国人还没有准备好接受威尔逊的这种纯粹人民主权理论，在反联邦党人的鼓动下，国会于1794年3月提出一

---

〔1〕　当年6月，另一个巡回法院的法官们也就此事给华盛顿总统写信，表达了类似的主张，见 Hayburn's Case, 2 U. S. 2 Dall. 411 (1792), http：//supreme. justia. com/us/2/409/case. html.

〔2〕　伯纳德·施瓦茨：《美国最高法院史》，毕洪海等译，中国政法大学出版社2005年版，第27~28页。

〔3〕　美国最高法院1803年判决的一起案件，是公认的确立最高法院司法审查权的里程碑性案件。

〔4〕　Chisholm v. Georgia, 2 U. S. 2 Dall. 457 (1793), http：//supreme. justia. com/us/2/419/case. html.

〔5〕　Chisholm v. Georgia, 2 U. S. 2 Dall. 464 (1793), http：//supreme. justia. com/us/2/419/case. html.

法官席上的詹姆斯·威尔逊（右一）

条针对性的增修宪法提议：联邦司法权限不包括一州公民（或外国公民）与另一州政府之间的诉讼。1798 年 1 月，这条修正案获得各州批准生效，成为美国宪法第十一修正案，齐泽姆案也因此成为美国历史上第一个被宪法修正案否决的最高法院判决。当然，这条修正案也没有完全承认各州的主权地位，只不过认为在联邦诉讼中，对他州公民而言，州政府应该享有一定程度的豁免权。因此，作为最高法院历史上的第一个大案，威尔逊主笔的齐泽姆案判决依然不时出现在联邦法院的判决书里。

威尔逊担任大法官时，美国的首都仍在费城，当时的费城不仅是全国政治中心，是《独立宣言》与美国宪法的诞生地；也是重要的文教中心，建有著名的费城学院（即后来的宾夕法尼亚大学）。费城学院是美国较早的综合性大学，也是一所非常本土化的美国大学。联邦宪法生效后，学院董事会敏锐地意识到，法律，尤其是宪法，将成为大学教育的重要组成部分，因此决定设立一名法学教授席位。作为学院董事会成员，威尔逊十分支持这一决定，在论证设立法学教授席位必要性的报告中，他提出，与其他国家宪法相比，美国宪法规定的政府原则与个人权利具有本国特色；美国独特的联邦与地方分权结构也带来了两套不同的法律体系，这些都需要研究与讲解。[1] 1790 年 9 月，董事会一致同意任命威尔逊为费城学院首任法学教授。当时美国采用的是学徒式法律教育形式，法律知识由著名律师在自己的事务所里向拜师的徒弟私授，极少有大学聘请专门的法律教授。威尔逊获任法学教授，既是威尔逊个人、也是费城学院历史上的重要事件。1790 年 10 月 15 日，威尔逊发表就任演说时，华盛顿总统、亚当斯副总统出席，国会议员以及宾州议长悉数到场，[2] 气氛宛如一场庆典。

由于身兼大法官，又要主持巡回法院，威尔逊只在费城学院断断续续讲了一年多课，从保存下来的讲稿看，他的讲授内容十分丰富，涉及法律基本原则、自然法、国际法、市政法、比较宪法、美国宪法、个人基本权利等诸多方面。其中比较宪法与美国宪法两部分集中体现了威尔逊的宪法观。

威尔逊所讲授的比较宪法，仅限于英美宪法的异同。威尔逊认为英美宪政的根本差异在于，美国人民是政府的主人，而英国则恰恰相反，政府是人民的主人。英国议会至上，议会的立法永远不会违宪，因此，议会的法律几乎就是宪法。英美宪政的另一差异体现在议会的代表性上：英国只有下院议员是民众的代表，议会的代表性既不平等、也不充分；而美国的两院议员与总统都是民选的，虽然选举方式不太相同，但都是民众的代表。[3]

---

〔1〕 *Collected Works of James Wilson* (Indianapolis: Liberty Fund, 2007), p. 402.

〔2〕 Stephen A. Conrad, "Polite Foundation: Citizenship and Common Sense in James Wilson's Republican Theory", *The Supreme Court Review*, Vol. 1984, 1984, p. 374.

〔3〕 *Collected Works of James Wilson* (Indianapolis: Liberty Fund, 2007), pp. 719~723.

威尔逊非常强调选举的平等性。在讲述美国宪法时，他再次深入阐述了自己的看法：真正的平等代表制有两个必要条件，其一，所有的代表都能自由表达选民的呼声；其二，代表们表达的呼声应该具有同样的力量与影响。为了实现第一个条件，必须实行一人一票的自由选举；对于第二个条件，则要求所有的选举平等。也就是说，一州内，如果一定数量的公民可以选举一名代表，同样数量的公民也应该可以选举另一名代表，选举权也应该平等。选举与选民资格问题，是自由国家的首要原则问题。[1]

威尔逊的平等选举权思想深深地影响了后来的美国学者，包括最高法院大法官。1960 年代，在支持重新划分选举的判决中，美国最高法院的判决书就曾多次引用威尔逊的这段讲稿。[2] 威尔逊在费城学院教授法律的时间并不长，学生也不多，但对讲稿却是极为用心。留下的讲稿不但体例清晰，而且有多次修改的痕迹，很明显是准备印刷发表。实际上，威尔逊很希望能像英国法学家布莱克斯通[3]整理、评注英国普通法一样，梳理美国法律，成为美国的布莱克斯通。可惜的是，他对财富的追逐，阻碍了自己的智识贡献。1798 年 8 月，威尔逊因土地投机破产，贫病交加，死于北卡罗来纳州的一个旅馆，享年 56 岁。

在美国独立建国的历史进程中，既签署过《独立宣言》，又

---

[1] *Collected Works of James Wilson*（Indianapolis：Liberty Fund，2007），pp. 837~839.

[2] Wesberry v. Sanders，376 U. S. 17（1964），http：//supreme. justia. com/us/376/1/ case. html；Reynolds v. Sims，377 U. S. 563~564 n. 41（1964），http：//supreme. justia. com/us/377/533/case. html#T41.

[3] 威廉·布莱克斯通（William Blackstone，1723~1780），英国著名法官、法学家，普通法研究的集大成者，其《英国法释义》（*Commentaries on the Laws of England*）一书对美国独立制宪、法院判案、法律教学影响深远。

在宪法文本上留名的，仅有六人，[1] 威尔逊是其中之一，可谓真正的开国元勋。不光彩地早逝，使他的名字与事迹在 19 世纪几乎销声匿迹，成为被人遗忘的立国之父，但他在制定、批准、解释与传播美国宪法方面的贡献，却存留在历史记录里，被后来的法官不断提及。[2]

附　录：美国第一个法学教授 乔治·威思的传奇人生

乔治·威思（1726～1806）是美国早期著名律师、政治家、法官，独立宣言签字者、制宪会议代表，美国第一位法学教授，培养了托马斯·杰斐逊、约翰·马歇尔、詹姆斯·门罗、布什罗德·华盛顿等一大批杰出法官、政治家，是推动美国法学教育从学徒制到学院制转变的关键人物。

一、早年经历

1726 年，乔治·威思出生于弗吉尼亚伊丽莎白县切斯特维尔的一个种植园主家庭，在三个孩子中排行老二，哥哥托马斯·威思、妹妹安妮·威思。

---

[1] 分别是乔治·克莱默（George Clymer），本杰明·富兰克林（Benjamin Franklin），罗伯特·莫里斯（Robert Morris），乔治·里德（George Read），罗杰·谢尔曼（Roger Sherman）与詹姆斯·威尔逊，还有两位乔治·威思与埃尔布里奇·格里（Elbridge Gerry）在《独立宣言》上签字，也参加了制宪会议，但却没有在宪法文本上签字。

[2] 1900 年 2 月，在庆祝宾夕法尼亚大学新法学大楼落成典礼上，时任最高法院大法官的约翰·哈伦盛赞了威尔逊对美国宪法的贡献，见 John Marshall Harlan, "James Wilson and the Formation of the Constitution", 34 *American Law Review* 481～504 (1900)；1906 年 11 月，威尔逊的遗骸从北卡罗来纳运回宾州重新安葬，最高法院首席大法官带领奥利弗·霍姆斯等四名大法官出席了葬礼，见 Lucien Hugh Alexander, "James Wilson, Nation - Builder", 19 *The Green Bag* 1～9, 98～109, 137～146, 265～276 (1907).

乔治·威思画像

17 世纪后期，威思的祖先逃避英国内乱移民美洲，来到弗吉尼亚，在切斯特维尔安家落户，父亲是英格兰后裔，母亲一支源自苏格兰。威思的外祖父是苏格兰有名的教师兼牧师，精通数学与东方语言，曾在美国创办教会学校。威思自幼受到良好的家庭教育，阅读广泛，精通拉丁、希腊等古典语言。

殖民地时期的美国，仍然实行的是长子继承制，哥哥托马斯·威思不但沿用了父辈的名字（威思的曾祖父是托马斯一世、祖父是二世、父亲是三世），而且在父亲死后继承了威思家族的种植园。由于无法继承祖先的产业，乔治·威思必须为自己找一份安身立命的职业。那个时候，殖民地的经济渐渐活跃，交易往来日趋频繁，法律纠纷不断增多，需要更多的本土律师。威思于是立志成为一名律师，但那时殖民地尚无法学院，要当律师，必须找师父带，先做一段时间学徒，然后才能独立执业。

1745 年左右，在家人的介绍下，威思来到弗吉尼亚的乔治王子县，跟随一位远房叔叔学习法律。这位叔叔虽然是著名律师，但教学水平却实在一般。威思后来回忆说，"他总是让我做一些枯燥的法律文书抄写工作，从不教我法律的一般理论"。[1] 这段不甚愉快的经历，让威思在日后的学习中更加注意深入了解法律的历史与政治背景。担任大学教授后，这段学习经历也时刻提醒威思，要做一个好老师，就绝对不能像他的那位叔叔那样。

一年后，威思结束学徒期，获得律师资格，独立开业。最初是在弗吉尼亚的斯波齐尔韦尼亚县，后来业务扩展，逐渐进入邻近的北卡罗来纳诸县。1747 年，21 岁的威思与当地一位律师的女儿结为连理，事业家庭双丰收。谁知不到一年，年轻的威思夫人就因病去世，威思深受打击，于 1748 年秋回到家乡。后经人推荐，出任弗吉尼亚议会下设专门委员会的秘书，结识了一大批政治人物。

---

[1] Steve Sheppard ed. , *The History of Legal Education in the United States: Commentaries and Primary Sources*, Pasadena, California: Salem Press, Inc. , 1999, p. 140.

在为议会工作的同时，威思也没有放弃律师职业，他成功地为威廉斯堡的豪门打赢了几场官司，在当地小有名气。1750 年，24 岁的威思被选举威廉斯堡市议员，4 年后，弗吉尼亚司法总长卸职访问英国，威思又应邀出任司法总长，成为弗吉尼亚历史上最年轻的司法总长。虽然仕途如意，威思并没有冲昏头脑，他自知名望资历不足，恐有负众望，原来的司法总长从英国访问归来后，他又主动辞职让贤。

1755 年，威思的哥哥托马斯·威思病逝，身后无子，祖产转入威思名下。同年，威思再婚，娶威廉斯堡的一位富家女伊丽莎白·托利弗为妻，陪嫁丰厚。既有祖产，又有陪嫁，一夜之间，威思步入富裕阶层，衣食无忧。但他并没有为富不仁，而是利用难得的闲暇，如饥似渴地阅读古典书籍与英国早期法律文献，自学成才，成为弗吉尼亚最优秀的拉丁语和希腊语学者。[1]

与此同时，威思的律师业务也蒸蒸日上，他的身影与名字经常出现在弗吉尼亚各级法院，由于业绩突出，弗吉尼亚最高法院同意吸收其为该院辩护律师。这是该州律师所能赢得的最高荣誉，当时，有资格进入弗吉尼亚最高法院庭辩的律师一共不足 10 人。威思是其中的佼佼者，其学生托马斯·杰斐逊后来回忆说，"在长达 25 年的时间里，威思在弗吉尼亚最高法院一直所向无敌"。[2]

1758 年，威思当选弗吉尼亚下院议员，1761 年连选连任。1768 年出任弗吉尼亚下议院秘书长，同时担任威廉斯堡市市长。成绩卓著，声誉日隆。其间，威思还参与了弗吉尼亚法律的汇编、整理、修订工作，制定了著名的"弗吉尼亚 1769 年法典"，利用自己的所长，改革、完善殖民地的法律体系。

正当威思事业、仕途一帆风顺之际，美国殖民地爆发独立运

---

〔1〕 托马斯·杰斐逊："乔治·威思生平速写"，《杰斐逊选集》，朱曾汶译，商务印书馆 1999 年版，第 179 页。

〔2〕 Steve Sheppard ed. , *The History of Legal Education in the United States*：*Commentaries and Primary Sources*，Pasadena，California：Salem Press，Inc. , p. 141.

动，要求脱离英国的殖民统治，独立自主管理本土事务。威思积极投身其中，成为弗吉尼亚的政治领袖。

二、参与独立运动

1770 年代初，独立运动席卷北美殖民地时，威思是坚定的独立主义者。他最著名的学生、美国第三任总统托马斯·杰斐逊后来回忆说，"在独立战争刚开始时，他（威思）不像一些胆小怕事的人那样就一些妥协原则讨价还价，而是抱定一个牢固的原则，即我们和英国之间唯一的政治上的联系是我们有同一个国家元首，英国及其议会对我们没有权力，就像我们对他们没有权力一样，我们和英国是并起并坐的国家"[1]

1775 年 11 月，威思与杰斐逊等人一起，被选为弗吉尼亚代表，赴费城参加第二届大陆会议，商讨具体反英措施。在会上，威思虽然发言不多，但其缜密的思路，言简意赅的表达，给与会者留下了深刻影响。

1776 年 6 月 7 日，包括威思在内的弗吉尼亚代表团向大陆会议提交了几份决议案，其中一份宣称："这些联合的殖民地是，而且也有权利是自由而独立的国家，它们解除一切对英王的效忠，它们与英国之间的所有政治联系也应全部解除"。大陆会议通过了这份决议，并在此基础上起草了一份宣言，于 7 月 4 日由全会通过，这份宣言就是开启美国历史新纪元的《独立宣言》[2]

7 月 19 日，大陆会议将 7 月 4 日通过的"宣言"定名为《美利坚合众国十三州一致宣言》，并正式缮写在羊皮纸上，校对之

---

[1]　托马斯·杰斐逊："乔治·威思生平速写"，《杰斐逊选集》，朱曾汶译，商务印书馆 1999 年版，第 179 页。

[2]　卡尔·贝克尔：《18 世纪哲学家的天城》，何兆武译，生活·读书·新知三联书店 2001 年版，第 169～170 页。

乔治·威思等人在《独立宣言》上的签名，从上至下顺序为乔治·威思、理查德·亨利·李（Richard Henry Lee）、托马斯·杰斐逊、本杰明·哈理森（Benjamin Harrison）、小托马斯·纳尔逊（Thomas Nelson）、弗朗西斯·莱特富特·李（Francis Lightfoot Lee）、卡特·布拉克斯顿（Carter Braxton）

后，由所有到会人员签名。[1] 威思虽然在会上不遗余力地支持独立，但这次签字却没有他的名字。原来，在第二次大陆会议期间，弗吉尼亚也在召开制宪会议，急召威思商议大计，威思已于6月13日返回弗吉尼亚，直到8月才重返费城，在《独立宣言》上补签了自己的名字。为了表达对威思的敬意，7月19日签名时，弗

---

〔1〕 卡尔·贝克尔：《18世纪哲学家的天城》，何兆武译，生活·读书·新知三联书店2001年版，第285页。

吉尼亚代表团特意将该州的第一个签名位置空出，留给威思回来后补签。[1] 就连《独立宣言》文本的主要起草者托马斯·杰斐逊都屈居其后！

《独立宣言》标志着北美殖民地正式独立，弗吉尼亚也从此摆脱了英国的控制，成为相对独立的一个州（邦）。政治地位与政府体制的变化，必然引发法律变更。弗吉尼亚急需修改本州（邦）法律，以适应新的形势。1776 年秋，威思从费城返回弗吉尼亚威廉斯堡，与杰斐逊等人一起组成专门的法律修改委员会，负责审查、修订弗吉尼亚现有的所有法律、法典。具体的分工是：杰斐逊负责考察 1619 年之前的普通法传统，威思负责研究 1619 年后英国制定的、对殖民地有影响的法律。

整个整理修订工作差不多持续了 3 年，直到 1779 年 6 月才最终完成。在这 3 年里，威思与法律修改委员会共向弗吉尼亚议会提交了 126 份立法建议，弗吉尼亚州议会花了 6 年时间，才处理完这些提议。这 126 份提议，虽然大部分只要求对现有法律进行文字与条款上的小修改，但也包括不少根本性改动。比如取消长子继承制、实行宗教自由等等。这些均被议会接受，并立法实施。但有一些，比如改善公共教育与公共图书馆，改良刑罚制度，却未获通过。[2]

1777 年，尚在修订法律之时，威思就凭着自己的出色贡献，以及对议会议事规则的渊博知识，当选为弗吉尼亚州下议院议长。同年，新政府改革旧的司法体制，设立新的衡平法院，威思被任命为衡平法院的 3 名法官之一，直到 1806 年死于任上，任职长达30 年。

---

[1] Steve Sheppard ed. , *The History of Legal Education in the United States*: *Commentaries and Primary Sources*, Pasadena, California: Salem Press, Inc. , p. 141.

[2] Steve Sheppard ed. , *The History of Legal Education in the United States*: *Commentaries and Primary Sources*, Pasadena, California: Salem Press, Inc. , p. 141.

三、担任法学教授

1779 年 12 月 4 日，威廉－玛丽学院监事会正式任命威思担任威廉－玛丽学院法学教授。次年 1 月，威思到学院开课。春季课程从 1 月到 3 月，4 月放春假；夏季学期从 5 月到 7 月；秋季 10 月份开学。在教学内容上，威思进行了不少改革，除了继续让学生研读法律论著、做笔记外，他每周给学生上两次课，讨论法律的程序性与实质性要件，并解答学生阅读过程中遇到的问题。授课范围既包括英国法，也涵盖美国法。

除了阅读与讲授书本知识，威思还十分重视培养学生的实践能力。为此，他创设了模拟法庭与模拟议会，供学生操练法律知识。模拟法庭是英国律师会馆培养律师的常用方法，威思继承下来，并将其变为一种实战性演习。他借用弗吉尼亚首府搬迁后留下的法院大楼（1780 年 4 月，弗吉尼亚首府从威廉斯堡迁至里士满），每月召开一次模拟法庭。由几位教授担任法官，并邀请市民旁听，效果很好。杰斐逊非常称赞这种方法，他认为，这样的模拟法庭，既锻炼了学生的演说与修辞，还能让学生提前熟悉法庭环境。[1]

与模拟法庭类似，模拟议会也是借用老的州议会大楼，由学生组成议员，威思自己则充任议长，每个星期六集会，指导学生学习议事规则，就本州当前的重要立法展开自由辩论。

由于教育有方，威思的法律课程大受欢迎，1780 年，威廉－玛丽学院一半的学生选择学习法律。当然，学生能够选择导师，也得益于威廉－玛丽学院的另一项制度创新——选课制。1779 年 12 月 29 日，教授会议通过决议：每年交纳 1000 磅烟草的学生，可以选修两位教授的课；每年交纳 1500 磅烟草的学生，可以选修

---

[1] Steve Sheppard ed. , *The History of Legal Education in the United States*: *Commentaries and Primary Sources*, p. 145.

三位教授的课。[1] 这是美国大学第一次实行选课制。选课制以及多种学科的结合，使威廉－玛丽学院成为一所真正意义上的大学。

可是好景不长，殖民地的独立引起了英国的武力干涉，独立战争爆发。1781 年上半年，英国军队两次占领威廉斯堡，威廉－玛丽学院因此停办了一年多。美国军队与法国盟友赶走英国人后，又在威廉斯堡驻扎了一段时间。当时，应威思邀请，美军统率、建国之父乔治·华盛顿的司令部就设在威思家中。独立战争结束后，威思于 1783 年在威廉－玛丽学院重开法律课程，由于局势已经稳定，学生人数很快达到战前水平。这批学生中，有担任过国务卿、最高法院首席大法官的约翰·马歇尔、美国第五任总统詹姆斯·门罗、最高法院大法官布什罗德·华盛顿（乔治·华盛顿的侄儿）等一大批杰出法官、政治家，在美国早期的历史天空大放异彩，光芒盖过了自己的恩师。

在威廉－玛丽学院教授法学的同时，威思一直担任着弗吉尼亚衡平法院的法官，威廉－玛丽学院在老城威廉斯堡，衡平法院在新都里士满。每年 4 月、9 月学校放假之际，威思都会赶赴里士满参与衡平法院的审判工作。这样两个城市来回跑，的确让威思耗费了不少时间与精力，但他将当年判决的重要案件作为案例分析给学生听，使学生能及时了解本州的法律发展状况，很受学生欢迎。这也许正是威思作为法学教授成功的重要因素。

1787 年春夏，独立的北美 13 州（邦）在费城召开制宪会议，虽然威思无意前往，但弗吉尼亚州议会还是将其选为制宪代表，与乔治·华盛顿等 7 人共赴费城，商讨国是。[2] 5 月 25 日（周五），制宪会议到会代表达到法定人数，会议正式开始，当天的议

---

[1]　Steve Sheppard ed., *The History of Legal Education in the United States*: *Commentaries and Primary Sources*, p. 145.

[2]　托马斯·杰斐逊当时正担任美国驻法公使，远在巴黎，没有参与制宪会议。

威思的学生约翰·马歇尔首席大法官

程是推选会议主席、确定会议规则，最终，与会代表一致推举乔治·华盛顿为会议主席，威思等三人为会议规则起草委员会成员。5月28日（周一），威思代表会议规则委员会向大会报告了该委员会起草的会议规则，初步确定会议规则；5月29日，威思又向大会作了补充规则报告，最终明确会议规则。[1]

威思之所以不愿赴费城参加制宪会议，除了教学审判工作繁忙分不开身外，更重要的原因是妻子伊丽莎白·托利弗病重，需要他陪伴。自1755年威思与托利弗结婚以来，三十余年，两人相敬如宾、相濡以沫、不弃不离。本来育有一子，但不幸早亡，更使俩人相依为命。

在费城待了三个星期，听闻托利弗病情加重，威思于6月4日告假回家，6月16日正式辞去制宪代表职务。两个月后，托利弗逝世。

四、晚年

爱妻托利弗的死，给威思巨大的打击，他开始淡出公共生活，专心教书育人，除了在威廉－玛丽学院上课外，他还自己收徒，甚至办了一所文法学校，教授古典语言与文献。

1788年，弗吉尼亚再次改革司法体制，缩减衡平法院法官人数，将他们派往其他法院，结果衡平法院只剩下威思一人。虽然自由裁量范围更大，但工作负担也更重了。改革前，威思一年只用去两次里士满的衡平法院参加庭审，改革后，每年得去四次，无疑会影响到威廉斯堡的教学工作。而且，威思已经年届六旬，身体状况也不允许其长期来回奔波。因此，他打算辞去教授职务。

当然，最终促使威思离开威廉－玛丽学院、放弃自己喜欢的授业工作的根本原因，还是学院的状况不能令他满意。1779年，

---

〔1〕　詹姆斯·麦迪逊：《辩论：美国制宪会议记录·上》，尹宣译，辽宁教育出版社2003年版，第6~11页。

托马斯·杰斐逊大胆改革了学院的课程，取消了神学教授席位，遭到教会的激烈反对。1787年，保守势力与失去席位的教授联合起来，将学院告上法庭，要求恢复他们的席位，取消1779年的改革。威思的得意门生约翰·马歇尔代表学院应诉，尽管赢了官司，学院也不得不作出让步，重新聘任失去席位的教授，使威思很失望。这件事最终促使他于1789年辞去法学教授职务，并于1791年移居里士满，一心做自己的法官。为感谢威思为威廉－玛丽学院作出的贡献，学院特意授予其荣誉法学博士学位。[1]

辞去教职的威思，膝下无子，更加喜欢私自收徒，与年轻人交流辩论，他释放自己的黑人家奴，教他们识字阅读，甚至在遗嘱中将一部分财产留给他们。谁料，这份遗嘱却给威思带来了杀身之祸。

原来，威思虽然无后，却有个侄孙，也就是他妹妹安妮的孙子乔治·斯威尼。依照继承法，斯威尼有权继承威思的遗产。可是，这个斯威尼是个有名的浪荡公子，游手好闲，挥霍无度，早就觊觎威思的财产，盼望着他早点归西。威思十分清楚这个侄孙的为人，因此在遗嘱中将大量的遗产都转赠他人了。斯威尼担心威思再活下去，会修改遗嘱，把财产全部送光，自己一分钱都得不到，因此决定铤而走险，先下手为强，在威思的饭菜里下了砒霜，将其毒死。1808年6月8日，一代名师含恨离世。[2]

威思的死，让弗吉尼亚民众深感惋惜。为了纪念这位巨人，州议会通过决议，将该州的一个县命名为乔治·威思县。后来，威廉－玛丽学院也将自己的法学院命名为马歇尔－威思法学院。

---

[1] Steve Sheppard ed. , *The History of Legal Education in the United States*: *Commentaries and Primary Sources*, Pasadena, California: Salem Press, Inc. , 1999, pp. 157 ~ 159.

[2] Robert & Marilyn Aitken, "The Life and Death of George Wythe: 'I Am Murdered'", 31 *Litigation* 4 (Summer 2005), pp. 53 ~ 56.

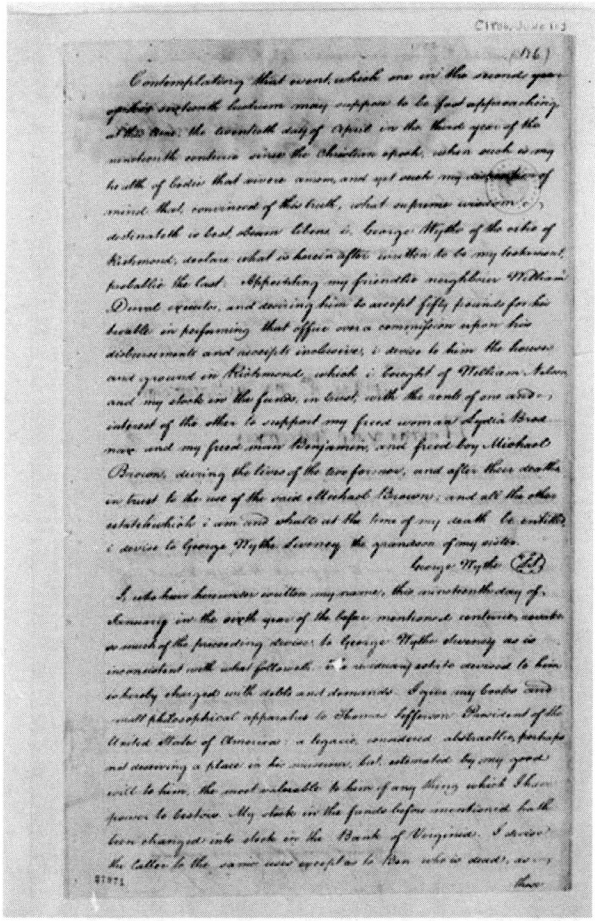

威思的遗嘱

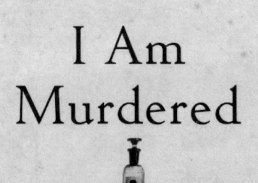

I Am Murdered

George Wythe, Thomas Jefferson, and
the Killing That Shocked a New Nation

Bruce Chadwick

Author of *George Washington's War*

研究威思之死的著作

乔治·威思之墓（Billy Hathorn 摄于 2011 年）

　　虽然威思的声名并不显赫，但认识他的人对他评价都非常高。正如托马斯·杰斐逊所言，"任何人身后都没有留下比乔治·威思更令人崇敬的英名。他的美德最为白璧无瑕，他的正直坚定不移，他的公正一丝不苟；他有强烈的爱国精神，献身于自由事业以及人的天然权利和平等权利，世上从未有过一个比他更大公无私的人"。[1]

---

〔1〕　托马斯·杰斐逊："乔治·威思生平速写"，载《杰斐逊选集》，朱曾汶译，商务印书馆 1999 年版，第 180 页。

第二章 自由之路：从学徒到学院

19 世纪初期美国的法学教育，延续了殖民地时期的传统，依然以学徒制为主，依靠律师、法官个人传授。但是有些大学，也尝试着引进法学教育，将法律视为科学，在大学培养律师。比如哈佛很早就有这方面的计划，也聘请了相关教授，在约瑟夫·斯托里等人的帮助下，哈佛法学院兴盛一时。与此同时，由著名律师、政治家亨利·克莱全力支持的特兰西瓦尼亚大学，也坚持聘请法学教授，培养绅士型律师。这些教授，基本上都是著名律师或法官，有些受过大学教育，但他们的法律知识，也多半是通过当学徒得来的。

这一时期的著名律师、法官，到大学兼任法学教授的，只是他们群体中的极少数，更多的人，还是在自己的事务所带学徒。当然，有时候学徒多了，也可以形成规模不小的法律学校，比如利奇菲尔德，现在已经成为美国法学教育史上的传奇。实际上，在 19 世纪上半叶，像利奇菲尔德这样的私人性法律学校，几乎遍布大西洋沿岸的所有州。耶鲁法学院即来源于这样的私人性法律学校。最初，耶鲁与其附设的法律学校，更多的是一种合作关系，校方并不负担法学教授的工资，他们的薪水完全来自学生的学费。整个 19 世纪，宗教色彩浓厚的耶鲁都在犹豫，要不要将法学院完全纳入大学教育体系。

第一节　法律学校：从学徒到学院过渡的中间阶段

19世纪早期，跟著名律师当学徒学习法律知识、技能，是美国法学教育的主流渠道，当时的著名律师，几乎都是师傅带出来的。学徒制下的法学教育，类似于手工作坊式的生产方式，数量有限、规格不一。为了扩大培养数量，同时也增加个人收入，有些著名律师、法官开始批量收徒，兴办了一系列私人性的法律学校，其中最早、也最为著名的当属塔平·里夫在康涅狄格州创办的利奇菲尔德法律学校。利奇菲尔德初办于1780年代，兴盛于1820年代，招生人数一度超过哈佛等名校，持续时间长达半个世纪，培养律师上千人，其中不乏杰出法官、政治家，影响巨大。[1]

在从学徒制向学院制的过渡中，像利奇菲尔德这样的法律学校有数十所，分布在麻省、康涅狄格、纽约、宾夕法尼亚、马里兰、弗吉尼亚、北卡罗来纳等州，办学时间一直持续到内战以后，[2] 是19世纪美国法学教育的重要组成部分，成为从学徒制向学院制过渡的中间模式。

在这些法律学校中，比较著名的有戴维·达格特、赛斯·斯特普尔斯与塞缪尔·希契科克[3]等人举办的纽黑文法律学校；塞

---

[1]　关于利奇菲尔德法律学校的创办经过及其历史意义，郝倩教授已有详细论述，见郝倩："'利奇菲尔德'模式：美国早期私立法律学校及其影响"，载《中国法学教育研究》2012年第1期。

[2]　Alfred Zantzinger Reed, *Training for the Public Profession of the Law: Historical Development and Principal Contemporary Problems of Legal Education in the United States with Some Account of Conditions in England and Canada* (New York: Charles Scribner's Sons, 1921), pp. 431~433.

[3]　David Daggett（1764~1851），Seth P. Staples（1776~1861），Samuel J. Hitchcock（1786~1845），详见本书相关章节。

塔平・里夫（1744～1823）

Buildings of The Litchfield Law School 1784 (First In America

Litchfield, Conn.

利奇菲尔德法律学校旧址

缪尔·豪[1]法官在麻省北安普顿创办的法律学校前者于 1826 年并入耶鲁，成为耶鲁法学院前身；后者于 1829 年汇入哈佛。[2]

这些私人法律学校，除了利奇菲尔德外，开办时间都不长（很少超过 10 年），在历史上稍纵即逝。只有极少几所，被哈佛、耶鲁这样的名校吸收，名字得以流传下来，绝大多数几乎都被湮没在历史尘埃之中，鲜为人知。其中，最值得一提的，应该是亨利·塔克创办的温切斯特法律学校，这所学校，从创办者、教育方式到历史影响，都不容忽视。

一、亨利·塔克及其父子

亨利·塔克出生于法律世家，其父乔治·塔克系著名律师、法学教授，长期担任弗吉尼亚州法院法官、联邦法官，是 19 世纪

---

[1] Samuel Howe (1785 ~ 1828)，1785 年出生于马萨诸塞，1805 年赴利奇菲尔德求学，次年回到马萨诸塞，1807 年开业当律师，进入州议会；1820 年移居北安普顿，与联邦参议员米尔斯（Elijah Hunt Mills, 1776 ~ 1829）合伙开业，1823 年，两人开始合作收徒，建立私人性法律学校，几年后，约翰·阿什穆（John Hooker Ashmun）也参加进来，1829 年前后，塞缪尔·豪和米尔斯相继离世，阿什穆被哈佛聘为罗亚尔讲座教授，常驻哈佛。他到哈佛之后，北安普顿法律学校也随之关门，很多学生跟他一起来到波士顿。阿什穆在哈佛延续了他在北安普顿的教学管理模式，因此，北安普顿法律学校与哈佛的法学教育也有一定的连续性。Elizabeth Forgeus, "The Northampton Law School", *Law Library Journal*, Vol. 41, Issue 1 (February 1948), pp. 11 ~ 14.

[2] 类似的例子还包括：1835 年，辛辛那提学院（Cincinnati College, 辛辛那提大学前身）接收辛辛那提法律学校（Cincinnati Law School, 1833 年创办）；1843 年，佐治亚大学接收兰普金法律学校（Lumpkin Law School）；1845 年，查普希尔法律学校（Chapel Hill School, 1843 年创办）纳入北卡罗来纳大学，以及下文中将要提到的列克星敦法律学校并入华盛顿学院（华盛顿－李大学前身），由大学兼并附近的法律学校，是内战前美国法学教育的一种普遍做法，可谓不同于大学直接办法学院（比如哈佛）的"耶鲁模式"。见 Alfred Zantzinger Reed, *Training for the Public Profession of the Law: Historical Development and Principal Contemporary Problems of Legal Education in the United States with Some Account of Conditions in England and Canada*（New York: Charles Scribner's Sons, 1921), p. 183.

初美国最重要的法律学者。乔治·塔克生于百
慕大群岛，19 岁时迁居弗吉尼亚，初入威廉－
玛丽学院，后跟随乔治·威思学习法律，1774
年成为律师。恰逢独立运动风起云涌，他放弃
律师职业，加入抗英斗争，亲眼目睹了 1781 年
的约克镇大捷，并留下详细记录。[1] 美国独立
后，乔治·塔克继续开业当律师，逐渐崭露头
角，获得认同，1788 年出任州法院法官，1790
年兼任威廉－玛丽学院法学教授，接替恩师威
思的教席，直至 1804 年。此后，乔治·塔克又
出任联邦法院法官，长达十余年，撰写了大量
司法判决，深受首席大法官约翰·马歇尔称赞。[2]

乔治·塔克（1752 ~
1827）画像

　　在数十年的法官生涯中，使乔治·塔克声名远播的还不是他
的判决，而是他所编辑的美国版《英国法释义》。众所周知，《英
国法释义》（四卷本）是英国法学家威廉·布莱克斯通的名著，
初版于 1765 ~ 1769 年之间，很快风靡大西洋两岸，在美国受欢迎
的程度甚至超过本土，成为 18 世纪末美国法律学徒的"圣经"，
也是执业律师的案头必备之书。但是，这部"释义"毕竟是为英
国人写的，基于英国政制和普通法历史总结而成，与独立、制宪
后的美国情况，多有不适用之处。在担任法学教授期间，为了使威
廉－玛丽学院的学生能有鉴别地使用这部《英国法释义》，乔治·
塔克特意整理出版了经过自己筛选、改编的《英国法释义》。[3] 没

---

[1]　Edward M. Riley, "St. George Tucker's Journal of the Siege of Yorktown, 1781", *The William and Mary Quarterly*, Third Series, Vol. 5, No. 3 (Jul. , 1948), pp. 375 ~ 395.

[2]　Mary Ann Kernan, "St. George Tucker: A Biographical Sketch", *Law Library Journal*, Vol. 46 (1953), pp. 102 ~ 103. 当时美国没有固定的联邦巡回上诉法院，巡回法院法官由最高法院大法官和联邦地区法院法官临时组合，因此，乔治·塔克与首席大法官约翰·马歇尔多次并肩审案。

[3]　全名为 *Blackstone's Commentaries: With Notes of Reference, to the Constitution and Laws, of the Federal Government of the United States; and of the Commonwealth of Virginia*.

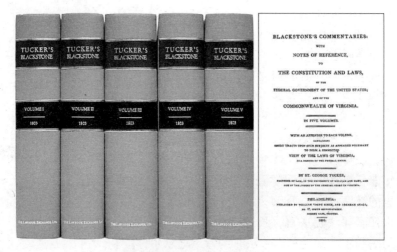

乔治·塔克改编的《英国法释义》

想到大受各类学生欢迎，成为内战前美国法学教育的主流教材，到 20 世纪末还在重印。[1]

乔治·塔克改编的《英国法释义》初版于 1803 年，那时，詹姆斯·肯特[2]的《美国法释义》尚未出版，而约瑟夫·斯托里[3]还是年轻律师，在 19 世纪初，乔治·塔克几乎是美国最

〔1〕 Charles F. Hobson, "St. George Tucker's Law Papers", *William and Mary Law Review*, Vol. 47, No. 4 (2006), p. 1247, http://lonang.com/exlibris/tucker/index.html.

〔2〕 James Kent (1763~1847), 美国著名法官、法学家，曾担任哥伦比亚学院首任法学教授 (1793~1798)，著有《美国法释义》(*Commentaries on American Law*，四卷本，1826~1830 年初版)，系 19 世纪上半叶美国最具影响力的法学著作，经过霍姆斯 (Oliver Wendell Holmes, Jr.) 等著名法官、学者一再编辑，再版十余次。

〔3〕 Joseph Story (1779~1845), 美国著名律师、法学家，曾任联邦最高法院大法官长达 34 年之久 (1811~1845)，并长期兼任哈佛法学讲座教授 (1829~1845)，撰写了大量广为流传的论文与法学教科书，开创了哈佛法学专业的新时代，系哈佛法学院的奠基者与美国法学教育的先驱。本章下一节有详细论述。

著名的法律学者。[1]

乔治·塔克一生先后两次结婚，子嗣众多。子女之中，有两位尤其杰出。一位是1780年出生的亨利·塔克，另一位是1784年出生的纳撒尼尔·贝弗利·塔克。后者曾跟随老塔克在威廉－玛丽学院学习法律，毕业之后，到密苏里领地开业，出任地方法院法官，1833年返回弗吉尼亚，担任威廉－玛丽学院教授。

亨利·塔克（1780～1848）画像

与弟弟一样，哥哥亨利·塔克也是威廉－玛丽学院的学生，并在老塔克的指导下成为律师，但他一生的大部分时间都是在弗吉尼亚度过的。先在温切斯特当律师，成家立业，后到威廉－玛丽学院教了三年法律（1801～1804），与其父同事；曾两度（1815年与1817年）当选联邦众议员，1824～1831年在温切斯特设帐收徒，开办温切斯特法律学校；1831～1841年出任弗吉尼亚州上诉法院（Court of Appeals，当时的州最高法院）法官、院长；1841～1845年出任弗吉尼亚大学法学教授，1848年病逝于温切斯特。[2]

亨利·塔克的后代同样出色，其子约翰·伦道夫·塔克（1823～1897）也是著名律师，毕业于弗吉尼亚大学，六次连任联邦众议员（1875～1887），后出任华盛顿－李大学宪法学教授（1888年）、法学院院长（1893～1897），期间还曾兼任弗吉尼亚州律师协会主席、美国律师协会主席（1894年）。[3]

约翰·伦道夫·塔克的独子亨利·塔克三世（1853～1932），与其爷爷同名，于爷爷去世五年后生于温切斯特老家。小亨利·塔克子承父志，而且青出于蓝而胜于蓝，他1876年从华盛顿－李

〔1〕 Davison M. Douglas，"Foreword: The Legacy of St. George Tucker"，*William and Mary Law Review*，Vol. 47，No. 4（2006），p. 1112.

〔2〕 http://bioguide. congress. gov/scripts/biodisplay. pl? index = T000398.

〔3〕 http://bioguide. congress. gov/scripts/biodisplay. pl? index = T000401.

大学获得法律学位，连任四届国会众议员（1889~1897）后，回到华盛顿－李大学，接替去世的父亲，担任宪法学教授（1897年），后出任法学院院长、美国律师协会主席（1905年）。1920年代重返联邦国会，连任五届众议员，1932年死于任上。[1]

塔克家族世系表

乔治·塔克（1752~1827）　亨利·塔克（1780~1848）　约翰·伦道夫·塔克（1823~1897）　亨利·塔克三世（1853~1932）

纳撒尼尔·贝弗利·塔克（1784~1851）

二、温切斯特法律学校

亨利·塔克在温切斯特办法律学校的主要目的是增加收入，贴补家用。1824年，40多岁的塔克，已经是8个孩子的父亲，生活开支不容小觑。他是温切斯特的成功律师，客户充足，收入稳定，原本不用为养家发愁。但在1824年，情况发生了一点变化，他当选弗吉尼亚州地方法院法官，社会地位是上升了，但收入却下降很多，不得不谋求"第二职业"。[2] 当时，在温切斯特，慕塔克之名前来学习法律的学生络绎不绝，办一所私人性法律学校，自然也就水到渠成，成为塔克增收的不二之选；重要的是，他也能胜任愉快。

塔克的法律学校就办在自己家里，人数多的时候，将近有50名学生，规模堪比正规大学的法学院。每年11月初开学，学生寄宿在附近的旅店，寄宿费每年75美元，洗衣费6美元；学费大约是75美元，外加10美元书本费。塔克还为学生们开办了模拟法

〔1〕　http：//bioguide. congress. gov/scripts/biodisplay. pl？index = T000399.

〔2〕　W. Hamilton Bryson & E. Lee Shepard，"The Winchester Law School，1824~1831"，*Law and History Review*，Vol. 21，No. 2（Summer 2003），p. 393，396.

庭，每年 6～7 月让学生参与模拟，以熟悉法庭情况，了解诉讼技巧。[1] 模拟法庭是威廉－玛丽学院的法学教育的一贯传统，塔克的父亲接任恩师威思的教席后，也非常重视模拟法庭，塔克在父亲指导下学习法律时，也经过模拟法庭训练，他深知模拟法庭对职业律师的重要性。因此，在温切斯特，虽然条件有限，他依然坚持让学生参与模拟法庭训练。

据塔克的儿子约翰·伦道夫·塔克后来回忆，塔克一般早上4 点起床，早餐前备课、写讲义，早餐后查阅要审理的案件，中午去法院听审、判决案件；下午给学生讲课，晚上继续查阅案件，会客或者参加社交活动，10 点睡觉。数年如一日，十分勤奋。[2] 当然，塔克的付出，也得到了学生们的认可，他教过的学生，无一不称赞其博学，称他既具有渊博的知识，又能循循诱导学生，是极其优秀的老师。[3]

在教学内容上，与 19 世纪上半叶的所有法学教授一样，塔克使用的也是布莱克斯通的《英国法释义》，但次序却有所调整。《英国法释义》第一卷，介绍的基本上是英国国王和各阶层民众的政治性权利，塔克认为，美国独立后，殖民地民众已不再是英王的臣民，不具有这样的政治权利，因此，他将第一卷放到最后，视时间而定，可讲可不讲。除了调整次序外，他还增添了不少新内容，主要是弗吉尼亚州法和联邦法律，并附上重要判决的案例汇编信息，供学生查阅。[4]

为了便于学生阅读学习《英国法释义》，塔克按照父亲在威

〔1〕 W. Hamilton Bryson & E. Lee Shepard, "The Winchester Law School, 1824～1831", *Law and History Review*, Vol. 21, No. 2 (Summer 2003), p. 398.

〔2〕 J. Randolph Tucker, "The Judges Tucker of the Court of Appeals of Virginia", *The Virginia Law Register*, Vol. 1, No. 11 (Mar. , 1896), p. 801.

〔3〕 J. Randolph Tucker, "The Judges Tucker of the Court of Appeals of Virginia", *The Virginia Law Register*, Vol. 1, No. 11 (Mar. , 1896), p. 801.

〔4〕 W. Hamilton Bryson & E. Lee Shepard, "The Winchester Law School, 1824～1831", *Law and History Review*, Vol. 21, No. 2 (Summer 2003), p. 400.

1846 年出版的《弗吉尼亚州法律释义》（第三版）

廉－玛丽学院教学生时的办法，自己编了一部《布莱克斯通〈释义〉学生使用摘要》[1]，不但删掉了其中的议会、王权部分，还将《释义》第四卷（刑法部分）整个拿掉，因为独立后的弗吉尼亚修订了全新的刑法，《释义》中讨论的英国惯例，已经完全无法适用。为了补充教育内容，让学生更多地掌握弗吉尼亚州的法律，塔克还仿照《英国法释义》，编写了一套《弗吉尼亚州法律释义》[2]，专门介绍、评述弗吉尼亚州法律，供学生使用。[3]

塔克这么做很有必要，因为独立后的弗吉尼亚，曾组织专门的法律修改委员会修改法律，托马斯·杰斐逊、乔治·威思等人，都曾参与其中。不了解本州的最新立法，根本当不了律师，塔克担任过州议员，[4] 深谙其道，因此很受学生欢迎，他的《弗吉尼亚州法律释义》专为温切斯特法律学校学生而写，也让温切斯特名垂后世。

在温切斯特，塔克教学方法，除了讲授、模拟法庭外，还有很重要的一条：考试。每上完一星期课，塔克都要组织一次考试，查看学生的掌握程度；每学期结束，还会有一次全面考试，要求

---

[1] H. St. G. Tucker, *Notes on Blackstone's Commentaries for the Use of Students* (Winchester: Davis, 1826).

[2] 全称为 *Commentaries on the Laws of Virginia*, *Comprising the Substance of a Course of Lectures Delivered to the Winchester Law School* (1831), 两卷本, 1998 年还在重印, 见 W. Hamilton Bryson & E. Lee Shepard, "The Winchester Law School, 1824 ~ 1831", *Law and History Review*, Vol. 21, No. 2 (Summer 2003), p. 397.

[3] W. Hamilton Bryson & E. Lee Shepard, "The Winchester Law School, 1824 ~ 1831", *Law and History Review*, Vol. 21, No. 2 (Summer 2003), pp. 400 ~ 401.

[4] 1819 ~ 1823 年, 亨利·塔克曾担任弗吉尼亚州议会 (General Assembly) 上院 (Senate) 议员。

学生复述本学期讲授的内容。此外，塔克还主张课前认真备课，上课时即席演讲，而不是照本宣科念教材；因为，"学生如果发现你念的东西，书上都有，他的兴趣会大大降低"[1]从学生的评价来看，塔克的教学方法很有效。

1831 年，塔克当选弗吉尼亚州上诉法院（Court of Appeals，当时的州最高法院）法官，前往州府里士满就职，不得不停止招生，关掉欣欣向荣的温切斯特法律学校。

三、温切斯特法律学校的影响

在弗吉尼亚州内，除了像温切斯特这样的私人法律学校外，还有另外两所大学（威廉－玛丽学院、弗吉尼亚大学）开设法律课程，他们是温切斯特的竞争对手。从招生人数来看，温切斯特不逊于州内的任何法学教育机构，甚至超过同时期的耶鲁、哈佛。1831 年，温切斯特法律学校停办，弗吉尼亚州内的另外一位法官约翰·洛马克斯接着办自己的法律学校时，还曾专门向塔克请教办学经验，塔克也热情回复，毫不保留，还将自己刚刚出版的《弗吉尼亚州法律释义》送给他们参考。[2]

温切斯特毕业的学生中，成就杰出者不少，比如曾任田纳西

---

〔1〕 W. Hamilton Bryson & E. Lee Shepard, "The Winchester Law School, 1824 ~ 1831", *Law and History Review*, Vol. 21, No. 2（Summer 2003）, p. 402.

〔2〕 这位名为洛马克斯（1781 ~ 1862）的法官，1826 年时曾担任弗吉尼亚大学首任法学教授，1830 年获任弗雷德里克斯堡（Fredericksburg）地方法院法官后，辞去教职。1831 年开始招收法律学徒，创办弗雷德里克斯堡法律学校（Fredericksburg Law School），1844 年左右关闭。与此同时（1831 ~ 1839），布里斯科·鲍德温（Briscoe Gerard Baldwin, 1789 ~ 1852）也在弗吉尼亚的斯丹顿（Staunton）开设法律学校，办学之前，鲍德温也曾得到亨利·塔克的帮助。W. Hamilton Bryson, "The History of Legal Education in Virginia", *University of Richmond Law Review*, Vol. 14（1979 ~ 1980）, pp. 180 ~ 182.

温切斯特与同期其他法律学校（法学院）招生人数对比[1]

	温切斯特法律学校	弗吉尼亚大学	利奇菲尔德法律学校	哈佛	耶鲁
1824~25	11	—	23	12	13
1825~26	11	—	24	12	16
1826~27	44	40	32	8	10
1827~28	34	19	19	8	20
1828~29	31	31	18	6	20
1829~30	25	24	16	24	21
1830~31	39	25	14	31	33

州州长的威廉·坎贝尔[2]，曾任弗吉尼亚州州长的亨利·怀斯[3]，当然，对于19世纪美国法学教育而言，影响最大的，当属约翰·布罗肯布拉夫[4]。

布罗肯布拉夫生于弗吉尼亚，曾求学于威廉-玛丽学院和弗吉尼亚大学，后到温切斯特跟随塔克学习法律，成为律师。1837年，布罗肯布拉夫将首席大法官约翰·马歇尔主持巡回法院时的判决汇编成册（马歇尔负责的巡回区包括弗吉尼亚和北卡罗来纳两州），分两册出版。布罗肯布拉夫编撰的"案例汇编"，大大方便了两州的律师和法律学徒，成为他们案头重要的参考书，布罗肯布拉夫也由此成为当地律师界名人。1845年，布罗肯布拉夫出任联邦地区法院法官，负责审理弗吉尼亚西区涉及联邦法律的初审

---

[1] W. Hamilton Bryson & E. Lee Shepard, "The Winchester Law School, 1824~1831", *Law and History Review*, Vol. 21, No. 2 (Summer 2003), p. 408.

[2] William B. Campbell (1807~1867)，生于田纳西，在弗吉尼亚接受教育，后返回田纳西开业，1837~1843年任联邦众议员，曾参与1840年代美墨战争，1851~1853年任田纳西州州长。

[3] Henry Alexander Wise (1806~1876)，生于弗吉尼亚，1833~1844年任联邦国会议员，1856~1860年任弗吉尼亚州州长，支持南方各州脱离联邦。

[4] John White Brockenbrough (1806~1877)。

案件，直至 1861 年弗吉尼亚脱离联邦。[1]

约翰·布罗肯布拉夫
（1806～1877）

1849 年，时任联邦法官的布罗肯布拉夫仿效塔克，在弗吉尼亚的列克星敦设帐授徒，开办列克星敦法律学校。当时，列克星敦地区已经有一所历史悠久的文理学院——华盛顿学院。这所以美国建国之父乔治·华盛顿的名字命名的学院，奠基于 1749 年（初名 Augusta Academy），1796 年获得华盛顿大笔资助后，更名为华盛顿学院。学院几次想招聘法学教授，培养律师，均未成功。

1866 年，原南方邦联军事领袖罗伯特·李出任华盛顿学院校长，邀请布罗肯布拉夫加盟学院，担任法学教授，布罗肯布拉夫所创办的列克星敦法律学校随即并入华盛顿学院，成为学院附设的法学院[2]。1870 年，亨利·塔克之子，约翰·伦道夫·塔克出任学院副教授，[3] 与父亲指导过的弟子布罗肯布拉夫成为搭档。同年，罗伯特·李校长病逝，学院更名为华盛顿–李大学。

1873 年，布罗肯布拉夫辞职，法学院转由约翰·伦道夫·塔

---

[1] C. A. Graves, "Judge John W. Brockenbrough", *The Virginia Law Register*, Vol. 2, No. 3（Jul., 1896），pp. 157～158.

[2] 与刚刚并入耶鲁的纽黑文法律学校一样，华盛顿学院最初并不负责法学教授的工资，他们的收入来自学生的学费，法学院学生也不能使用学校图书馆和其他教室，学生数量急剧下降。直到 1870 年，法学院才完全成为大学的一部分。W. Hamilton Bryson, "The History of Legal Education in Virginia", *University of Richmond Law Review*, Vol. 14（1979～1980），p. 190.

[3] W. Hamilton Bryson, "The History of Legal Education in Virginia", *University of Richmond Law Review*, Vol. 14（1979～1980），p. 159.

罗伯特·李
（1807～1870）

克负责，塔克留下一位名叫查尔斯[1]的毕业生，当自己的助教，支撑了两年。1875年，塔克出任联邦众议员，学院由查尔斯接手。1887年，塔克返回学院，继续担任法学教授、院长，直至1897去世。此后，查尔斯又接着干了两年，然后转入弗吉尼亚大学。华盛顿－李大学的法学院院长一职，由老亨利·塔克之孙、约翰·伦道夫·塔克之子塔克三世继任。[2]塔克三世四处筹集资金，1900年为法学院盖了一座大楼，取名塔克纪念堂，以纪念自己的父亲约翰·伦道夫·塔克。[3]因此，无论从奠基人（布罗肯布拉夫），还是继任者（塔克父子）来看，华盛顿－李大学的法学教育都深受温切斯特法律学校影响。

布罗肯布拉夫为华盛顿－李大学奠定了法学教育的第一块基石，但布罗肯布拉夫和他的法学院，在大学却不受重视，最终，他因为工资纠纷，与校方闹僵，愤而辞职，1877年去世。[4]他的个人命运，几乎就是19世纪上半叶美国私人性法律学校的缩影：

---

〔1〕 Charles A. Graves（1850～1928），毕业于华盛顿－李大学，在布罗肯布拉夫和约翰·伦道夫·塔克的指导下学习法律，毕业后留校任教，协助塔克管理法学院，塔克担任联邦众议员期间（1875～1887），独自支撑法学院，塔克逝世后，继续在华盛顿－李大学任教，1899～1928年任弗吉尼亚大学法学教授。参见 http：//law. wlu. edu/faculty/profiledetail. asp？id＝356.

〔2〕 http：//law. wlu. edu/history/.

〔3〕 1949年，在华盛顿－李大学法学院成立百年之际，学院还开启了以约翰·伦道夫·塔克的名字命名的讲座（The John Randolph Tucker Lectures），每年邀请杰出法律学者来校讲学，一直持续至今。参见 http：//law. wlu. edu/history/page. asp？pageid＝639.

〔4〕 http：//law. wlu. edu/faculty/profiledetail. asp？id＝354，W. Hamilton Bryson，"The History of Legal Education in Virginia"，*University of Richmond Law Review*，Vol. 14（1979～1980），p. 190.

1900 年落成的约翰·伦道夫·塔克纪念堂，1934 年毁于大火

起初红火一时，最终要么自生自灭，要么并入大学，成为附属法学院，创办人也随之成为大学法学教授。

温切斯特法律学校的创办者亨利·塔克，也不例外。1841年，亨利·塔克从州上诉法院卸任后，又到弗吉尼亚大学当了4年法学教授，培养了不少杰出法律人才。弗吉尼亚大学始建于1819 年，由美国第三任总统托马斯·杰斐逊创立，位于夏洛茨维尔，从建立之初，就在寻找既有从业经验、又有政治地位的法学教授。但是当时的著名律师、法官，都不愿放弃丰厚的收入、高尚的社会地位，到一所新兴大学"屈就"法学教授。亨利·塔克就曾拒绝过弗吉尼亚大学的邀请，[1] 宁愿担任州议会议员、地方法院法官，自己办法律学校，也不愿当一名专职法学教授。但是到了 1840 年代，从州上诉法院离职的塔克，却甘愿到

---

〔1〕 W. Hamilton Bryson, "The History of Legal Education in Virginia", *University of Richmond Law Review*, Vol. 14（1979~1980）, p. 186.

刚刚经受打击的弗吉尼亚大学法学院[1]"奉献余热"，除了热爱传播法律知识、培养青年外，[2]也跟大学法学教育的欣欣向荣不无关系。

亨利·塔克的个人选择，生动地体现了法学教育走进大学，已经成为19世纪中叶美国的一种教育趋势。与私人法律学校相比，大学法学院的优点在于：其一，办学资金、场地有保障，不用借助个人房产；其二，教师更为稳定，不会因为办学者离开或者过世而停办。尤其是到了19世纪末，工业革命创造的巨大社会财富，通过各种渠道流向大学，大学实力空前雄厚，加上学生缴纳的学费，各大学法学院如雨后春笋般破土而出，私人法律学校更无立锥之地，从此逐渐退出历史舞台。

第二节　哈佛法学教育的奠基者：
约瑟夫·斯托里

约瑟夫·斯托里（1779～1845）是美国著名的律师、法学家，曾任联邦最高法院大法官长达34年之久（1811～1845），并长期兼任哈佛法学讲座教授（1829～1845），撰写了大量广为流传的论文与法学教科书，开创了哈佛法学专业的新时代，可谓哈佛法学院的奠基者与美国法学教育的先驱。至今，哈佛法学院的兰代尔大楼里仍树立着斯托里的塑像。斯托里既是法官、学者，又是法学教授，在美国法律、法学教育的关键性奠基时期起到了独一无二的作用。

---

[1]　1840年底，弗吉尼亚大学法学教授约翰·戴维斯（John A. G. Davis, 1802～1840）在学生骚乱中中枪身亡。W. Hamilton Bryson, "The History of Legal Education in Virginia", *University of Richmond Law Review*, Vol. 14（1979～1980）, p. 186.

[2]　J. Randolph Tucker, "The Judges Tucker of the Court of Appeals of Virginia", *The Virginia Law Register*, Vol. 1, No. 11（Mar., 1896）, pp. 802～803.

一、约瑟夫·斯托里其人

约瑟夫·斯托里 1779 年 9 月出生于麻省的马布尔黑德，父亲是一位随军医生，曾参与美国独立战争。[1] 战后自己开业，非常成功，为人随和，颇受病人爱戴。斯托里的母亲是当地富商的千金，她是老斯托里的第二任妻子，一共生了 11 个孩子，斯托里是长子。在 1805 年老斯托里去世之前，斯托里一家一直过着富足安逸的生活。1795 年初，不满 16 岁的斯托里提前进入哈佛学院，广泛涉猎各科知识，结识了一大批好友。三年

约瑟夫·斯托里画像

后以优异成绩毕业，后拜当地的著名律师为师，学习法律，并于 1801 年加入律师协会，在麻省塞勒姆开业。

除了法律外，斯托里还热爱文学，能吟诗作赋。1800 年前后，马布尔黑德当地纪念美国开国元勋乔治·华盛顿的一篇颂词就是请斯托里执笔的，虽然有些过分铺陈，但确实文采飞扬。[2] 1804 年，他又以古罗马演说家式的口吻向塞勒姆的民众发表了一篇独立日（7 月 4 日）纪念演说，同样很受称赞。同年，斯托里还出版一本个人诗集，辞藻同样华丽夸张，有些篇章还难以读懂，但很有韵律，而且收录了美国早期少有的长诗，也有一定的价值。[3]

当然，诗文只是斯托里的业余爱好，作为一个很早就以法律

---

〔1〕 据说还曾化妆成印第安人，参加了"波士顿倾茶事件"，见 William Wetmore Story, *Life and letters of Joseph Story*, *Associate Justice of the Supreme Court of the United States*, *and Dane professor of law at Harvard University*, Vol. 1 (Boston: C. C. Little and J. Brown, 1851), p. 2.

〔2〕 George S. Hillard, *Memoir of Joseph Story*, *LL. D* (Boston: John Wilson & Son, 1868), p. 4.

〔3〕 George S. Hillard, *Memoir of Joseph Story*, *LL. D*, p. 5.

为志业的年轻人，斯托里从未放松自己的本行。塞勒姆虽不是他的家乡，但他工作勤奋努力，坦诚待人，很快就赢得了大批客户，站稳了脚跟，并于1805年被推选为麻省议员，连选连任，直至他出任最高法院大法官，其间还担任过联邦众议员。

1805年也是斯托里一生中极其不幸的一年，父亲去世，新婚爱妻病逝，使他悲痛万分。只有繁忙的事业才能让他暂时忘记悲伤。由于事业上的成功，政治上的机会也纷至沓来。但斯托里不为所动，以自己律师业务太多、分不开身为由，一一回绝。从政治立场上讲，斯托里倾向于民主共和党一边，认同托马斯·杰斐逊的治国理念，与当时占主流的联邦党人政见不同。但斯托里从不以党派论人行事。1806年，麻省最高法院首席法官职位出缺，候选人中有一位名为帕森斯[1]的先生，法律实力与资历无人匹敌，但政治见解不同于民主共和党，麻省议会中民主共和党人于是从中作梗、横加阻止，只有斯托里挺身而出、仗义执言，以自己的辩才力保并无个人交情的帕森斯先生，使其顺利就任。后来他还提议增加法官薪水，使其留任，斯托里也因此被杰斐逊称为"伪共和党人"[2]。

1811年，美国联邦最高法院空出一个大法官席位，詹姆斯·麦迪逊总统一时找不到合适的人选，后经人推荐，提名斯托里出任。当时大法官的年薪只有3500美元，比斯托里当律师的年收入

---

[1] Theophilus Parsons（1750～1813），生于马萨诸塞，1769年毕业于哈佛学院，后学习法律，1774年成为律师，并招收法律学徒（指导的学生包括美国第六任总统约翰·昆西·亚当斯），1806～1813年，任马萨诸塞州最高法院首席法官。帕森斯曾参与独立之后的马萨诸塞制宪，他所主笔的"埃塞克斯决议"（*The Essex Result*）挫败了分权不明确的1778年宪法，成为1779～1780年马萨诸塞宪法和1787年联邦宪法的先声。帕森斯的儿子与其同名（Theophilus Parsons，1797～1882），曾任哈佛法学院戴恩讲座教授（1848～1869），是兰代尔的前任。详见本书第三章相关内容。

[2] George S. Hillard, *Memoir of Joseph Story*, *LL. D*, pp. 6～8.

少了一半。考虑到收入稳定，社会地位高，又有时间从事法律研究著述，斯托里还是欣然赴任。那年，斯托里32岁，是最高法院里最年轻的大法官，他的到来引发了一阵不小的骚动，也给最高法院增添了不少活力。

斯托里的《美国宪法评注》

斯托里进入最高法院时，担任首席大法官的正是最高法院的奠基人约翰·马歇尔。1807年，斯托里到华盛顿出差时，就曾结识马歇尔，两人一见倾心，很快成为终身好友。[1] 在最高法院共事的二十余年中，斯托里一直是马歇尔的有力支持者，为最高法院巩固联邦权力、保护私人财产与契约，作出了杰出贡献。

除了参与法院判决、撰写司法意见外，斯托里的另一项重要贡献体现在学术研究方面，1829年，他出任哈佛学院法学讲座教授，并举家迁往剑桥，为法学专业学生讲授英美法律。其间，他写作了大量的法学专业论著，实现普通法的美国化，缔造了美国早期法律体系，也为美国提供了最早的一批本土法学教材。

1832年，斯托里出版《托管法评论》，这是他作为法学教授出版的第一部专著，也是他系列著作中的第一本，同时也是英美学界第一部专门论述财产托管问题的著作，其很快获得好评，成为教学用书。[2]

次年，斯托里的三卷本《美国宪法评注》出版，获得了首席大法官约翰·马歇尔高度评价，很快成为理解美国宪法的必备参考书，法学院宪法课的首选教材，多次修订、再版，并出版了相

〔1〕 Gerald T. Dunne, *Justice Joseph Story and the rise of the Supreme Court* (New York: Simon & Schuster, 1970), pp. 57~58.

〔2〕 George S. Hillard, *Memoir of Joseph Story, LL. D*, p. 15.

斯托里的《冲突法评注》

应的精简本。[1]

1834 年春，斯托里出版了《冲突法评注》，这是第一部以英文写成的冲突法专著，也是第一部被英国法院作为权威论著引用的美国法学著作，[2] 为斯托里赢得了国际性声誉。

1835～1836 年，在紧张的法院工作与哈佛讲学之余，斯托里又抽出时间完成了两卷本的《衡平法评注》，阐述了英美衡平法的思想基础与主要脉络，结构明晰，文字简约，《伦敦法律杂志》称其对衡平法的贡献堪比威廉·布莱克斯通之于普通法。[3]

此后，斯托里还相继出版了《代理法评注》（1839）、《合伙法评注》（1841）、《汇票法评注》（1843）、《期票法评注》（1845）。

1845 年，斯托里病逝于麻省剑桥，享年 66 岁。

二、哈佛法学教育的起步

哈佛法学院成立于 1817 年，是美国历史上持续开办的最古老的法学院。[4] 哈佛法学教育的肇始，源自艾萨克·罗亚尔家族的慷慨捐助。

---

〔1〕 2006 年，上海三联书店出版了该书的中译本（毛国权译）。

〔2〕 Charles Warren, *History of the Harvard Law School and of Early Legal Conditions in America*, Vol. 1, New York: Lewis Publishing Company, 1908, p. 492.

〔3〕 William Wetmore Story, *Life and letters of Joseph Story*, *Associate Justice of the Supreme Court of the United States*, *and Dane Professor of Law at Harvard University*, Vol. 2 (Boston: C. C. Little and J. Brown, 1851), pp. 221～223. 威廉·布莱克斯通（William Blackstone, 1723～1780），英国著名法官、法学家，普通法研究的集大成者，其《英国法律释义》（*Commentaries on the Laws of England*）一书对美国独立制宪、法院判案、法律教学影响深远。

〔4〕 威廉－玛丽学院虽然 1779 年就设立了法学教授席位，但内战中停办了，直到 1920 年才恢复。

艾萨克·罗亚尔位于麻省的老宅

老罗亚尔祖籍英国，是加勒比海地区安提瓜岛上的大奴隶主，18世纪初举家迁至北美马萨诸塞地区，建立了十山农庄，[1] 并传给自己的儿子小罗亚尔。独立战争开始后，小罗亚尔为逃避战乱，先是北上加拿大新斯科舍，后回到英国本土，直至病逝。临死之前留下遗嘱，将农庄的房屋与土地交给哈佛学院，用于设立一个法学教授席位。可就在这之前，马萨诸塞宣布独立，当地法院认为他长期不归，有叛国嫌疑，以叛国罪没收了他的房产，将其改造为战时指挥部。直到1806年才返还给小罗亚尔的后人。其后人秉承小罗亚尔遗愿，变卖房产、土地，捐助哈佛学院设立罗亚尔法学讲座教授，是谓哈佛历史上的第一个法学教授席位。

1815年8~9月，哈佛管理委员会通过决议，设立罗亚尔法学

---

〔1〕 其中的一栋房子已经辟为美国历史遗址，保留着东北地区唯一的奴隶生活区。

教授席位，聘请马萨诸塞最高法院首席法官艾萨克·帕克担任罗亚尔讲席教授。帕克是麻省本地人，1768 年出生于波士顿，1786年毕业于哈佛学院，三年后加入波士顿律师协会，后到缅因地区（当时属于麻省）开业，是著名的执业律师，曾任麻省议员与联邦议员。1806 年出任麻省最高法院首席法官。

1816 年 4 月 17 日，帕克正式就任罗亚尔讲座教授。在就职演说中，他强调法学与神学、医学一样，有益于身心健康与社会进步，法学也应该成为一门独立的学科，需要设立专门的教授，引导学生们学习。[1] 帕克主张，法学教育的主要目的是培训律师，是职业性教育，不是公民教育。哈佛的法学教育应立足麻省，提升本州的法律服务水平，没有必要办成全国性法学院。法学教育是大学后教育，应像哈佛神学院一样，只招收大学毕业生。[2] 也就是说，帕克对哈佛法学教育的定位是职业性、地方性、大学后教育。但是由于条件有限，这几项主张并没有全部贯彻落实。

作为兼职讲座教授，帕克每年只需给学生讲授 15 次课程，年薪 400 美元，不用长期住在剑桥。这样一来，要想建立真正的法学专业，还必须找一名驻院教授。1817 年 5 月，哈佛管理委员会再次通过决议，从博学多才的律师中招聘一位驻院教授，负责法学学生的日常教学管理工作，协助罗亚尔讲座教授授课，报酬由学生学费中开支；每位学生的学费每年不超过 100 美元，有权借阅学校图书馆的藏书，得到许可后也可旁听其他教授的课程，学习期满、成绩优秀的学生还可以获得大学颁发的学位证书。[3] 6

[1] Charles Warren, *History of the Harvard Law School and of Early Legal Conditions in America*, Vol. 1, pp. 299~302.
[2] Alfred Zantzinger Reed, *Training for the Public Profession of the Law: Historical Development and Principal Contemporary Problems of Legal Education in the United States with Some Account of Conditions in England and Canada* (New York: Charles Scribner's Sons, 1921), p. 138.
[3] Charles Warren, *History of the Harvard Law School and of Early Legal Conditions in America*, Vol. 1, pp. 305~307.

月，哈佛学院专门成立法学专业管理委员会，法学教育正式启动。

哈佛学院虽然得到起步资金，雄心勃勃地决定将法学教育纳入大学教育体系，但却没有赶上好时候。持续了数年之久的1812年英美战争，使美国经济备受摧残，一般家庭很少有钱能供得起昂贵的大学法律教育。[1] 而且，哈佛学院地处偏远的东北部，交通不便，新英格兰地区以外的学生也不愿长途跋涉，前来求学。[2] 更为不利的是宗教因素，当时神体一位论派在哈佛学院占主流，与公理会派水火不容，而波士顿地区以外的商人、律师又多是公理会派或长老会派，很怀疑哈佛宗教信仰的真诚性，也就不大愿意让孩子到哈佛念书。

正是由于这些原因，虽然哈佛任命了驻院的法学教授斯特恩斯，还在报纸上刊登了开办法学专业的广告，但在最初的10年里，学生一直很少。第一年只招到了6名学生，1820年代初的几年曾超过10名，到1823年又回落到8名，直到1829年，一直都在10名左右徘徊。[3]

尽管步履维艰，帕克与斯特恩斯两位教授仍恪尽职守，指导学生研读利特尔顿、[4] 科克、[5] 布莱克斯通等英国法学家的普通法著作，以及美国学者论著，并开设写作课程，组织模拟法庭与辩论俱乐部，训练学生的实际技能。1820年8月，第一批学生经

---

[1] 当时念大学，除了学费外，住宿、书本、伙食，乃至取暖、洗衣，都是不小的开支。

[2] 当时美国的国内交通改进运动尚未兴起，旅行颇为困难。1817年，从波士顿到纽约需要两天时间，从纽约到华盛顿又需要两天半，从纽约到布法罗要四天，从费城到匹兹堡需要五天半，Charles Warren, *History of the Harvard Law School and of Early Legal Conditions in America*, Vol. 1, p. 309.

[3] Charles Warren, *History of the Harvard Law School and of Early Legal Conditions in America*, Vol. 1, pp. 333 ~ 357.

[4] 托马斯·利特尔顿（Thomas de Littleton, 1407 ~ 1481），英国著名法官、法学家，著有《论占有》（*Treatise on Tenures*）等。

[5] 爱德华·科克（Edward Coke, 1552 ~ 1634），英国著名法官、法学家，习惯法的代表人物。著有《英国法律概论》（*The Institutes of the Lawes of England*）一书，全书共三部分，第一部分名为《论利特尔顿》（*Coke Upon Littleton*）。

哈佛法学院院徽，
三束麦穗来自罗
亚尔家族的盾徽

过考试，获得法学学位。[1]

面对困境，哈佛学院也在寻求改进，希望通过物色优秀的教授吸引更多的学生。当时，斯托里在联邦最高法院已经声名鹊起，是全国知名的海商法与专利法学者，也是哈佛学院监事会成员。因此哈佛校长很自然就想到了他，并写信相邀。斯托里思虑再三，以最高法院工作繁忙，无法两头兼顾为由拒绝。[2] 但他依然关注着哈佛的法学教育，并多次出席法学专业学生的毕业典礼。1821 年，哈佛学院授予斯托里法学博士学位[3]，以表彰他对哈佛法学教育的支持。[4]

1823 年，斯托里出任哈佛监事会小组主席，负责草拟新的大学章程，彻底改革哈佛的管理体制。1825 年 9 月，这份名为"麻省剑桥地区大学章程"文件获得哈佛管理委员会赞同，正式生效。与原有的章程相比，这次的改动主要体现在两大方面：其一，分立院系，赋予其独立管理权，将校长从日常的行政事务中解放出来；其二，增加选修内容，以常规化方式考核学生，以考核成绩分班。[5] 这两项改革，奠定了现代哈佛教育的基础，使哈佛从一所学院走向真正意义上的大学。

但是法学专业的情况仍不乐观，由于学生人数一直不足，帕克教授深感压力太大，于 1827 年底辞去罗亚尔讲座教授职位。1828 年初，哈佛学院再次邀请斯托里出任法学教授，斯托里担心自己影

[1] Legum Baccalaureus (Bachelor of Laws).

[2] Charles Warren, *History of the Harvard Law School and of Early Legal Conditions in America*, Vol. 1, p. 341.

[3] Legum Doctor (Doctor of Laws).

[4] Charles Warren, *History of the Harvard Law School and of Early Legal Conditions in America*, Vol. 1, p. 343.

[5] Charles Warren, *History of the Harvard Law School and of Early Legal Conditions in America*, Vol. 1, p. 352.

哈佛法学院里的斯托里塑像

响力不够，难堪重托，以健康欠佳为由，坚辞不就。[1] 当时，哈佛正处于新旧校长更替之中，罗亚尔法学教授一时没有找到合适人选，空了一年多。斯特恩斯教授独木难支，于 1829 年 4 月辞职，满怀遗憾离开剑桥，哈佛的法学专业也就没了教授，前途堪忧。

就在这个时候，新的曙光出现了，哈佛获得一大笔捐助，用于设立新的法学讲座教授席位，并指名要斯托里出任。捐资人是

---

[1] Charles Warren, *History of the Harvard Law School and of Early Legal Conditions in America*, Vol. 1, p. 359.

当时的著名律师、学者——内森·戴恩。

三、戴恩讲座教授

内森·戴恩 1752 年生于麻省，1778 年毕业于哈佛，1782 年获得律师资格，美国独立后曾出任邦联国会议员、麻省参议员。开业从政之余，潜心读书著述，著有《美国法律概要》，[1] 前后九卷，是当时法律学生、学徒的必读书。戴恩也因此被誉为"美国的布莱克斯通"。

除了崇高的声誉外，这部《美国法律概要》还给戴恩带来了巨额版税，可戴恩没有子女，如何最有效地利用自己积累的财富，是戴恩晚年最关心的问题。戴恩对母校哈佛一直心怀感激，哈佛法学专业的窘境触动了他，他毅然决定拿出 10 000 美元，支持哈佛设立新的法学讲座教授席位，并邀请斯托里出任教授。1829年，他致信斯托里，约其面谈，当面陈述了自己的想法。斯托里仍很犹豫，但又不便拒绝，其担心因为自己的拒绝，使哈佛失去如此大笔宝贵的资助。与此同时，戴恩也向哈佛新校长乔赛亚·昆西[2] 言明了自己的想法。昆西正有重建哈佛法学教育之意，两人一拍即合，一致同意由斯托里出任新的讲座教授。斯托里无法推辞，只得应允，但提出一个条件：哈佛需任命另外一名法学教授负责法学专业的日常管理事宜。[3]

---

〔1〕 当时的人习惯性地称之为《戴恩美国法律概要》(Dane's Abridgment)。

〔2〕 Josiah Quincy Ⅲ（1772～1864），生于波士顿，1790 年毕业于哈佛，曾任联邦众议员（1805～1813）、波士顿市市长（1823～1828）、哈佛校长（1829～1845）。昆西家族人才辈出，其父乔赛亚·昆西二世（Josiah Quincy Ⅱ，1744～1775）系美国独立前波士顿自由之子社（Sons of Liberty）主要领袖，曾与约翰·亚当斯一起，为涉嫌制造"波士顿惨案"的英国官兵辩护；其子小乔赛亚·昆西（Josiah Quincy, Jr.，1802～1882）也曾担任过波士顿市市长（1845～1849）。

〔3〕 Charles Warren, *History of the Harvard Law School and of Early Legal Conditions in America*, Vol. 1, p. 418.

哈佛校长乔赛亚·昆西（1829～1845年在任）

1829年6月初，哈佛管理委员会正式投票接受戴恩的捐助，同意设立戴恩法学教授席位，任命斯托里为戴恩讲座教授，并得到哈佛监事会的认可。与此同时，29岁的年轻律师、哈佛校友约翰·阿什穆受命出任罗亚尔讲座教授，常驻哈佛。[1]

---

〔1〕 阿什穆此前任教于麻省西部的北安普顿法律学校（Northampton Law School），他到哈佛之后，北安普顿法律学校也随之关门，很多学生跟他一起来到波士顿。阿什穆在哈佛延续了他在北安普顿的教学管理模式，因此，北安普顿法律学校与哈佛的法学教育也有一定的关联。见 Elizabeth Forgeus，"The Northampton Law School"，*Law Library Journal*，Vol. 41，Issue 1（February，1948），pp. 13～14.

1829 年 9 月 7 日，哈佛法学专业再次招收学生，由于有了充足的资金，又有斯托里这样全国知名的大法官担任教授，一次就招到了二十多名学生，并很快增至三四十名。[1]

除了更多的学生外，斯托里还给哈佛的法学教育带来了全新的知识与理论，他开设的讲座，内容广泛，知识丰富。由于斯托里同时也是联邦最高法院的大法官，他的讲授往往能引用最新的法院判决，非常切合美国实际，很受学生欢迎。在教材选用方面，斯托里也锐意改革，在必读的常规教程之外，还给学生提供可以选读的配套教程，[2] 大大丰富了学生的阅读面。

常规教程（Regular Course）	配套教程（Parallel Course）
Blackstone's Commentaries	*Sullivan's Lectures*
Kent's Commentaries	*Hale's History of the Common Law*
Wooddeson's Lectures	*Reeves's History of the English Law*
	Hoffman's Legal Outlines

Law of Personal Property

Chitty on Pleading	*Select Titles in the Abridgments of Dane and Bacon*
Stephen on Pleading	*Collinson on Idiots and Lunatics*
Chitty on Contracts	*Shelford on Lunatics，etc*
Starkie on Evidence	*Hammond's Nisi Prius*
Long on Sales	*Kyd on Awards*
Bingham on Infancy	*Reeve's Domestic Relations*
Angell and Ames on Corporations	*Roberts on the Statute of Frauds*

---

[1] Charles Warren, *History of the Harvard Law School and of Early Legal Conditions in America*, Vol. 1, pp. 431 ~ 434. 1840 年代初甚至增至一百多名，见 Vol. 2, p. 15.

[2] Charles Warren, *History of the Harvard Law School and of Early Legal Conditions in America*, Vol. 1, pp. 436 ~ 437.

Williams on Executors　　　　　　　*Roper on Legacies*

Commercial and Maritime Law

Abbott on Shipping　　　　　　　*Phillips on Insurance*

Bayley on Bills　　　　　　　*Benecke on Insurance*

Paley on Agency　　　　　　　*Stevens on Average*

Marshall on Insurance　　　　　　*Livermore on Agency*

Story on Bailments　　　　　　*Azuni's Maritime Law*

Gow on Partnership　　　　　　*Fell on Guarantee*

Law of Real Property

Cruise's Digest　　　　　　　*Preston on Estates*

Fearne on Remainders　　　　　*Runnington on Ejectment*

Powell on Mortgages, (*Rand's ed*)　*Powell on Devises*

Sanders on Uses and Trusts　　　*Angell on Water Courses*

Stearns on Real Actions　　　　*Woodfall's Landlord and Tenant*

Equity

Barton's Suit in Equity　　　　*Fonblanque's Equity*

Jeremy's Equity Jurisdiction　　*Hoffman's Master in Chancery*

Newland on Contracts in Equity　*Blake's Chancery*

Eden on Injunctions　　　　　*Select Cases in the Reports*

Criminal Law

East's Pleas of the Crown　　　*Chitty's Criminal Law*

Russell on Crimes　　　　　*Archbold's Pleading and Evidence*

　　　　　　　　　　　　Select Cases in the Reports

Civil Law

Gibbon's Roman Empire, *Ch.* 44　*Pothier on Obligations*

Justinian's Institutes　　　　*Domat's Civil Law,* *select titles*

Brown's Civil Law

Law of Nations

Martens's Law of Nations　　　　*Ward's Law of Nations*

Rutherforth's Institutes　　　　　*Vattel's do*

Wheaton on Captures　　　　　*Bynkershoek's Law of War*

Constitutional Law

American Constitutions　　　　　　*The Federalist*

Story's Commentaries on the Constitution　　*Rawle on the Constitution*

　　　　　　　　　　　　　　Select Cases and Speeches

　　学生多了，教程多了，图书就不够用了。1829 年 11 月 3 日，斯托里给昆西校长写信，提议校长给法学院提供一间像样的图书馆。他在信中表示，现在法学院有 28 名学生，上课用的教材很缺乏，国内外学者的相关研究论述也很少，更为严重的是，美国联邦法院的判例汇编都不齐，学生们的理论学习与案例研讨均受影响。然而，他自己的藏书倒很丰富，其中包括历年收罗的一些珍本，其他地方不容易买到，如果学校同意，他愿意低价卖给法学院，充实学院图书馆。[1]

　　昆西校长同意了斯托里的提议。12 月 17 日，哈佛管理委员会投票决定，以每本 4 美元的价格，接收斯托里收藏的 553 卷图书。这个价格，比当时的市场价低了将近一半，而且其中很多书，市场上根本买不到。当然，斯托里看重的也并不是钱，更多的是想让这批书发挥更大的作用；而且他自己在哈佛工作，这批书放在哈佛，自己要用时同样也可以借阅。

---

[1] Charles Warren, *History of the Harvard Law School and of Early Legal Conditions in America*, Vol. 1, pp. 462～463.

除了斯托里的书外,[1] 戴恩还将自己的著作送了 10 套（90卷）给学院图书馆，法学院也决定利用学校的拨款，追踪购买联邦法院的案例汇编。[2] 这样一来，图书的问题是解决了，但新的问题也随之出现。这么多书，原来的作为法学院图书馆的小房间就不够用了，需要建一栋真正意义上的法学图书馆了。斯托里希望一劳永逸，建一栋砖瓦结构的小楼，可学校又拿不出这么多钱来。这一次，内森·戴恩又及时伸出了援助之手。经过与昆西校长的几轮商讨，戴恩最终决定借给哈佛法学院 5000 美元，年利率5%，期限 6 年。六年后，其本金捐给哈佛大学，用于资助已经设立的戴恩讲座教授席位。[3]

在斯托里等人的监督之下，经过半年多的时间，全新的戴恩法学院大楼于 1832 年 9 月 24 日正式落成。这栋当时哈佛最气派的建筑包括图书馆、阅览室、教授办公室，还有一间大教室，以及二楼面朝现在哈佛广场的小房间。1833 年，法学院学生查尔斯·萨姆纳[4]被任命为图书馆管理员。当时法学院图书馆的藏书已经达到 3000 册，学生增至四十余人。戴恩法学院大楼的建立，标志着哈佛法学院的真正独立，是哈佛法学教育也是整个美国法学教育的新起点。

---

[1] 1831 年，斯托里又将自己余下的 500 多本藏书低价卖给了法学院图书馆。Charles Warren, *History of the Harvard Law School and of Early Legal Conditions in America*, Vol. 1, p. 466.

[2] Charles Warren, *History of the Harvard Law School and of Early Legal Conditions in America*, Vol. 1, p. 465.

[3] 此外，戴恩还另外以 3% 的年利率借给哈佛法学院 2000 美元，期限也是 6 年，但要还本付息，见 Charles Warren, *History of the Harvard Law School and of Early Legal Conditions in America*, Vol. 1, p. 475.

[4] Charles Sumner (1811～1874)，联邦参议员，著名政治家，美国内战与重建时期激进共和党人的领袖。

1850 年代的戴恩法学院大楼

第三节　培养绅士型律师：特兰西瓦尼亚
　　　　的法学教育

　　特兰西瓦尼亚大学位于肯塔基州的列克星敦，是美国著名文理
学院，建立于 1780 年，1799 年开始招收法律专业学生、培养律师。

　　美国独立之初，肯塔基还是弗吉尼亚州的边陲，人烟稀少，
1792 年方成为美国的一个州，在美国向西拓展的过程中发展迅
猛，被誉为"西部的伊甸园"，地位相当于后来的加利福尼亚。[1]
1780 年，弗吉尼亚政府给负责开发肯塔基的特兰西瓦尼亚公司颁
发令状，先后将独立战争期间没收来的 20 000 英亩土地授予该公
司，用于建立一所大学。1790 年，特兰西瓦尼亚大学正式开始招

---

〔1〕 尼尔·R. 彼尔斯、杰里·哈格斯特洛姆：《美国志：五十州现状》，中国社会科学院
　　美国研究所编译室译，董乐山校，中国社会科学出版社 1987 年版，第 524 页。

1775 年，特兰西瓦尼亚公司从印第安人手中"购买"的土地

生。当时，学校所在的列克星敦虽然只有 1700 多居民，但已经是阿巴拉契亚山脉以西最大的城镇，而且发展迅猛，因此学校很快吸引了附近各州的大批学生。[1]

一、早期的几位教授

1799 年，特兰西瓦尼亚大学任命乔治·尼古拉斯（1954 ~ 1799）为法学和政治学教授，准备招收法律学生。尼古拉斯毕业于威廉－玛丽学院，曾任弗吉尼亚州议员，以冷静、理智著称，与托马斯·杰斐逊、詹姆斯·麦迪逊皆为好友。1784 年，尼古拉斯移居肯塔基，成为当地著名律师，并招收法律学徒，1792 年参

---

[1] Paul D. Carrington, "Teaching Law and Virtue at Translyvania University: The George Wythe Tradition in the Antebellum Years", 41 *Mercer Law Review* 677 （1989 ~ 1990）.
也有学者在书中说，1790 年列克星敦人口仅 800 多，见 John D. Wright, Jr., *Transylvania: Tutor to the West*, Revised ed., Lexington: The University Press of Kentucky, 1980, p. 17.

与制定肯塔基州宪法，支持杰斐逊、麦迪逊等人的州权主张。[1]
可惜，尼古拉斯在获任法学和政治学教授后不久即病逝，作为特
兰西瓦尼亚大学历史上的首位法学教授，他并未留下授课记录。

尼古拉斯之后，接任法学和政治学教授的是詹姆斯·布朗
（1766～1835）。布朗也毕业于威廉－玛丽学院，曾受乔治·威思
指导，后担任肯塔基州首任州务卿。作为法学和政治学教授，布
朗在特兰西瓦尼亚大学讲授的课程包括政治经济学、国际法、肯
塔基州宪法以及联邦宪法，所用的教科书包括布莱克斯通的《英
国法释义》以及其他英国学者的法律论著。跟当时许多大学的法
学教授一样，布朗的薪水来自学生的学费：每人每年 20 美元，[2]
据说学生不少，而且其中不乏颇有成就者。

为了发展法学教育，特兰西瓦尼亚大学还投资 500 美元[3]，
建立一座法学图书馆。可是，詹姆斯·布朗与其哥哥、参议员约
翰·布朗（1757～1837）一样，充满政治雄心。1804 年，美国购
买路易斯安那领地后不久，詹姆斯·布朗即奔赴南方，参与管理
新获得领地，并于 1812 年当选联邦参议员，后出任美国驻法国大
使（1823～1829）。

布朗之后，接替法学和政治学教授的是美国 19 世纪著名政治
家亨利·克莱，克莱系詹姆斯·布朗的连襟，其妻子为布朗妻妹。
与前两任一样，克莱也曾跟随乔治·威思学习法律（私淑），威

[1] Paul D. Carrington, "Teaching Law and Virtue at Translyvania University: The George Wythe Tradition in the Antebellum Years", 41 *Mercer Law Review* 678 (1989～1990).

[2] 除了法学和医学教授外，其他教授的薪水都是固定的，由学校支付。比如，数学与自然哲学教授的年薪为 450 美元，语言学教授的年薪 400 美元，校长年薪 500 美元，见 John D. Wright, Jr., *Transylvania: Tutor to the West*, Revised ed., Lexington: The University Press of Kentucky, 1980, p. 39; Paul D. Carrington, "Teaching Law and Virtue at Translyvania University: The George Wythe Tradition in the Antebellum Years", 41 *Mercer Law Review* 679～680 (1989～1990).

[3] 一说 600 美元，见 John D. Wright, Jr., *Transylvania: Tutor to the West*, Revised ed., Lexington: The University Press of Kentucky, 1980, p. 44.

思引导其阅读希腊、罗马古典文献，培养其公共美德与从政品质，对克莱一生影响巨大。为了纪念恩师，克莱甚至将自己的大儿子取名为西奥多·威思·克莱。[1] 年轻时的克莱是肯塔基州著名律师，口才出众，曾多次代表当事人参加联邦最高法院庭辩，深受斯托里等大法官称赞。从 1806 年开始，克莱先后十余次当选联邦参众议员，并多次担任众议院议长，其间还担任过一届国务卿（1825～1829），三次参选总统，但均功败垂成。

亨利·克莱（1777～1852）

克莱在特兰西瓦尼亚大学任职仅仅两年（1805～1807），便赴联邦参议院任职（接替空缺），其时，他尚未满 30 周岁，并未达到宪法规定的参议员任职最低年龄，但因无人留意，而且任期不到一年，因此并未引起争议。克莱在特兰西瓦尼亚大学任教期间，并未放弃律师职业，由于其已负盛名，跟他学习法律的人不少，其中一些后来成为州长、大学教授，影响不小。

克莱之后，断续接替特兰西瓦尼亚大学法学和政治学教职的有詹姆斯·门罗法官、约翰·波普（1770～1845）、约瑟夫·布雷肯里奇（1788～1823）等人，但任职时间都不长。[2]

当时的特兰西瓦尼亚大学只有 5 名教授（法学 1 名、医学 1

〔1〕 Paul D. Carrington, "Teaching Law and Virtue at Translyvania University: The George Wythe Tradition in the Antebellum Years", 41 *Mercer Law Review* 681 (1989～1990).

〔2〕 Charles Warren, *A History of the American Bar*, Boston: Little, Brown and Company, 1911, p. 353. 约瑟夫·布雷肯里奇生于弗吉尼亚，幼年时随父母迁居肯塔基，1810 年毕业于新泽西学院（普林斯顿大学前身），后当选肯塔基州议会议员、议长、州务卿，1823 年病逝，年仅 35 岁。布雷肯里奇家族系美国早期著名政治家族，人才辈出。约瑟夫·布雷肯里奇的父亲约翰·布雷肯里奇（John Breckinridge, 1760～1806）曾担任联邦参议员、司法部长。约瑟夫·布雷肯里奇的儿子约翰·卡贝尔·布雷肯里奇（John Cabell Breckinridge, 1821～1875）曾任联邦众议员、参议员、副总统（1857～1861）。

名、文理 3 名），虽然地处边陲，但藏书却多达 1700 余册，而且有专门的法律图书馆，坚持招收法律学生，[1] 可谓 19 世纪初美国法学教育的一方重镇。

霍勒斯·霍利
(1781~1827)

二、霍利校长

克莱卸任教职后，其又当选特兰西瓦尼亚大学校董，终其一生，都非常关心学校的发展，是学校的重要保护人和赞助者，他曾介绍自己的客户给特兰西瓦尼亚大学捐款，并力排众议，推荐霍勒斯·霍利出任校长。[2] 1818 年春，霍利访问列克星敦，实地考察特兰西瓦尼亚大学，克莱全程陪同，并为他引荐当地名流。当时的列克星敦，人口繁盛，蓝草如茵，道路整洁，还是西部最早安装路灯的城市，警察、消防一应俱全，走在很多城市的前列。这一切都给希望开拓新事业的霍利留下了深刻的印象。而且，特兰西瓦尼亚大学正在建造的主楼也很气派，校董事会还给他承诺了 3000 美元的年薪，高过当时的政府官员和多数大学校长。1818 年 4 月，霍利正式答应接受任特兰西瓦尼亚大学校长一职。[3]

霍利出生于康涅狄格州，家境富裕，从小接受良好的教育，1799 年毕业于耶鲁学院，后到纽约学习法律，但数月后即返回耶鲁，跟随蒂莫西·德怀特校长学习神学，1804 年获得神学学位。

〔1〕 Charles Warren, *A History of the American Bar*, Boston: Little, Brown and Company, 1911, pp. 353~354; Paul D. Carrington, "Teaching Law and Virtue at Translyvania University: The George Wythe Tradition in the Antebellum Years", 41 *Mercer Law Review* 682 (1989~1990).

〔2〕 Paul D. Carrington, "Teaching Law and Virtue at Translyvania University: The George Wythe Tradition in the Antebellum Years", 41 *Mercer Law Review* 684~687 (1989~1990).

〔3〕 John D. Wright, Jr., *Transylvania: Tutor to the West*, Revised ed., Lexington: The University Press of Kentucky, 1980, p. 62, p. 53, pp. 58~63.

1808 年，霍利到波士顿传教，宣扬唯一神论，否认三位一体，名动一时。霍利任职特兰西瓦尼亚大学期间（1818～1827），学校得到了很大发展。首先是学校的藏书进一步丰富，列克星敦市曾通过立法，将拍卖税划拨学校使用，使特兰西瓦尼亚大学每年能获得 2000 美元，用于更新图书馆藏。得到财政支持后，学校的招生人数曾至将近 400 人，在 1830 年甚至超过哈佛，一度成为全美最大的学校。而法律学生人数也节节攀升，在 1820 年达到 40 人，此后 30 年，一直维持在 30 人以上，而且其中不乏未来的议员、州长与大法官。[1]

霍利将肯塔基视为美国西部的阿提卡[2]，认为列克星敦应该像古代雅典一样，成为西部的文化中心。他还在杂志上发表专题论文，主张西部的教育应该有自己的地区特色，大学教育应该通识与专业并举。因此，他非常重视医学和法学专业。[3]

由于自己曾经学过法律、想过当律师，霍利对如何培养律师有自己独到的理解。1823 年 11 月，他在学校教堂对学生发表演说，演说的题目为"美国律师和政治家的社会等级、职责与回报"。他规劝年轻的学子不要成为贪婪、诡辩、奸诈的律师；未来的律师不仅应该学习法律知识，而且应该具有美德、了解人性、熟悉社会与政府组织；律师最优秀的品质在于冷静、公正与理智。一年后，霍利又作了一次题为"在美国学习法律和政治所能获得的好处"的演说，认为法律和政治是律师生活中密不可分的两部

---

[1] Paul D. Carrington, "Teaching Law and Virtue at Translyvania University: The George Wythe Tradition in the Antebellum Years", 41 *Mercer Law Review* 688～689（1989～1990）. 出生于肯塔基州的联邦最高法院大法官约翰·马歇尔·哈伦（John Marshall Harlan）1877～1911 年在任，毕业于特兰西瓦尼亚大学，曾跟随乔治·罗伯逊、托马斯·马歇尔两位教授（详见下文）学习法律。

[2] Attica，位于希腊半岛，包括雅典及其周边地区，是古希腊文化中心。

[3] John D. Wright, Jr., *Transylvania: Tutor to the West*, Revised ed., Lexington: The University Press of Kentucky, 1980, pp. 68～70.

威廉·巴里
(1784~1835)

分，任何律师都应该竭尽所能在这两方面做得最好。[1]

的确，在美国社会，担任律师一直都是从政的最好起点，公共生活离不开律师，尤其是在建国初期，政治与法律的边界还不像后来那么明显，任何一名律师都必须了解本地、本州的政治传统与政治规范。因此，美国早期的法学教育，非常侧重于培养未来律师的政治美德与公共服务精神，旨在使他们成为绅士型律师，这与20世纪的商人型律师截然不同。

· 实际上，特兰西瓦尼亚的法学教育正是以培养绅士型律师为己任，为美国开拓西部造就了许多杰出的人才。特兰西瓦尼亚之所以能形成这一特色，又与亨利·克莱密不可分。克莱虽然数次与总统职位擦肩而过，但他在内战前美国政坛的影响力却无人能及，他被视为西部的化身，美国精神的象征。他本人就是律师从政、为国服务的典范。克莱所推荐的霍利校长，同样具有绅士风度与献身精神。

1825年4月，霍利曾在致克莱的信中说，他也给特兰西瓦尼亚大学的法律学生讲授宪法课，所用的材料包括《联邦党人文集》以及政治经济与国际法方面的论著。虽然霍利对宪法的解释与另外一位法学教授威廉·巴里的看法颇有分歧，但这并没有妨碍他们之间的讨论与个人友谊。[2]

威廉·巴里生于弗吉尼亚，但很小就移居肯塔基，从特兰西瓦尼亚大学毕业后赴威廉-玛丽学院学习法律，1805年成为律师，在肯塔基执业。1807年，巴里担任肯塔基州议员，后出任联

---

[1] John D. Wright, Jr., *Transylvania: Tutor to the West*, Revised ed., Lexington: The University Press of Kentucky, 1980, p. 90.

[2] Paul D. Carrington, "Teaching Law and Virtue at Translyvania University: The George Wythe Tradition in the Antebellum Years", 41 *Mercer Law Review* 689 (1989~1990).

邦众议员、参议员，肯塔基州务卿、联邦邮政总长（1829～1835），死于赴西班牙担任大使的途中。巴里任教于特兰西瓦尼亚的时间大概是在 1822～1828 年之间，后人对他的评价是：身材瘦小，但聪明过人、辩才无碍、动作夸张有力，是特兰西瓦尼亚历史上有名的法学教授。

与巴里一同担任法学教授的还有同样出生于弗吉尼亚的杰西·布莱索（1776～1836），布莱索也是特兰西瓦尼亚大学毕业生，1800年成为律师，曾任肯塔基州务卿、联邦参议员，州法官、牧师，1833 年迁居南部，逝于德克萨斯。与霍利校长一样，布莱索早年也曾学习神学，后来才转行当律师，他的古典知识在律师中无人能及。1828 年，他离开特兰西瓦尼亚，再次成为牧师。[1]

巴里和布莱索离开之后，特兰西瓦尼亚的法学教授又一次出现空缺，校方只好请十年前曾到学校任过教的约翰·波普前来救急，但一年后波普再次离开，去阿肯色准州担任州长。波普 1770年生于弗吉尼亚，早年因故失去一条手臂，被称为"独臂波普"。他也曾在威廉-玛丽学院学习法律，然后到肯塔基州开业，先后担任州议员、联邦议员、州务卿（1816～1819），是当时著名政治人物。

早在巴里和布莱索离开之前，霍利校长就曾提出辞呈，主要原因是肯塔基州的政治纷争造成了亨利·克莱与州长之间的对立，作为克莱密友的霍利也被认为站在克莱一边反对州长。州长于是公开抨击霍利和他所领导的特兰西瓦尼亚大学，认为学校偏向富人，无视贫民，徒费钱财，于事无补。州长的言论激起学生们的激烈抗议，霍利校长也于 1825 年辞职，后经慰留，到 1827 年方才离开。霍利随后前往南方城市新奥尔良，准备赴欧洲游历，

---

〔1〕 John D. Wright, Jr., *Transylvania: Tutor to the West*, Revised ed., Lexington: The University Press of Kentucky, 1980, p. 91.

19 世纪初特兰西
瓦尼亚大学徽章

1909 年启用的
新徽章[1]

结果感染黄热病，同年 7 月病
逝。[2]

三、霍利之后的法学教授

1820 年代肯塔基的政治纷争源于 1819 年的经济危机。1812 年战争之后，美国对外贸易迅速恢复，经济异常活跃，银行业空前发达，银行数量从 1816 年的 246 家增加至 1818 年的 392 家，1817～1818 年间，仅肯塔基一州就新成立了 40 家银行。[3] 这些银行都可以发行钞票，结果导致当地货币大幅贬值，先前借款的投资者大多资不抵债，这些人组成减债派，游说州议会通过立法，延期还债。但是州最高法院不认同这样立法。1824 年底，减债派再次游说州议会废除原有的司法条例，组建新的州最高法院。但是原有的州最高法院并没有自动解散，结果造成新老法院之争。直到 1826 年经济形势好转之后，老的州最高法院才重获权威。

在这场州议会与州法院的立法、司法混战中，有几位曾任教于特兰西瓦尼亚大学的法学教授也参与其中。其中一位就是前文提到的威廉·巴里，他是减债派的坚定支持者，1823 年曾代表减债派到肯塔基州最高法院辩论，因为表现突出，被任命为新的州最高法院首席法官。

---

〔1〕 校训 "In Lumine Illo Tradimus Lumen"，意思是 "In That Light，We Pass On the Light"；中间的火炬、手、书与地球仪分别代表着真理、忠信、学问与服务世界，参见 www. transy. edu/about/seal. htm.

〔2〕 因为信仰不同，霍利一直与肯塔基当地宗教界领袖不和，但他开朗豁达，加上西部宗教氛围宽松，他的精神压力并不大，但政治纷争与人身攻击则令他感到无法容忍。John D. Wright，Jr.，*Transylvania*：*Tutor to the West*，Revised ed.，Lexington：The University Press of Kentucky，1980，pp. 100～116.

〔3〕 Murray N. Rothbard，*The Panic of* 1819：*Reactions and Policies*，New York：Columbia University Press，1962（mises. org/rothbard/panic1819. pdf），p. 8.

另一位是主审减债案的州最高法院首席法官约翰·博伊尔（1774～1835）。博伊尔生于弗吉尼亚，幼年随父亲迁居肯塔基，1797年成为律师，后担任州议员、联邦众议员（1803～1809）、州最高法院法官（1809～1826）。1826年，新老法院之争和解之后，博伊尔出任联邦地区法院法官，仍驻肯塔基，直到病逝。为了纪念他，肯塔基州建有博伊尔郡。博伊尔博学多才，在肯塔基名望极高，曾是联邦最高法院大法官和伊利诺伊准州州长的后备人选，他

乔治·罗伯逊
（1790～1874）

"从不追名逐利，但也从未放弃职责"。1829年前后，约翰·波普离开特兰西瓦尼亚大学后，身为地区法院法官的博伊尔受命接手法律专业，成为学校唯一的法学教授。博伊尔教学严谨，每次上课都要求学生讨论事先布置的阅读材料，有时也包括司法判决。这种问答式教学方法，很受欢迎，也很有效，在他任教授期间，法学学生增加到50人。除了课前阅读、问答教学外，博伊尔还在课程结束时组织考试，以考试成绩优劣决定是否授予学位。[1] 这些都走在当时大学法学教育的前列。

在减债案中，博伊尔是州最高法院主审法官，巴里是减债派律师，而反对减债一方所聘请的律师乔治·罗伯逊（1790～1874）后来也成为特兰西瓦尼亚大学法学教授，与博伊尔共事多年。

罗伯逊系肯塔基土生土长，毕业于特兰西瓦尼亚大学，后跟随博伊尔等人学习法律，1809年成为执业律师，时年19岁，后出任联邦众议员（1817～1821）、肯塔基州务卿，肯塔基州最高法院首席法官（1829～1834），1834～1858年任特兰西瓦尼亚大学法学教授，是霍利离开之后，特兰西瓦尼亚历史上最重要的法学教

---

〔1〕 Paul D. Carrington, "Teaching Law and Virtue at Translyvania University: The George Wythe Tradition in the Antebellum Years", 41 *Mercer Law Review* 690～691 (1989～1990).

授。肯塔基也建有以他的名字命名的罗伯逊郡。

罗伯逊幼时曾学习拉丁语、法语，了解很多古文典故，常常出口成章，颇受学生欢迎。他不喜论辩，也不爱出庭，因此算不上是成功的律师。但当法官却得心应手，成绩突出，深受詹姆斯·肯特和约瑟夫·斯托里等人称赞，名声在外却不愿担任联邦职务，据说曾多次拒绝来自联邦政府的任命，其中包括联邦最高法院大法官和驻外大使职务。罗伯逊身材肥胖，生性诙谐、想象丰富、语言夸张，深得学生喜爱。在特兰西瓦尼亚，他负责讲授宪法与衡平法，他的老师兼同事博伊尔则负责讲授司法理论与国际法，另外还有一位教授负责罗马民法与比较法。特兰西瓦尼亚的法学教育也因此进入鼎盛时期，成为当时全美拥有法学教授最多的大学。

与博伊尔一样，罗伯逊也非常重视考试的作用，每次都会就布置的阅读材料提问。他还将法学课程延长至两年，在最后进行全面考试，通过者授予学位，但大约只有三分之一的人能获得学位。[1] 由此可见，当时特兰西瓦尼亚的法学教育相当严格。

罗伯逊对美国宪法颇有研究，其讲稿在生前就已出版。他认为，宪法的稳定与效力来自于解释与运作过程中的统一性，解释宪法务必探求立法者的原意，留意制宪时的政治环境、时代精神。宪法是立国先贤聪明才智与公共美德的产物，他们希望建立一个富有公共精神的自治政府。而律师正是这种精神的代表，成为律师虽然可以在政治上大展宏图，但一定不要忘记联邦宪法的至上性与公正性，一定不要忘记联邦的统一性。

他还告诫学生不要自以为是、骄傲自大。"你们获得的还只是最基本的知识，才刚刚起步，学习如同爬山一样，越往上，眼界就会越开阔。"他相信，美国的新西部为学生们提供了大有作为的

---

[1] Paul D. Carrington, "Teaching Law and Virtue at Translyvania University: The George Wythe Tradition in the Antebellum Years", 41 *Mercer Law Review* 691 ~ 693 (1989 ~ 1990).

广阔舞台，只要秉承法律的公正性与政治的公共性，就一定能引领时代潮流。[1]

罗伯逊到特兰西瓦尼亚任教的次年，恩师兼同事博伊尔病逝。1837 年，应学校邀请，时任州最高法院法官的托马斯·马歇尔（1794～1871）来校担任法学教授，法学教授的数量恢复到 3 人。与罗伯逊一样，马歇尔也是肯塔基土著，1815 年毕业于耶鲁，后自学法律，成为律师，出任州议员、州最高法院法官，同时在特兰西瓦尼亚任教（1837～1849）。[2]

1830 年代特兰西瓦尼亚大学法学教育的发展，与罗伯逊等人的努力密不可分，早在 1835 年春，他就给学校董事会提交了一份正式报告，要求将法学教授的人数固定为三人：一人讲授罗马民法、自然法、国际法、宪法与衡平法，一人讲授普通法，第三位负责诉讼法与证据法。一年分两个学期，教材和讲授方法由教授自己决定。如果申请学位，还得再读两个学期。

1839 年，学校将从当地募集的资金中划拨 5000 美元给法学专业，用于购买法律图书，主要包括英国案例汇编、美国最高法院与各州法院案例汇编，以及英美最新法律期刊。这批藏书大大提升了学校的教学质量，也吸引了更多的学生前来报名，成为阿巴拉契亚山脉以西的法学教育中心。[3]

---

〔1〕 Paul D. Carrington, "Teaching Law and Virtue at Translyvania University: The George Wythe Tradition in the Antebellum Years", 41 *Mercer Law Review* 694～696（1989～1990）.

〔2〕 Paul D. Carrington, "Teaching Law and Virtue at Translyvania University: The George Wythe Tradition in the Antebellum Years", 41 *Mercer Law Review* 691～692（1989～1990）.

〔3〕 John D. Wright, Jr., *Transylvania: Tutor to the West*, Revised ed., Lexington: The University Press of Kentucky, 1980, pp. 142～143. 学校之所以拨专款购买法律图书，主要是因为 1829 年 5 月学校主楼失火，600 多册法律图书付之一炬，见 John D. Wright, Jr., *Transylvania: Tutor to the West*, pp. 124～125.

四、衰落

1840 年代中期，美国再次开疆拓土，与墨西哥战争不断，很多年轻人以奋战沙场、建功立业为最大理想，特兰西瓦尼亚大学的招生受到一定影响。而且，随着州内其他学校的建立，当地教会与政府也不像先前那样积极支持学校发展，学校资金来源逐渐减少。

进入 1850 年代后，因为在奴隶制问题上的分歧，州内政治进一步两极化，肯塔基地处南北边界，夹在两股洪流之中，备受冲击，特兰西瓦尼亚自然不能幸免。政治上的分裂，进一步降低了学校的凝聚力和吸引力。

学校所在的列克星敦，虽然是州内首屈一指的重要城市，但也面临着自身的问题。首先是流行性疾病肆虐。1833 年夏天，霍乱流行，城内大量人口出逃，近十分之一的人死于疾病。[1] 1849年夏，霍乱再次来袭，一夜之间 40 多人毙命，就连亨利·克莱夫妇都差点送命。富人逃离城市，商店关门，城市一片萧条。[2]

而且，随着新西部更多城市的不断涌现，列克星敦的重要性也不如往日。很多迁徙者一路向西向南，奔向印第安纳、伊利诺伊或田纳西，寻找更广阔的发展空间。此外，在这些地方，新的法学专业也相继出现。1842 年，印第安纳大学开设法学专业；1847 年，路易斯安那大学（图兰大学前身）开始招收法律学生；1852 年，建立于田纳西东部的坎伯兰大学也雄心勃勃地开办了法律专业；1854 年，密西西比大学设立法律与政治系。就连州内的

---

〔1〕 John D. Wright, Jr., *Transylvania*: *Tutor to the West*, Revised ed., Lexington: The University Press of Kentucky, 1980, pp. 129 ~ 130.

〔2〕 John D. Wright, Jr., *Transylvania*: *Tutor to the West*, Revised ed., Lexington: The University Press of Kentucky, 1980, p. 170.

路易斯维尔大学也于 1836 年增设了法律专业。[1] 这些大大小小的法律专业，或多或少地分散了本应该属于特兰西瓦尼亚的法律生源，使学校的法学教育陷入生源与经济的双重危机。

1852 年，亨利·克莱去世，特兰西瓦尼亚失去了最重要的支柱与伟大的调解者，法律专业更是黯然失色，继续下滑。1857年，乔治·罗伯逊离开学校，不再担任法学教授。次年，特兰西瓦尼亚的法学专业正式停办。特兰西瓦尼亚大学也改名为特兰西瓦尼亚高中，直到内战结束后的 1865 年才重新合并组建新的肯塔基大学，1908 年更名为特兰西瓦尼亚大学。

从 1799～1858 年前后 60 年的时间里，特兰西瓦尼亚大学一共聘请过 13 位法学教授，均是一时才俊。其中，有两人在任职前就担任过联邦参议员（威廉·巴里与杰西·布莱索），两人在任教授后出任联邦参议员（詹姆斯·布朗与亨利·克莱），三人曾任联邦众议员（约翰·博伊尔、乔治·罗伯逊与托马斯·马歇尔），其余几位也基本上担任过州议员，而且巴里与克莱还曾任职于联邦内阁，具有全国性声望。

在这 60 年里，特兰西瓦尼亚大学大约一共招收过 1300 名法律学生，其中，不到 500 人获得了法学学位，这些人后来成为美国西部法律、政治界的精英，以公共服务精神诠释着特兰西瓦尼亚大学的绅士型律师培养模式。

第四节 融入大学：19 世纪耶鲁的法学教育

在美国法学教育史上，耶鲁起步很早，1824 年便有法律学生，1826 年又将纽黑文法律学校吸收进来，成为耶鲁的附属法律学院。但是，传统的耶鲁学院以培养牧师、进行古典教育为宗旨，

---

[1] Paul D. Carrington, "Teaching Law and Virtue at Translyvania University: The George Wythe Tradition in the Antebellum Years", 41 *Mercer Law Review* 698 (1989～1990).

耶鲁第七任校长
埃兹拉·斯泰尔斯

与专业性、实践性的法学教育格格不入。因此，在很长一段时间里，耶鲁的法律学院并不受校方重视，处于自生自灭状态，几度濒临倒闭。幸赖纽黑文当地律师支持，才得以延续。直到 19 世纪末期，在哥伦比亚法学院这类后起之秀的刺激之下，新任耶鲁校长才顺应潮流，重视法学院、医学院这样的专业学院，让它们融入耶鲁，与原有的耶鲁学院携手并进，同时将耶鲁改造为培养绅士和专业人才并举的综合性大学。

一、最初的尝试

耶鲁法学教育的源头可以追溯到学院的第七任校长埃兹拉·斯泰尔斯（1778～1795 年在任），斯泰尔斯牧师 1746 年毕业于耶鲁神学专业，后被授予神职，在耶鲁执教数年。1753 年，他辞去神职研习法律，随后在纽黑文执业，两年后重回教堂，在罗德岛纽波特担任牧师。斯泰尔斯精通希伯来语，思想开明，行为稳健，讲究礼仪，兴趣极为广泛，被誉为当时美国最博学之人。从耶鲁大学整个发展历史来看，正是在开明的斯泰尔斯校长的领导下，耶鲁逐渐走向了兼容并包，初步具备了追求真理的大学灵魂。[1]

1777 年底，在即将就任耶鲁校长之时，斯泰尔斯就曾详细地提出了一份扩充耶鲁教职与规模的计划方案。在这套方案中，他最看重的是增设法学教授与医学教授。他认为，"法学教授职位与医学教授职位同等重要，设立法学教职，不仅仅是为了培养律师或辩护人，而是为了养成公民。受过大学教育的年轻人，进入神学、法律、医学这些智识行业的，可能不足毕业生总数的四分之一。他们中的大部分人都会返回故里，融入大众，从事商业活动，

---

〔1〕 张金辉：《耶鲁大学办学史研究》，中央编译出版社 2009 年版，第 38 页。

或是料理自己的家产。在其生命旅程中，他们可能会顺应呼声，担任各地、各州政府部门的公职。因此，我们应该留意他们的大学教育与训练，保证他们日后能成为称职的社团成员、治安法官、立法代表、国会议员。……一个共和国，若其公民在法律、权利与自由方面训练有素，是不可能被奴役的"。

斯泰尔斯还进一步提出，法学教授的授课内容应该包括四大部分。第一部分是民法，主要是古代罗马法的基本理念；第二部分是英国的普通法；第三部分是 13 个殖民地的法令；第四部分是各国政府形式与政策——特别是欧洲与中国的政制。斯泰尔斯认为中国的制度可能是世界最优的，中国占了世界总人口的三分之一，其政治智慧值得美国这样的初生大国学习。[1]

但是，由于康涅狄格议会不同意拨款，斯泰尔斯的计划最终未能推行。尽管如此，斯泰尔斯依然满腔热情，他利用自己所学的法律知识，亲自给学生讲授法律课。1781 年 7 月 13 日，他在日记中写道，"今天晚上，我作了一次关于法律与司法的讲座"。1789 年 3 月 12 日，他又在日记中记载，"今天，我第一次将孟德斯鸠的《论法的精神》作为经典著作介绍给耶鲁学院，高年级的学生已经开始诵读第一卷了，此前从未这么做过。但在新泽西学院（普林斯顿），三年级或四年级的同学都会读这本书"。1792 年 3 月 8 日，他再次提到，"作了一次法律讲座，内容包括自然法与国际法、民法与古代罗马法、英国普通法、美国法律"。[2]

1795 年，斯泰尔斯死于任上，蒂莫西·德怀特（1752~1817）牧师接任耶鲁校长（1795~1817 年在任）。德怀特虽不如斯泰尔斯博学多才，但处事严谨、管理有方，为了学校的利益不惜与州政府

---

〔1〕 Charles Warren, *A History of the American Bar*, Boston: Little, Brown and Company, 1911, pp. 563~565. 丹尼尔·J. 布尔斯廷：《美国人：殖民地历程》，时殷弘等译，上海译文出版社 1997 年版，第 270~271 页。

〔2〕 Charles Warren, *A History of the American Bar*, Boston: Little, Brown and Company, 1911, pp. 342~343.

决裂，是一个敢作敢当、很有魄力的校长。[1]

1801 年，德怀特聘请耶鲁校友、前任国会议员伊莱泽·古德里奇（1761～1849）出任法学教授，开设司法与美国宪法方面的课程。古德里奇 1779 年毕业于耶鲁，后继续学习法律，1783 年成为律师，在纽黑文开业。1795 年开始进入政界，1799～1801 年当选为联邦国会众议员，后长期担任纽黑文市市长。古德里奇对耶鲁贡献颇大，除了讲授法律课程外，还长期兼任耶鲁管理委员会成员、书记。1830 年，耶鲁授予他法学博士学位。由于社会活动较多，古德里奇在耶鲁开课的时间并不长，到 1806 年就基本停止了，1810 年，他正式辞去教职。[2] 耶鲁的法学教育依然没能展开。

二、几位奠基人

早期耶鲁的法学教育奠基于 1820 年代。[3] 1826 年，耶鲁聘请前联邦参议员戴维·达格特（1764～1851）法官出任法学教授。达格特生于马萨诸塞，毕业于耶鲁（1781 年），并在纽黑文学习法律、成为律师。他是活跃的联邦主义者，从 1790 年代到 1820 年代，先后在本州与联邦担任多种政治职务，其中包括联邦参议员（1813～1819）、纽黑文市市长（1828～1830）。1826 年，62 岁的达格特成为康涅狄格州最高法院法官（后来还曾担任首席法官），同年，受聘耶鲁学院，并获得耶鲁法学博士学位。

耶鲁之所以如此看重达格特，除了他是杰出校友外，还有一

〔1〕 张金辉：《耶鲁大学办学史研究》，中央编译出版社 2009 年版，第 44～45 页。

〔2〕 Anthony T. Kronman ed. , *History of the Yale Law School：The Tercentennial Lectures*, New Haven：Yale University Press，2004，p. 34.

〔3〕 从 1824 年起，耶鲁学院的学生一览表中开始出现"法律学生"（Law Students）字样，很多人以此认定耶鲁的法学教育始于 1824 年，但对院史颇有研究的兰博恩（John H. Langbein）教授认为依据不足，他更倾向于以 1826 年作为耶鲁法学教育的开端。见 Anthony T. Kronman ed. , *History of the Yale Law School：The Tercentennial Lectures*, New Haven：Yale University Press，2004，pp. 34～35，p. 74，N. 95.

个重要原因：达格特是康涅狄格州纽黑文法律学校的负责人和指导教师，耶鲁希望借助达格特与纽黑文法律学校的声望来发展本校的法学教育。

与利奇菲尔德法律学校一样，纽黑文法律学校也是一所个人设立的法律培训学校，大约建立于 1819 年，建校者为曾经跟随达格特学习法律的赛斯·斯特普尔斯（1776～1861）。斯特普尔斯同样也是耶鲁校友，1799 年成为律师，家境殷实，自费从英国进口自己需要的法律图书，设立个人图书馆，并不断增添藏书。这间个人图书馆也成为斯特普尔斯吸引法律学徒的一个重要资源。从 1819 年开始，跟随斯特普尔斯学习法律的人逐渐增多，斯特尔普斯既要出庭，又要指导学生，非常劳累。1820 年，他将自己曾经指导的学生塞缪尔·希契科克（1786～1845）留下来，共同管理纽黑文法律学校。希契科克 1809 年毕业于耶鲁学院，1815 年成为律师。希契科克接手纽黑文法律学校后，斯特尔普斯逐渐抽身，1824 年，他彻底告别纽黑文，搬迁至纽约市继续执业，开拓新业务，并大获成功。1841 年，他还曾在著名的"阿米斯达案"中代表被虏的非洲黑人出席联邦最高法院的庭审。接手纽黑文法律学校的希契科克也并非等闲之辈，他购买了斯特普尔斯的藏书，一边执业一边打理法律学校，后来走入仕途，也担任过纽黑文市市长（1839～1841）。[1]

斯特尔普斯离开纽黑文后，达格特应邀与希契科克共同主持纽黑文法律学校，直到 1826 年达格特受聘耶鲁法学教授。达格特进入耶鲁后，纽黑文法律学校的藏书和学生随之成为耶鲁的一部分。1830 年，希契科克也获得了耶鲁的客座教授头衔[2]。但是，

---

〔1〕 Anthony T. Kronman ed. , *History of the Yale Law School*：*The Tercentennial Lectures*, New Haven：Yale University Press，2004，pp. 32～33.

〔2〕 Anthony T. Kronman ed. , *History of the Yale Law School*：*The Tercentennial Lectures*, New Haven：Yale University Press，2004，p. 34.

耶鲁法学院院徽

耶鲁学院与达格特之间只是合作关系，达格特的法律学校自负盈亏，耶鲁不提供任何资助。1843年，耶鲁学院开始给法学院毕业的学生授予耶鲁学位，这成为耶鲁法学教育史上的标志性事件。

耶鲁法学教育的起步，与斯特普尔斯、希契科克、达格特三人的努力密不可分。为了纪念三位奠基人的贡献，1956年，耶鲁法学院确定院徽时，特意选择了能代表他们三人的图案。其中，右下黑色背景下的中世纪式银色书钉，代表斯特普尔斯；上端张嘴甩尾的短吻鳄代表希契科克，希契科克家族来自威尔士，在移民英属西印度群岛时，他们将家族纹章换成了短吻鳄；左边金色上带着脖圈的猎犬，代表曾任康州法官的耶鲁法学教授达格特，达格特（Daggett）这个名字的早期拼法为Doggett或Doget。[1]

三、两次危机

达格特等人虽然奠定了耶鲁法学教育的基础，但由于他们并非耶鲁学院的全职教授，法律学校并不隶属于耶鲁，也不受耶鲁资助，因此一旦他们老去或者离开，耶鲁法学教育就会中断。1845年，希契科克去世，达格特年过八旬，力不从心，无力为继，法律学校遇到第一次危机。

希契科克过世后，留下了大量的藏书，这些书都是希契科克的个人财产。他生前就曾打算将书拍卖，最好是整个卖给耶鲁学院，以保全这份难得的遗产。他当时的估价是4200美元，比这批书的实际价格要低不少。但是耶鲁校方也是捉襟见肘，无力购买，眼看着法律学校就要中断。

---

〔1〕 www. law. yale. edu/about/YLSShield. htm.

　　就在这个时候，纽黑文的律师们坐不住了，他们大多在希契科克的法律学校学习过，希契科克的藏书对他们帮助很大。为了日后能继续利用这批藏书，纽黑文律师界的领袖人物威廉·斯托尔斯（1795～1861）与同侪一起劝说耶鲁当局保留这批藏书。他们提出，"法律学习是大学教育的组成部分，对于一所法律学校而言，最重要的条件就是要有一间好的图书馆"，相比而言，法学教授倒是稀松平常，随处可找；有了法律图书馆之后，就可以随时开展法学教育。[1] 当时的法学教育方法，注重阅读和复述法律文献，法律图书馆的重要性不言而喻。

　　为了促使耶鲁校方购买希契科克的藏书，纽黑文律师界同仁决定与耶鲁校方共同出资，整体买下这批藏书，放在耶鲁学院，条件是他们可以继续借阅这批藏书。耶鲁方面同意了这一安排，但将自己一方的出资视为给法律学校的借款，需要法律学校日后还本付息。

　　耶鲁学院素有以书立校的传统，当初奠定学院根基的正是耶鲁本人捐赠的图书、物质。希契科克的这批藏书，也构成了耶鲁法律图书馆的雏形。而保全这批图书的斯托尔斯也接过了希契科克的教职，与几位律师伙伴一起，继续支撑耶鲁的法学教育。

　　斯托尔斯同样是耶鲁毕业生（1814年），后来在纽约学习法律，回康涅狄格执业；1827年进入政界，先后担任州议会议员、联邦众议员，1840年成为康州最高法院法官，直至终老。在耶鲁讲授法律，只是斯托尔斯的兼职与副业，教学质量很受影响，甚至因此返还了学生一部分学费。[2]

　　希契科克逝世的次年，博学多才的西奥多·德怀特·伍尔西（1801～1889）出任耶鲁学院第十任校长（1846～1871年在任），

〔1〕 Anthony T. Kronman ed. , *History of the Yale Law School: The Tercentennial Lectures*, New Haven: Yale University Press, 2004, pp. 56～57.

〔2〕 Anthony T. Kronman ed. , *History of the Yale Law School: The Tercentennial Lectures*, New Haven: Yale University Press, 2004, p. 56.

克拉克·比斯尔（1782～1857）　　　　亨利·达顿（1796～1869）

伍尔西系耶鲁第八任校长蒂莫西·德怀特的外甥，与其舅舅一样，他也是一位颇有眼光的校长，上任伊始，便开始物色法学教授。

1847年，曾任康州议会议员、州最高法院法官的克拉克·比斯尔（1782～1857）应邀到耶鲁任教，比斯尔同样是耶鲁毕业生，后来学习法律，成为著名律师。有趣的是，比斯尔在接受耶鲁的教职的同时，还当选了康州州长，从1847年到1849年，他身兼两职，既是州长，也是耶鲁法学教授。

在聘请比斯尔的同时，耶鲁还招纳了另一位校友、著名律师亨利·达顿（1796～1869）。达顿的个人经历与比斯尔惊人地相似：担任过州议员、州最高法院法官、州长（1854～1855），两人都是州长兼任耶鲁法学教授。不同的是，比斯尔1855年离开耶鲁，而达顿则一直担任法学教授到1869年终老。

达顿晚年仍未放弃律师职业，对法律学院无法全心投入，1852年之后，除了案例汇编外，法律图书馆就没有再买进其他图书，学生规模和质量也不断下降。1869年，达顿逝世后，耶鲁的法学教育再次陷入危机。[1]

西米恩·鲍德温（1840~1927）

正当耶鲁校方准备放弃法律学院时，纽黑文的律师再次施以援手。他们同意由年轻律师西米恩·鲍德温来接替达顿。鲍德温家世显赫，与耶鲁渊源颇深，其父罗杰·谢尔曼·鲍德温（1793~1863），系开国元勋罗杰·谢尔曼的外孙，曾在纽黑文、利奇菲尔德等地学习法律，后出任康州议员、州长（1844~1846）、联邦议员，其间参与"阿米斯达案"，为被虏的非洲黑人辩护，名动一时。鲍德温一家三代都是耶鲁毕业，西米恩·鲍德温大学毕业后，还接着在耶鲁和哈佛学习过法律，1863年成为律师，后长期担任康州最高法院法官，晚年出任康州州长（1911~1915）。

鲍德温个头不高、其貌不扬，但体内却蕴含着巨大的能量与激情，他凭一己之力，联络各州律师，发起成立美国律师协会（ABA），[2] 并先后担任美国律师协会主席（1890~1891）、美国社会科学协会主席（1897）、美国国际法协会主席（1899）、美国历史协会主席（1905）、美国政治协会主席（1907），以及其他一些协会的领导职务，而且著述丰富，是当时的著名律师、学者，几次成为美国联邦最高法院大法官候选人和耶鲁校长候选人。[3]

鲍德温虽然事业成功，但家庭却很不幸，结婚没几年，妻子

---

[1] Anthony T. Kronman, ed., *History of the Yale Law School: The Tercentennial Lectures*, New Haven: Yale University Press, 2004, p. 58.

[2] Frederick H. Jackson, "Simeon E. Baldwin: Father of the American Bar Association", 39 *A. B. A. J.* 686~687 (1953).

[3] Frederick H. Jackson, "Simeon E. Baldwin: Father of the American Bar Association", 39 *A. B. A. J.* 687~689 (1953).

便因患病失去理智，被送进收容所，直至终老。此后，鲍德温终身未娶，他将自己全部的爱心、热情都交付给耶鲁和自己的学术事业。[1] 从 1869 年到 1919 年，他在耶鲁整整工作了半个世纪，其间，还长期担任耶鲁法律学院司库，为耶鲁早期的法学教育作出了卓越贡献。

四、融入耶鲁

鲍德温的到来，虽然挽救了濒临倒闭的耶鲁法律学院，但仅凭他一己之力（当时他年仅 29 岁），还不足以维持一个学院。因此，在 1871 年，哈佛法学院毕业的弗兰西斯·韦兰（1826 ~ 1904）也应邀来到耶鲁。与以前的法学教授不同的是，韦兰并非康州本地人，也非耶鲁毕业生。他生于波士顿，其父为布朗大学校长（1827 ~ 1855 年在任）。韦兰随妻子一起定居纽黑文，任职于当地法院和政府部门。1873 年，耶鲁方面任命韦兰为法学院院长，[2] 由于其没有担任兼职，也因此成为耶鲁历史上的第一位全职法学教授。韦兰在耶鲁一干就是 30 年，直到 1903 年才因病退休。

韦兰的院长职务多少有些名不副实，因为耶鲁方面并不给法学院提供任何资助，也不给法学教授发薪水，作为院长，韦兰的薪资主要来自学生所缴纳的学费。在韦兰任院长的前一年，耶鲁方面还分别授予他和鲍德温商法与宪法教授头衔，同样是有名无实，不支付薪水。

在鲍德温和韦兰到耶鲁任职的最初几年，校方并不重视法学

---

[1] Christopher Collier, "William J. Hamersley, Simeon E. Baldwin, and the Constitutional Revolution of 1897 in Connecticut", 23 *Connecticut Law Review* 62 ~ 64 (1990 ~ 1991).

[2] 1873 年也因此成为耶鲁法学教育史上的分水岭，此前的耶鲁 Law School 只能称为法律学校或者法律学院，此后，随着教授、学生、课程的增加，Law School 才逐渐取得了与其他学院同等的地位，融入耶鲁，成为真正的法学院。

院。1876 年，鲍德温在日记中写道，"耶鲁方面一点也不关心法学院，根本不把它视为自己的一部分"。[1] 直到 1886 年，蒂莫西·德怀特（1828～1916）出任耶鲁第十二任校长（1886～1899年在任）之后，情况才发生根本变化。

第十二任校长蒂莫西·德怀特系第八任校长蒂莫西·德怀特的孙子，也是第十任校长西奥多·德怀特·伍尔西的（表）侄儿，他从耶鲁毕业后，又到德国留学，对神学颇有研究，也很关心耶鲁的前途。早在 1871 年，当小德怀特还是神学教授时，他就结集出版了自己的系列文章《对耶鲁学院前景的一些思考》。在文集一开篇，德怀特就提出，"任何关心耶鲁的人都能感觉到，耶鲁正在进入一个新的历史时期"，"耶鲁当前最要紧的事是整合"，准备从学院到大学迈进。[2] 各学院都应该有整体意识，涉及全校的大事应该一起开会讨论，而非由一两个人说了算；要为建设未来的大学筹集大笔资金；学校校长应该视野开阔、统揽全局。[3] 小德怀特希望学校平等看待专业性学院（比如法律学院）与传统的古典、心智教育，建设独立的研究生院，但是当时的校长没有接受他的建议，仍然坚持以古典课程为中心的宗教式教育与导师制度。

1874 年，毕业于耶鲁法学院的一群康州律师聚集在一起，庆祝耶鲁法学教育创办五十周年，[4] 畅谈耶鲁法学的未来，前任校长西奥多·德怀特·伍尔西也前来赴会。伍尔西从耶鲁毕业后，先后

---

〔1〕 Mark Bartholomew, "Legal Separation: The Relationship between the Law School and the Central University in the Late Ninteenth Century", 53 *Journal of Legal Education* 371～372 (2003).

〔2〕 Timothy Dwight, *Yale College: Some Thoughts Respecting Its Future*, New Haven: Printed by Tuttle, Morehouse and Taylor, 1871, pp. 1～5.

〔3〕 Timothy Dwight, *Yale College: Some Thoughts Respecting Its Future*, New Haven: Printed by Tuttle, Morehouse and Taylor, 1871, pp. 9～19.

〔4〕 从耶鲁有法律学生的记载算起。

耶鲁第十二任校长蒂莫西·德怀特

在费城学习法律，在普林斯顿学习神学，后赴德国学习古希腊语，在他执掌耶鲁的 25 年里，耶鲁获得了长足发展，教师数量与学生人数都大幅增加。[1] 他卸任校长后，继续在法学院讲授政治学与国际法，因此也很关心法学院的前景。

伍尔西在耶鲁法学校友的聚会上发表了一通演说，认为法学院的课程应该更宽泛一些，虽然很多毕业生会从事律师职业，但也有些人会进入政界、担任公职，他们需要更全面的知识与技能。[2] 伍尔西还提到了哥伦比亚法学院的成功经验，哥大（哥伦比亚学院）法学院地处美国新兴经济中心纽约，开办仅十余年，学生便达数百人，为当时美国最大的法学院，学生学费足以支撑教师工资和学院其他开支。就连来美国参观、考察的英国学者都称赞哥大法学院是美国最好的法学院，值得英国学生渡海来学。[3] 伍尔西认为哥伦比亚的经验不可复制，耶鲁应该走另外一条路：向校友募集资金、允许法学院学生选修其他专业课程，实现学院之间的交叉融合。[4]

前校长伍尔西的畅想，以及未来校长小德怀特的建议，都指明了耶鲁法学院未来的发展方向，而哥伦比亚法学院的后来居上，也给耶鲁莫大的刺激，迫使耶鲁校方反思、改革。

小德怀特就任校长后，力排众议，全力推行自己十五年前的计划，从财力、物力、人力各方面保障所有学院一律平等，而不像过去那样，以原有的耶鲁学院为核心，将法律、医学、技术等专业性学院置于次要与外围地位。

---

〔1〕　张金辉：《耶鲁大学办学史研究》，中央编译出版社 2009 年版，第 71 页。

〔2〕　Mark Bartholomew, "Legal Separation: The Relationship between the Law School and the Central University in the Late Ninteenth Century", 53 *Journal of Legal Education* 368 (2003).

〔3〕　Julius Goebel, Jr. etc., *A History of the School of Law Columbia University*, New York: Columbia University Press, 1955, pp. 62~63.

〔4〕　Anthony T. Kronman ed., *History of the Yale Law School: The Tercentennial Lectures*, New Haven: Yale University Press, 2004, p. 64.

1895 年启用的亨德里楼

　　1895 年，法学院搬进了由校友捐资修建的亨德里楼，从此有了稳定、独立的教学、办公场所，直到 1931 年新的斯特林法学大楼落成，才再次搬迁。与此同时，法学院得到的捐赠经费也大幅增加，从小德怀特就任校长时的 11 000 多美元，增长到他卸任时的 82 000 多美元。[1]

　　此外，一些耶鲁校友还集资更新了法学院图书馆藏书，并设立专门项目，保证法学图书馆日后能定期买进新书。而一些知名校友，以及在美国工业化大潮中发家致富的大亨，也纷纷捐资兴学，在耶鲁设立各种讲座教授席位。其中，这一时期在法学院设立的教席主要有：1887 年著名金融家 J. P. 摩根父子设

────────────

〔1〕　其中包括西米恩·鲍德温在 1896 年捐赠的 12 600 美元，见 Mark Bartholomew, "Legal Separation: The Relationship between the Law School and the Central University in the Late Ninteenth Century", 53 *Journal of Legal Education* 383（2003）.

立的爱德华·菲尔普斯[1]讲座教授席位，资助法学院聘请合同法和商法教授；1896 年鲍德温匿名捐资设立的西米恩·鲍德温讲座教授，资助学院聘请罗马法、比较法等方面的教授；1903 年已故律师、政治家拉法耶特·福斯特[2]捐资设立的拉法耶特·福斯特讲座教授，资助学院聘请英国普通法、自然法等方面的教授。[3]

　　这些教授席位，使得法学院有能力聘请全职教授，大大保障了教学时间与教学效果，提高了法学教授在耶鲁校内的地位，也慢慢改变了耶鲁原有教授对法学教授的成见。法学教授获得讲席之后，生活没有后顾之忧，也乐意到其他学院指导学生，而其他学院的教授，也时常应邀到法学院开设相关课程。因此，从 19 世纪末、20 世纪初开始，耶鲁的法学教育就显示出学科交叉的特点。

---

〔1〕 Edward J. Phelps（1822～1900）系美国律师、外交官，出生于佛蒙特，曾在耶鲁学习法律，在纽约等地开业；1880～1881 年担任美国律师协会主席，1881～1900 年为耶鲁法学教授，1885～1889 年出使英国。参见 Simeon E. Baldwin, "Edward J. Phelps", 12 *Green Bag* 213～214（1900）.

〔2〕 Lafayette S. Foster（1806～1880），生于康涅狄格州，毕业于布朗大学，后回到康州，担任律师、州议员、市长，曾当选联邦参议员（1855～1867）、参议院临时议长（1865～1867）。1880 年，他在遗嘱中给耶鲁法学院留下了 60 000 美元的财产，用于设立教席。参见 Anthony T. Kronman, ed., *History of the Yale Law School: The Tercentennial Lectures*, New Haven: Yale University Press, 2004, pp. 61～62.

〔3〕 www. law. yale. edu/givetoyls/professorships. htm.

附　录：1889 年耶鲁法学院的课程设置[1]

一、大学课程（Undergraduate Course）

第一年（Junior Year）

授课教师	教学方法	课程名称
斯托达德（Stoddard）法官	复述（Recitations）	证据
韦兰（Wayland）教授	讲授（Lectures）	英国宪法，国际法
罗宾逊（Robinson）教授	复述	法律基础，上诉程序
鲍德温（Baldwin）教授	复述	商法
	讲授	美国法律的特性与历史，遗嘱
普拉特（Platt）教授	复述	普通法理学，侵权
	讲授	法理学
汤森（Townsend）教授	复述	合同
伍尔西（Woolsey）教授	复述	国际法
贝利（Bailey）先生	讲授	法庭辩论

第二年（Senior Year）

授课教师	教学方法	课程名称
罗宾逊（Robinson）教授	复述	不动产，刑法
	讲授	不动产转让，法庭演说
鲍德温（Baldwin）教授	复述	商法，公司
	讲授	美国宪法，公共事业法 遗嘱，罗马法
普拉特（Platt）教授	复述	衡平法

---

[1]　Leonard M. Daggett，"The Yale Law School"，1 *Green Bag* 247（1889）.

续表

授课教师	教学方法	课程名称
汤森（Townsend）教授	复述	契约
伍尔西（Woolsey）教授	讲授	国际法
西摩（Seymour）先生	讲授	私人公司法
西蒙兹（Simonds）先生	讲授	专利法
科利尔（Collier）先生	讲授	财产保全与执行
撒切尔（Thacher）先生	讲授	公司信托
汤森（J. Townsend）先生	讲授	货币债券转让
福斯特（Foster）先生	讲授	联邦司法理论
夏普（Sharp）先生	讲授	保险

二、研究生课程（Graduate Course）

第一年（Junior Year）

授课教师	教学方法	课程名称
罗宾逊（Robinson）教授	复述	专利法
鲍德温（Baldwin）教授	复述	铁路法，美国法院实务
	讲授	美国宪法
普拉特（Platt）教授	复述	市政公司法，制成法
汤森（Townsend）教授	复述	海事法，拍卖
伍尔西（Woolsey）教授	讲授	国际法
萨姆纳（Sumner）教授	讲授	政治史与政治学
惠勒（A. M. Wheeler）教授	讲授	英国宪政史
哈德利（Hadley）教授	讲授	铁路管理
雷诺兹（Raynolds）博士	讲授	罗马法

第二年（Senior Year）

授课教师	教学方法	课程名称
罗宾逊（Robinson）教授	讲授	教会法
鲍德温（Baldwin）教授	复述	比较法，拿破仑法典，冲突法
普拉特（Platt）教授	复述	普通法理学
惠勒（Wheeler）教授	讲授	英国宪法
萨姆纳（Sumner）教授	讲授	政治学和社会科学
惠勒（A. S. Wheeler）先生	复述	罗马法
哈德利（Hadley）教授	讲授	运输经济学

第三章　自由之火：哥伦比亚与哈佛

内战结束后，在《莫里尔赠地法》的推动之下，美国高等教育进入快速发展时期。[1] 与此同时，由于工业化与城市化齐头并进，法律服务市场不断扩大，律师人数急剧增加，从 1850 年的 2 万多人，增加到 1900 年的 11 万多人；每 10 万人中律师的比例，也相应地从 100 人，增加到 150 人。[2] 律师数量的增长速度，超过了人口增长速度，集中体现了法学教育的快速扩张势头。

这一时期，律师数量的增长，与法学院数量的增加，几乎是同步进行。1850～1900 年间，美国法学院数量从 15 所增加到 102 所，[3] 也翻了六倍左右，与律师数量的增长速度相当。在这些新兴的法学院中，有几所颇具代表性，值得一提，兹列举如下。

1851 年在纽约州备案成立的奥尔巴尼法学院，原为奥尔巴尼大学组成部分，1873 年并入联合大学，学院位于纽约州首府，毗邻州法律图书馆、议会、法院，具有得天独厚的法律学习条件。[4]

1859 年开办的密歇根大学法律系，招生人数稳步上升，成为

---

[1] 详见李素敏：《美国赠地学院发展研究》，河北大学出版社 2004 年版。

[2] Alfred Zantzinger Reed, *Training for the Public Profession of the Law：Historical Development and Principal Contemporary Problems of Legal Education in the United States with Some Account of Conditions in England and Canada* (New York：Charles Scribner's Sons, 1921), p. 442. 详见本书附章。

[3] Alfred Zantzinger Reed, *Training for the Public Profession of the Law*, p. 444. 详见本书附章。

[4] Irving Browne, "The Albany Law School", 2 *Green Bag* 153 (1890).

19世纪后期美国在校学生人数最多的法律系。[1]

1865年，艾奥瓦州最高法院的两名法官在州府[2]得梅因建立艾奥瓦法学院，自称密西西比河以西最早的法学院，[3] 1868年并入艾奥瓦大学[4]，学院实际负责人为驻校教授威廉·哈蒙德。[5]

1866年，华盛顿学院（华盛顿－李大学前身）接收了约翰·布罗肯布拉夫所创办的列克星敦法律学校，开始招收法律学生。[6]

1867年，位于密苏里州圣路易斯的华盛顿大学开办圣路易斯法学院，也宣称自己是密西西比河以西第一家连续开办的法学院。[7]

---

〔1〕 详见本书第四章相关内容。

〔2〕 根据1857年的艾奥瓦州宪法，州首府从艾奥瓦城（Iowa City）迁往得梅因市。

〔3〕 http：//www. law. uiowa. edu/about. 1843～1847年，密苏里州的圣路易斯大学（St. Louis University）曾招收过法律学生，但是后来中断了，直到20世纪初才恢复。圣路易斯大学也宣称自己是密西西比河以西最早的大学，开设了最早的法学院。http：//www. slu. edu/school-of-law-home/about-us/history.

〔4〕 The State University of Iowa, 始建于1847年，1964年后改称The University of Iowa, 位于艾奥瓦城。

〔5〕 William G. Hammond（1829～1894），生于罗德岛，毕业于阿默斯特学院（Amherst College），后到纽约等地学习法律，1851年获得纽约州律师资格，后赴欧洲游学，在海德堡学习民法与比较法，1858年回国，定居艾奥瓦，负责选编州法院判决；1868年起任教于艾奥瓦大学法律系，后出任院长（Chancellor），1881年辞职赴密苏里州，任圣路易斯法学院院长，直至1894年去世。见 Emlin McClain, "Law Department of the State University of Iowa", 1 Green Bag 374～375 (1889); Charles Claflin Allen, "The St. Louis Law School", 1 Green Bag 284～291 (1889).

〔6〕 详见本书第二章相关内容。

〔7〕 1865年开办的艾奥瓦法学院（Iowa Law School）1868年并入艾奥瓦大学，从得梅因市迁往艾奥瓦城。但是有一部分师生坚持不迁，他们组建了新的艾奥瓦法学院（Iowa College of School），留在州府得梅因市，1875年并入另一所学院（Simpson Centenary College），1881年并入德雷克大学（Drake University），成为今天德雷克大学法学院的前身。因此，德雷克大学法学院（得梅因市）与艾奥瓦大学法学院（艾奥瓦城）同根同源。见 Alfred Zantzinger Reed, Training for the Public Profession of the Law: Historical Development and Principal Contemporary Problems of Legal Education in the United States with Some Account of Conditions in England and Canada（New York：Charles Scribner's Sons, 1921），p. 191.

1870 年，天主教背景的乔治城学院（乔治城大学前身）开办法学院，学院位于首都国会山旁，开设了颇受政府雇员欢迎的法律夜校，在校生一度超过 1000 人，冠盖全国。现为乔治城大学法律中心。

1872 年，成立不久的波士顿大学开办了法学院，成为继哈佛大学法学院之后，马萨诸塞州的第二家法学院，而且非常注重法律应用，与当地律师界关系良好。[1]

1878 年，塞拉鲁斯·克林顿·黑斯廷斯法官在加州创办了以自己的名字命名法学院，很快就成为西海岸招生规模最大的法学院。[2]

1884 年，位于俄勒冈州尤金市的俄勒冈大学，在该州最大城市波特兰创办法律系，开办法律夜校。1913 年，俄勒冈大学校方决定将法律系撤回尤金市，统一管理，波特兰市法律夜校更名为西北法学院，1918 年两校完全分离。[3]

1887 年，纽约州布法罗市的律师、法官建立布法罗法学院[4]，两年后并入布法罗大学，现为纽约州立大学（布法罗）法学院。

同年，始建于 1865 年的康奈尔大学[5]成立法学院，负责参

〔1〕 罗伯特·斯蒂文斯：《法学院：19 世纪 50 年代到 20 世纪 80 年代的美国法学教育》，阎亚林等译，中国政法大学出版社 2003 年版，第 97 页。
〔2〕 详见本书第四章相关内容。
〔3〕 1965 年，西北法学院并入刘易斯－克拉克学院（Lewis & Clark College），成为刘易斯－克拉克学院（西北）法学院（Northwestern School of Law of Lewis & Clark College），亦成为全日制法学院，但继续保留法律夜校。John Clinton Geil, "Lewis and Clark Law School: Northwestern School of Law, 1884 ~ 1973", *Oregon Historical Quarterly*, Vol. 84, No. 4 (Winter, 1983), pp. 389 ~ 408.
〔4〕 Charles P. Norton, "The Buffalo Law School", 1 *Green Bag* 421 ~ 430 (1889).
〔5〕 康奈尔大学系纽约州根据《莫里尔赠地法》建立的大学，位于纽约州中西部的伊萨卡（Ithaca，绮色佳）。

与筹建法学院的哈里·哈钦斯出任学院首任秘书。[1]

1888 年，明尼苏达大学成立法学院，次年便建起雄伟壮观的法学院大楼，招收上百名学生，[2] 在 19 世纪末成为全国学生规模第五的法学院。

同年，芝加哥法学院成立，[3] 1895 年，以詹姆斯·肯特的名字命名的肯特法学院成立；1900 年，两所法学院合并，成立新的芝加哥–肯特法学院。[4]

1891 年创办的纽约法学院，短短数年，招生人数便超过哈佛与哥伦比亚两校的法学院，位列全国第二。

---

〔1〕 Harry B. Hutchins, "The Cornell Univeristy School of Law", 1 *Green Bag* 473 ~ 483 (1889). 哈里·哈钦斯毕业于密歇根大学，当过律师，曾在母校任法学教授 (1884 ~ 1887)，1887 年负责筹建康奈尔大学法律学院，1895 年返回母校，任法律系主任 (1895 ~ 1910)、密歇根大学代校长、校长 (1909 ~ 1920)。时任康奈尔大学校长的查尔斯·亚当斯 (Charles Kendall Adams, 1835 ~ 1902) 也是密歇根大学毕业生，亚当斯曾留校任教，1881 年追随自己的老师、康奈尔第一任校长安德鲁·怀特 (Andrew Dickson White, 1832 ~ 1918) 赴康奈尔任教，出任康奈尔第二任校长 (1885 ~ 1892)，推荐哈里·哈钦斯来康奈尔组建法学院。因此，从建立之初，康奈尔大学及其法学院，就与密歇根大学关系密切。详见本书第四章相关内容。

〔2〕 William S. Pattee, "Law School of the University of Minnesota", 2 *Green Bag* 205 ~ 206 (1890).

〔3〕 1888 ~ 1902 年间，芝加哥法学院曾附设于森林湖大学 (Lake Forest University, 森林湖学院前身)。见 Alfred Zantzinger Reed, *Training for the Public Profession of the Law*, p. 185.

〔4〕 http://www. kentlaw. iit. edu/the-c-k-experience/history, 1969 年并入伊利诺伊理工学院 (Illinois Institute of Technology)。

　　1896 年，由两名女性[1]联合创办的华盛顿法学院成为美国第一家全女性的法学院，也是 19 世纪末美国最具特色的法学院。[2]

　　除了这些新增的法学院（法律系）外，还有一些较早建立的大学，在中断若干年后，重启法学教育，再次招收法律学生。比如，1850 年，宾夕法尼亚大学聘请地区法院法官乔治·沙斯伍德[3]担任法学教授，1852 年正式重建法学院。1858 年，位于纽约市的纽约大学和哥伦比亚大学相继恢复法学教育。

---

〔1〕　埃伦·马西（Ellen Spencer Mussey, 1850～1936）和埃玛·吉勒特（Emma Gillett, 1852～1927）。马西出生于俄亥俄，丈夫鲁宾·马西（Reuben D. Mussey, Jr., 1833～1892）是联邦军官、著名律师，曾任安德鲁·约翰逊总统私人秘书，战后定居首都华盛顿特区。1871 年，两人结婚后，年轻的马西喜欢跟丈夫一起讨论案件，并在其指导之下学习法律，协助其办理案件，丈夫去世后，留下的律师事务所由马西夫人承担，但她没上过法学院，很难获得律师资格。1892 年，马西接连向位于华盛顿的哥伦比安学院（乔治·华盛顿大学前身）与国家大学提出入学申请，均遭拒绝。次年，在朋友的帮助下，马西通过考试，获得律师资格，独立执业，经办过不少著名案件，多次出席联邦最高法院庭辩，积极为妇女权利奔走。1896 年，她与另一名女性吉勒特，共同创办面向女性的华盛顿法学院。吉勒特比马西小两岁，出生于威斯康星，追随美国第一位女律师、社会活动家贝尔瓦·洛克伍德（Belva Ann Lockwood）来到首都华盛顿，跟随她学习法律，后进入以黑人为主的霍华德大学（Howard University），获法律学士与硕士学位，通过笔试，成为华盛顿特区律师，终身未婚。马西和吉勒特曾相继担任华盛顿法学院院长。详见 Mary L. Clark, "The Founding of the Washington College of Law: The First Law School Established by Women for Women", 47 *American University Law Review* 614～676（1997～1998）; Audrey Pia, "Founding of the Washington College of Law", 32 *American University Law Review* 617（1982～1983）。

〔2〕　1949 年，华盛顿法学院最终并入美利坚大学（American University），成为美利坚大学华盛顿法学院（American University Washington College of Law）。

〔3〕　George Sharswood（1810～1883），生于费城，毕业于宾夕法尼亚大学，在费城执业，后当选州议员，1845～1867 年任地区法院法官，1868～1882 年任州最高法院法官、首席法官。沙斯伍德是 19 世纪美国著名法官，除了兼任法学教授外，他还编辑过布莱克斯通的《英国法释义》，出版《论法律职业伦理》（*An Essay on Professional Ethics*）等法律著作。

1865 年，乔治·华盛顿大学[1]扩充校舍，开设法律夜校，专为下午下班后的政府雇员服务，生源极好，学生规模很快超过哈佛，位列前三。[2] 这引得华盛顿特区的另外两所法学院竞相效仿。[3]

同年，位于路易斯安那州新奥尔良市的图兰大学[4]重启法律系，次年，位于田纳西州莱巴嫩的坎伯兰大学[5]也重新招收法律学生。1869 年，马里兰大学恢复法学教育。[6]

当然，在这些恢复招生的法学院中，影响最大的，莫过于位于纽约曼哈顿岛上的哥伦比亚法学院。而在持续开办的法学院中，哈佛法学院无疑是其中翘楚。

---

〔1〕 George Washington University，前身为 1821 年建立的哥伦比安学院（Columbian College），位于美国首都哥伦比亚特区，1873 年改称哥伦比安大学（Columbian University），1904 年正式更名为乔治·华盛顿大学，1954 年兼并了同一地区的国家大学（National University，1870 年创立）。

〔2〕 Alfred Zantzinger Reed, *Training for the Public Profession of the Law*, p. 195, pp. 396 ~ 397.

〔3〕 比如上文提到的乔治城学院，以及 1870 年创办的国家大学，均以法律夜校为主。

〔4〕 Tulane University，1834 年建立，最初名为路易斯安那医学院（Medical College of Louisiana），1847 年更名为路易斯安那大学（University of Louisiana），内战期间停办，战后得到保罗·图兰（Paul Tulane，1801 ~ 1887）的大力资助，1884 年更名为图兰大学。

〔5〕 Cumberland University，始建于 1842 年，内战中毁于战火，1866 年重建，同年开设法学院。1961 年，坎伯兰大学将自己的法学院整体转卖给位于邻州亚拉巴马州伯明翰（Birmingham）市的桑福特大学（Samford University），现为桑福特大学坎伯兰法学院（Cumberland School of Law）。

〔6〕 马里兰大学校史称，该校法学院始建于 1816 年，仅次于威廉－玛丽学院（比 1817 年建立的哈佛法学院还早一年），是美国第二古老的法学院。该学院最初名为法律研究所（Law Institute），并无学生，1823 年左右开始招生，1833 年停止。见 http：//www. law. umaryland. edu/marshall/schoolarchives/index. html，以及 Alfred Zantzinger Reed, *Training for the Public Profession of the Law*, pp. 123 ~ 126.

1869～1913 年间美国在校人数最多的前六所法学院[1]

1869～1870 年间

密歇根	308 人
哥伦比亚	230 人
乔治·华盛顿	166 人
哈佛	120 人
奥尔巴尼法学院	110 人
弗吉尼亚大学	109 人

1879～1880 年间

哥伦比亚	456 人
密歇根	371 人
黑斯廷斯法学院	181 人
哈佛	156 人
波士顿大学	151 人
乔治·华盛顿	141 人

1899～1900 年间

密歇根	883 人
哈佛	766 人
纽约法学院	749 人
纽约大学	732 人
乔治城大学	614 人
芝加哥－肯特法学院	554 人

1910～1911 年间

哈佛	810 人
密歇根	792 人
纽约法学院	751 人
乔治城大学	717 人
纽约大学	679 人
芝加哥－肯特法学院	591 人

1889～1890 年间

哥伦比亚	456 人
密歇根	405 人
哈佛	265 人
乔治城大学	217 人
乔治·华盛顿	210 人
波士顿大学	180 人

1899～1900 年间

密歇根	883 人
纽约法学院	775 人
纽约大学	634 人
哈佛	616 人
明尼苏达大学	528 人
波士顿大学	409 人

1911～1912 年间

乔治城大学	924 人
哈佛	809 人
密歇根	793 人
纽约法学院	706 人
纽约大学	649 人
芝加哥－肯特法学院	627 人

1912～1913 年间

乔治城大学	1003 人
芝加哥－肯特法学院	804 人
密歇根	779 人
哈佛	745 人
纽约大学	649 人
纽约法学院	554 人

---

[1] Alfred Zantzinger Reed, *Training for the Public Profession of the Law*, p. 452. 这是美国教育专员（U. S. Commissioner of Education）的统计，与后文中的"哈佛法学院学生数量、比例一览表"、"密歇根大学法学院（法律系）州内外、国外学生数及相应比例"略有不同。

第一节 德怀特与哥伦比亚法学院

位于美国纽约曼哈顿岛上的哥伦比亚大学，始建于 1754 年，原名国王学院，1784 年更名为哥伦比亚学院，1896 年升格为哥伦比亚大学，是美国著名的私立大学。

哥伦比亚的法学院，兴盛于 1858 年，那一年，36 岁的西奥多·德怀特正式出任该校法学教授，此后三十余年，一直未曾离开，成为哥伦比亚大学历史上最有名的法学教授，也是 19 世纪美国法学教育的代表人物。他所创立的德怀特教学法，重视教材与法律原则，与兰代尔等人倡导的案例教学法有所不同，在两种教学方法的冲突与竞争中，最终落败。但德怀特教学法重视法律原则，补充了案例教学法缺陷与不足，贡献也不容忽视。[1]

在德怀特之前，19 世纪早期美国的另一位著名法学家詹姆斯·肯特（1763 ~ 1847）也曾在哥伦比亚短期任教，招收法律学生，他的学院式法学教育尝试虽不成功，但也留下了浓墨重彩的一笔。

一、詹姆斯·肯特的尝试

独立战争结束之后，美洲殖民地脱离了英国的管辖，国王学院也随之更名为哥伦比亚学院，由纽约州管理。1784 年，学校管理当局曾提出一个建立艺术、医学、法律与神学四大学院的设想，其中，法律学院设立三个讲座教席：自然法与国际法、罗马民法、国家法。但是，由于学校财力有限，一直没能请到称职的

---

[1] Editorials, 5 *Columbia Law Times* 21 ~ 22 (1891 ~ 1892); George Chase, "The 'Dwight Method' of Legal Instruction", 1 *Cornell Law Journal* 74 ~ 81 (1894); William A. Keener, "The Methods of Legal Education", 1 *Yale Law Journal* 146 ~ 147 (1892).

法学教授。[1] 与此同时，威廉－玛丽学院、费城学院都在尝试着聘请法学教授、开设法律课程，耶鲁校长斯泰尔斯也提出了类似计划，还亲自上阵，给学生讲授法律课程。[2]

詹姆斯·肯特
(1763～1847)

1792年，纽约州政府给哥伦比亚学院拨出专款，弥补学院在独立战争中的损失，支持学院延聘亟需的教授。学院的财政状况顿时好转，开始重新物色法学教授。正在这个时候，30岁的詹姆斯·肯特进入了学校董事会的视野。

詹姆斯·肯特1763年生于纽约，5岁入学，1777年进入耶鲁，恰逢美国独立战争，学校受到冲击，他逃到乡下，无意中读到布莱克斯通的《英国法释义》，其中一些内容，深深地吸引了16岁的肯特。据肯特后来回忆，正是布莱克斯通这四卷本的《英国法释义》让他走上律师之路。1781年，肯特从耶鲁毕业，随即回到纽约，跟随当地几位律师当学徒，学习法律，在抄写、阅读法律文书之余，开始阅读格劳秀斯等人的著作，他既不饮酒，也不跳舞，更不玩牌、打猎，生活沉闷而单调。一起学法律的几位同学，都笑他迂腐、无趣。但肯特不为所动，继续沉浸于书本之中，并将阅读的视野扩大到英国历史。1785年，肯特学徒期满，得到法院批准，加入律师行列。同年，他结婚成家，妻子不是别人，正是他当学徒期间寄居房东的女儿，当时年仅16岁。而跟肯特一起学法律的同学，5个中竟然有4个

〔1〕 Julius Goebel, Jr. etc., *A History of the School of Law*, *Columbia University*, New York: Columbia University Press, 1955, p. 9.

〔2〕 详见本书前两章相关内容。

因为中年酗酒而死。[1]

1786 年，肯特开始独自开业，但是生意清淡，仅能养家糊口。不过他也倒自得其乐，工作之余，依然坚持阅读历史著作，不但大量购书，而且继续学习拉丁语。与此同时，他还积极参与当地政治活动，成为联邦党人的坚定支持者，结识了亚历山大·汉密尔顿、约翰·杰伊等联邦派领袖。1793 年初，肯特举家移居纽约市，当时的纽约，已是美国最大的城市，移民众多，日益兴旺。初到纽约时，肯特人地两生，几乎无钱生活，幸亏有亲朋的周济，才得以渡过难关。

正当肯特穷困潦倒之际，几位联邦党人朋友伸出了援助之手，在他们的建议之下，哥伦比亚学院通过决议，聘请肯特担任法学教授，年薪 200 英镑。这对于一筹莫展的肯特而言，无异于雪中送炭、喜从天降。1794 年初，他在给弟弟（Moss Kent）的信中欣喜地表示，"这个职务不但是一种收入颇丰的荣誉，而且很符合我的职业志向与历史兴趣"。[2]

1794 年 11 月 17 日，肯特在哥伦比亚学院的学院大楼发表就职演说，阐述了自己的法律与法律教育观。肯特认为，哥伦比亚将法律纳入大学教育，作为一门科学，与其他学问并列，实在是一种创举，这也顺应了法律的精细化、复杂化趋势；法律具有维持社会秩序、促进社会繁荣的功能，需要既有才能又有美德的人来学习、掌握。自由国家的律师，应该具有古罗马政治家的口才与德性，养成管理公共事务之能力，了解古往今来的道德哲学与

[1] James Kent, "An American Law Student of a Hundred Years Ago", 2 *American Law School Review* 548 (1906 ~ 1911); James Kent, "Autobiographical Sketch of Chancellor Kent", *Southern Law Review*, Vol. I, No. 3 (July, 1872), pp. 383 ~ 384.

[2] William Kent, *Memoirs and Letters of James Kent*, *LL. D. Late Chancellor of the State of New York*, Boston: Little, Brown and Company, 1898, p. 62; Julius Goebel, Jr. etc., *A History of the School of Law*, *Columbia University*, New York: Columbia University Press, 1955, pp. 12 ~ 13.

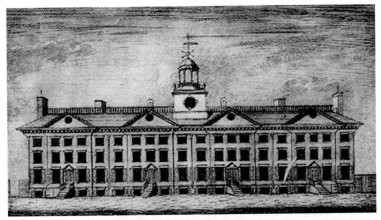

1790 年前后的学院大楼（College Hall）

政府管理方式。维持美国的独立，需要依赖年轻一代，将他们造就成为绅士型律师、政治家。[1]

从 1794 年底到 1795 年 3 月，肯特一共在哥伦比亚学院讲了26 讲，内容包括美国宪法、各州宪法与不动产法。本来还准备讲商法、刑法方面的内容，但是因为准备不充分，只好作罢。上课期间，他还将自己的讲稿编印成册，以供学生使用。但是并不怎么受欢迎，购买者寥寥无几。[2]

1795 年 11 月，肯特继续在哥伦比亚学院讲授第二年的法律课程，虽然准备充分，但是学生少得可怜，只有两人。比起第一年时数十人的盛况，无疑要冷清很多，这对肯特而言，也是一个不

---

[1] James Kent, "Kent's Introductory Lecture", 3 *Columbia Law Review* 330 〔1903〕, pp. 331~332, p. 338, 343. 对于肯特的就职演说与讲课中提到的政体形式、代表制等问题，时任美国副总统的约翰·亚当斯颇有不同意见，他曾在给儿子查尔斯·亚当斯的几封信中，明确表达了自己的不同看法。William Kent, *Memoirs and Letters of James Kent, LL. D. Late Chancellor of the State of New York*, Boston: Little, Brown and Company, 1898, pp. 63~73.

[2] William Kent, *Memoirs and Letters of James Kent, LL. D. Late Chancellor of the State of New York*, Boston: Little, Brown and Company, 1898, p. 73, 63.

小的打击。后来，他还尝试着改变课程内容，但是学生依然急剧减少，最后竟然一个都不剩。[1] 1797 年 5 月，疑惑而沮丧的肯特，向哥伦比亚学院董事会递交了辞职信。在信中，他回顾自己三年来的教学工作，表示自己已经尽力履行职责，但因为不适合教学工作，不得不请辞教授职务。辞职信末尾，他依然坚信，在大学传授宪法与法律原则，是可行之举；如果能找到更有能力的教授，在更有利的时间开展，一定有更远大的前景。[2]

但是，校方并没有接受他的辞职要求，还将拟议中的荣誉学位颁发给他，以示慰留。肯特只好保留哥伦比亚学院法学教授的头衔，在自己的律师事务所，给几个学生上课。这种状况一直持续到1798年4月肯特出任纽约州法院法官，彻底离开哥伦比亚学院。[3]

肯特在哥伦比亚学院的教学尝试，以失败告终。究其原因，一方面可能与肯特本人行为木讷、讲课呆板有关，另一方面也可能是因为他所讲授的主题，侧重于法律的理论与历史，偏离律师实际工作，对于希望获得实践性知识、进入法律行业的年轻人帮助不大。当然，也有人认为，肯特的教学内容太具有政治色彩，浸透着联邦党人的政治、法律理念，丧失了他自己所追求的法律的科学性。[4]

这种批评似乎不无道理，因为肯特一直是坚定的联邦主义者，与纽约政治领袖约翰·杰伊等人关系甚密。1795 年杰伊辞去联邦最高法院首席大法官、当选纽约州州长后，就曾多次提名肯特出任州政府职务，最终让肯特进入纽约州法院系统。

---

〔1〕 Charles Warren, *A History of the American Bar*, Boston: Little, Brown and Company, 1911, pp. 351 ~ 352.

〔2〕 William Kent, *Memoirs and Letters of James Kent*, *LL. D. Late Chancellor of the State of New York*, Boston: Little, Brown and Company, 1898, pp. 73 ~ 78.

〔3〕 Julius Goebel, Jr. etc., *A History of the School of Law*, *Columbia University*, New York: Columbia University Press, 1955, p. 17.

〔4〕 Julius Goebel, Jr. etc., *A History of the School of Law*, *Columbia University*, New York: Columbia University Press, 1955, p. 17. ·

从 1798～1823 年，肯特一直在纽约州担任法官，并一度（1814～1823）出任纽约州最高司法长官[1]，1823 年，年届花甲的肯特从法官席上退休，一直被后人尊称为肯特法官。

肯特的《美国法释义》

1824 年，退休后的肯特再次回到哥伦比亚学院传授法律知识，与 30 年前相比，61 岁的肯特无疑要成熟、老练得多，听众也要多很多，各种学生多达 40 余人。此后两年，他又相继在哥伦比亚学院和自己的律师事务所讲了几个月，学生也都不少。[2]

1826 年，肯特将自己讲义的一部分，自费印行出版，是为《美国法释义》第一卷。出版之后，销路之好，评价之高，大大超出肯特的意料。当时，年轻的乔治·班克罗夫特[3]读过肯特的这卷《美国法释义》后，在书评中说，现在我们知道美国法律是什么样子的了，美国法律是一门科学；虽然还算不上尽善尽美，但正在臻于完善。[4]

〔1〕 根据 1777 年纽约州宪法，纽约州依然保留殖民地时期的衡平法院（New York Court of Chancery），作为该州的最高法院。1846 年新的州宪法，撤销衡平法院，统一司法系统，以上诉法院（New York Court of Appeals）作为该州最高法院。

〔2〕 Julius Goebel, Jr. etc. , *A History of the School of Law*, *Columbia University*, New York: Columbia University Press, 1955, p. 20.

〔3〕 George Bancroft（1800～1891），美国历史学家、政治家，早年毕业于哈佛，后留学德国，1822 年回国任教，开始翻译、发表历史著作，1834 年起陆续出版多卷本《美国史》（*History of the United States of America, from the Discovery of the American Continent*），成为美国史学史上的代表性著作。班克罗夫特 1840 年代参与政治活动，曾任海军部长、驻英大使，其间创办美国海军学院（United States Naval Academy）。1849 年后回到书斋，潜心学术，1852～1854 年任美国地理学会创会主席。

〔4〕 Charles Warren, *A History of the American Bar*, Boston: Little, Brown and Company, 1911, p. 543.

此后，肯特一鼓作气，分别于 1827 年、1828 年和 1830 年推出了该书的后三卷。这部四卷本的《美国法释义》，从书名到结构，几乎都是在追随、仿效布莱克斯通的《英国法释义》，但却比《英国法释义》更贴近美国现实，很快成为美国法律学者、律师的案头必备参考书，一再修订重版。肯特在世之时，就已修订至第六版，肯特去世之后，奥利弗·温德尔·霍姆斯等著名法官学者，又相继编辑出版了该书的后续版本，至今已是第 15 版。

《美国法释义》共计六大部分，以国际法开头，以不动产法结尾（第四卷），中间涵盖美国政府与宪法、各州法律（第一卷）、人身权利（第二卷）、个人财产权（第三卷）等四方面内容。对于各部分内容，肯特在世之时，几乎都有修正。1847 年 12 月 12 日，肯特去世，1848 年，他最后修订过的第六版问世，但他已经永远看不到了。[1]

肯特之后，哥伦比亚校方曾聘请另一名纽约律师前来学院担任法律教授，但是他忙于自己的律师业务，无心备课，也没招徕多少学生。1857 年，哥伦比亚学院进行课程改革，重启法学教育，开始物色新的法学教授。时任汉密尔顿学院[2]法学教授的西奥多·德怀特进入了学院董事会的视野。哥伦比亚方面开出年薪 1500 美元的条件，邀请他加盟，经过一番商讨，学院方面将年薪涨到 2000 美元。[3] 1858 年底，德怀特正式成为哥伦比亚学院国家法教授，从此开启了哥伦比亚历史上为期 33 年的"德怀特时代"。

---

[1] Julius Goebel, Jr. etc. , *A History of the School of Law*, *Columbia University*, New York：Columbia University Press, 1955, p. 24.

[2] 位于纽约州的克林顿（Clinton）市，始建于 1793 年，初名汉密尔顿-奥奈达学院（Hamilton - Oneida Academy），1812 年改名为汉密尔顿学院（Hamilton College），以纪念美国首任财政部长、开国元勋亚历山大·汉密尔顿（Alexander Hamilton），系美国著名文理学院。

[3] Julius Goebel, Jr. etc. , *A History of the School of Law*, *Columbia University*, New York：Columbia University Press, 1955, p. 29.

西奥多·德怀特（1822~1892）

二、西奥多·德怀特时代

西奥多·德怀特 1822 年生于纽约，书香门第、名人之后，家族之中出过数任大学校长。祖父蒂莫西·德怀特（Timothy Dwight IV，1752~1817）系耶鲁第八任校长，表叔西奥多·德怀特·伍尔西（1801~1889）系耶鲁学院第十任校长，耶鲁第十二任校长小蒂莫西·德怀特（1828~1916）是其堂弟。[1]

德怀特从小接受了很好的家庭教育，具有坚实的古典知识基础，1837 年进入汉密尔顿学院学习物理等自然科学知识，1840 年

[1]　详见本书第二章。

以年级第一名的成绩毕业。1841 年进入耶鲁学院附设的法律学校，跟随塞缪尔·希契科克学习法律，从此奠定了自己一生的志向。德怀特后来回忆说，希契科克思想敏锐，深受学生爱戴，使他获益匪浅。[1] 1842 年，德怀特回到汉密尔顿学院，一边教书一边自学法律，1845 年获得律师资格，1846 年出任汉密尔顿学院法律、历史与政治经济学教授。[2]

任教汉密尔顿学院期间，德怀特扩充、改革了学院的法律课程，于 1853 年正式建立法律系。在母校汉密尔顿学院任教的五年里，德怀特摸索出了一套教材与案例相结合的教学方法：在指导学生阅读、复述权威教科书的基础上，归纳相关法律原则，然后以司法案例为例证，加以补充说明。这套后来被誉为德怀特教学法的法学教育方式，为他赢得了巨大的声望，带领他进入哥伦比亚法学院，引导哥伦比亚的法学教育走向 19 世纪的全盛时期。

对于德怀特在汉密尔顿学院推行的这套教学方法，他的学生在后来的回忆中有详细描述："德怀特精力过人，他既视法律为科学，也将其看作职业；我们班上人不多，只有 8 个同学，德怀特足以调动所有同学的积极性。学院所在的小城克林顿，也没有什么娱乐可让我们分心。每天上午十点，复述前天下课时布置的教科书内容，德怀特检查之后，继续讲解最近判决的相关案件；下午和晚上继续复述教科书内容。有时候也进行模拟法庭训练，德怀特充任法官，学生当律师，像在法庭上一样讨论法律难题。"[3] 德怀特在汉密尔顿学院的教学，颇为成功，学生视其为偶像，他也因此在纽约法律界占据一席之地，得到哥伦比亚学院的垂青。

---

[1] Theodore W. Dwight, "Columbia College Law School, New York", 1 *Green Bag* 150 (1889).

[2] Julius Goebel, Jr. etc., *A History of the School of Law*, *Columbia University*, New York: Columbia University Press, 1955, pp. 33~34.

[3] William J. Wallace, "Tribute of Judge William J. Wallace", 4 *Columbia Law Times* 9 (1890~1891).

1858～1859 年的法学院所在地（New-York Historical Society）

　　1858 年 11 月 1 日，德怀特在哥伦比亚学院进行了首次法律讲座，反响良好，一次就招徕了 35 名学生报名。[1] 任教哥伦比亚学院后，为发展壮大法律专业，他敦促校方依照法律专业特点，将办学地点选在曼哈顿商业区，方便在附近律师事务所当学徒的年轻人来校听课；聘请纽约律师界领袖人物来校授课，建立法学院与律师界的良好关系。为了使法学院能得到持续稳定的发展，不像上次那样中途而废，哥伦比亚学院董事会还专门成立了法学院委员会，作为法学院管理机构，指导学院发展。

〔1〕 Julius Goebel, Jr. etc. , *A History of the School of Law* , *Columbia University* , New York：Columbia University Press, 1955, p. 29，44.

1859～1873 年的法学院所在地 （No. 37 Lafayette Place）

在法学院，德怀特的头衔是国家法教授，国家法实际上就是美国法，与国际法相对，主要内容是美国宪法、政府制度及其历史，各州宪法与法律。由于德怀特教学方法得当，自己又很用心，法学院很快就大有起色，呈现出欣欣向荣之势。为保证德怀特能继续留在学院，1864 年，校方与德怀特达成一份"君子协定"，主要目的是分享学生学费、保障德怀特在学院的权利。协定的具体内容包括：法学院学生学费每年 100 美元，如果继续读第二年，则只用交 75 美元；学费由国家法教授负责收取，上报学校财务；校董会负责租赁、修缮法学院房屋，每年拨款 250 美元用于购买法律图书；国家法教授年薪 6000 美元，学生学费在支付法学院开支外的结余部分，由国家法教授与校方平分；国家法教授是法学院委员会的当然成员。[1]

当时，刚刚出任哥伦比亚学院新校长的弗雷德里克·巴纳德年薪才 3500 美元，学院的所有教授中，年薪最高者也不过 4000 美元，而德怀特不但能拿到 6000 美元的高薪，还能从学生学费中分到份额，[2] 收入可谓异常丰厚，丝毫不亚于开业律师，这也是他自始至终没有离开学院的一大原因。因为学院招徕的学生越多，他的收入也就越高。而且，那个时候，法学院是免试入学，只要读完中学，基本上就可以进法学院学习法律。

因此，在最初一段时间，德怀特的法学院可谓"有教无类"，广开大门。实际上，这也非常符合德怀特个人的法学教育理念：兼容并收，立足"中人"，培养合格律师。德怀特认为，学习法律的年轻人秉性、能力各不相同，大多只有中人之才，法学院的目的就是面向这些平常之人，让他们获得一技之长，增长法律知

[1] Julius Goebel, Jr. etc., *A History of the School of Law*, *Columbia University*, New York: Columbia University Press, 1955, pp. 58 ~ 59.
[2] 当时，哈佛和耶鲁的教授，年薪也不过 2300 ~ 2400 美元，见 Julius Goebel, Jr. etc., *A History of the School of Law*, *Columbia University*, New York: Columbia University Press, 1955, p. 408.

识，提升职业技能。[1]

当然，在执掌哥伦比亚法学院三十余年间，德怀特也顺应历史潮流，推行了一些重大改革措施，比如取消法学院毕业生不经考试直接获得律师资格的"文凭特权"、提高入学要求、延长学制，等等。最终，因为在延长学制、聘任新教师、引入案例教学法等问题上，德怀特与新任校长意见不一，不得不于1891年5月辞职，离开自己一手创建的哥伦比亚法学院，[2]次年6月病逝于纽约克林顿市。

德怀特宣布辞职后，他在哥伦比亚法学院的追随者乔治·蔡斯[3]教授等人也随之辞职，他们在离哥伦比亚法学院不远的曼哈顿下城开办全新的纽约法学院，坚持运用德怀特教学法，与哥伦比亚法学院竞争。许多钟情于德怀特教学法、同情德怀特本人遭遇的学生，也随之转学到纽约法学院，1892年，哥伦比亚法学院的招生人数几乎下降一半。

在蔡斯等人的苦心经营之下（蔡斯任纽约法学院首任院长），加上占据曼哈顿核心商业圈的地理优势，新兴的纽约法学院一度成为20世纪初美国法学教育领域的领头羊，在1905年前后成为美国规模最大的法学院，在校学生数超过1000人。[4]

德怀特辞职后，接替他主持哥伦比亚法学院的是来自哈佛法

---

[1] Theodore W. Dwight, "Columbia College Law School, New York", 1 *Green Bag* 146 (1889).

[2] Theodore W. Dwight, "Farewell Letter of Dr. Dwight", 4 *Columbia Law Times* 241 ~ 243 (1890 ~ 1891).

[3] George Chase, 1849 年生于缅因，1870 年毕业于耶鲁，1873 年毕业于哥伦比亚法学院，系德怀特的学生，后受德怀特邀请，回哥伦比亚任教，1891 年随德怀特一起辞职，创办纽约法学院，任院长（1891 ~ 1924）。

[4] Alfred Zantzinger Reed, *Training for the Public Profession of the Law: Historical Development and Principal Contemporary Problems of Legal Education in the United States with Some Account of Conditions in England and Canada* (New York: Charles Scribner's Sons, 1921), p. 196.

学院的威廉·基纳（1856～1913）教授。基纳出生于佐治亚州，18 岁时毕业于州内的埃默里学院（埃默里大学前身），毕业后当过一年法律学徒，1875 年进入哈佛法学院，当时正值兰代尔任院长、改革教学方法之际。[1] 兰代尔和埃姆斯等人以案例分析、讨论为中心的教学方法，让年轻的基纳倍感新鲜。1878 年，基纳带着这种全新的教学理念和新婚的妻子，南下大都会纽约闯天下，在律师事务所实习一年后，参加考试，获得纽约州律师资格，后与人合伙开业。1883 年，应恩师兰代尔之邀，基纳重返麻省，任哈佛法学院助理教授。回到哈佛的基纳如鱼得水，他精力充沛、热爱教学，醉心于案例分析与课堂讨论，是埃姆斯忠实的追随者和继承人。1888 年，基纳升任哈佛讲座教授，还在纽约和波士顿两地出版了自己的合同法案例教科书，[2] 引起学界注意。新任哥伦比亚校长塞思·洛正打算大力发展法学院，听说了基纳的英名后，决定将其招致麾下。恰恰在这个时候，基纳因为薪酬问题，与哈佛校方闹僵，愤而辞职，再一次来到纽约，执教哥伦比亚法学院。[3]

基纳"跳槽"哥伦比亚一事，德怀特也是全程参与者。作为哥伦比亚法学院负责人，1890 年 1 月，他曾面试过基纳，商谈薪酬待遇，并曾去信哈佛法学院，询问基纳的教学能力与为人情况。同年 3 月，基纳正式加盟哥伦比亚法学院。[4]

1891 年春，塞思·洛校长彻底改组法学院：重新聘任新教授，所有教授一律统称法学教授，缩小教授薪酬差距，选举法学院院长。同年 6 月，35 岁的基纳当选院长，成为哥伦比亚法学院历史

〔1〕　详见本章下一节。

〔2〕　Julius Goebel, Jr. etc., *A History of the School of Law*, *Columbia University*, New York: Columbia University Press, 1955, pp. 135～142.

〔3〕　Charles Warren, *History of the Harvard Law School and of Early Legal Conditions in America*, Vol. 2, New York: Lewis Publishing Company, 1908, p. 444.

〔4〕　Julius Goebel, Jr. etc., *A History of the School of Law*, *Columbia University*, New York: Columbia University Press, 1955, pp. 118～119.

上的首任院长。[1]

在基纳任院长的十年间（1891～1901），哥伦比亚最终接受了案例教学法、完成三年制改革、增设法律硕士学位，初步将招生对象限定为大学毕业生，实现了学院的现代化。当然，所有的这些改革措施，都与德怀特等人奠定的基础密不可分，除了教学方法外，其他几项改革，在德怀特负责法学院期间就已着手推进，基纳时期的改革，更多的是在延续，而非颠覆德怀特的主张。[2]

三、取消"文凭特权"

1858 年，当德怀特接办哥伦比亚法学院时，纽约州内已有汉密尔顿学院、奥尔巴尼大学等高校开设法律专业，1855 年、1859年，两校法律系相继从州议会获得授权：本校法律系毕业生可以凭借毕业文凭免试获得州律师资格，是为"文凭特权"。德怀特希望自己在哥伦比亚培养的学生，也能获得同样的权利，使学生在校期间可以专注于法律的一般规则，不必为纽约州的具体法律分心。在他的催促之下，哥伦比亚校董会向州议会提出申请，1860 年，州议会同意授予哥伦比亚法学院毕业生"文凭特权"。[3]

---

〔1〕 此前，德怀特虽然是法学院负责人，但他的头衔一直是"Warden"，见 Julius Goebel, Jr. etc. , *A History of the School of Law*, *Columbia University*, New York：Columbia University Press, 1955, pp. 58～62.

〔2〕 基纳到哥伦比亚任教后，也觉得德怀特的教学方法不无优点，因此对自己在哈佛时所奉行的案例教学法有所修改，只在高年级和某些课程中，有选择性地适用。见 Julius Goebel, Jr. etc. , *A History of the School of Law*, *Columbia University*, New York：Columbia University Press, 1955, pp. 143～144. 而德怀特后来也注意到案例教学法的长处，但他认为案例教学法对学生要求高，适合有天赋的学生（Superior Class），不宜在所有学生中推行。见 Theodore W. Dwight, "Columbia College Law School, New York", 1 *Green Bag* 146 (1889). 对于 19 世纪末的这两种教学法，德怀特与基纳的认识，最终可谓殊途同归。

〔3〕 Julius Goebel, Jr. etc. , *A History of the School of Law*, *Columbia University*, New York：Columbia University Press, 1955, pp. 51～52.

1858 年法学院开办广告

1860 年法学院招生广告

但是，纽约州法院对此却有不同看法。当地法院认为，律师作为法庭成员，是否具备出庭资格，理应由法院说了算，州议会无权干涉。而且，1846年的纽约州宪法中关于律师资格的规定，也放在州司法机构（法院与法庭）相关条款中。但是，1846年纽约州宪法只是说，"所有年满21周岁的男性公民，品行端正、具备一定的知识和能力，都可以在本州各法院担任出庭律师"，[1]并未明确规定由谁来认定律师资格。

德怀特因此提出，授予律师资格并非法院的固有权力，资格认证权来自议会立法，议会有权变更；在殖民地时期，纽约一直是由皇家总督授权法官管理律师资格。最终，纽约州最高法院接受了德怀特等人的看法，默认了本州几所大学法学院的"文凭特权"。当然，哥伦比亚法学院也不能滥发文凭，学生必须最少修满18个月，由三位教授组成的考试委员会考察合格后，方能获得文凭。因此，在整个1870年代，虽然不断有人提出异议，却无人能否认哥伦比亚等法学院的培养质量。

1870年，纽约州修改1846年宪法，省略了关于律师资格的规定，交由议会自行裁定。随后，州议会通过立法，授权州最高法院确定律师资格标准。1871年，州最高法院要求，年满17岁、在律师事务所担任律师助理3年以上者，方可成为律师；法学院毕业可视同具备律师事务所助理经历。1875年，州最高法院又将法学院毕业生获得律师资格的学习年限缩短为2年。这样一来，法学院毕业生就可以比律师事务所助理提前一年获得律师资格，这致使很多希望从事律师职业的年轻人纷纷涌进法学院，学习2年后，便可凭借"文凭特权"，获得律师资格。对此，纽约州律师协会颇为不满，他们甚至组织起来，抨击这种特权，要求法学院

---

[1] Francis Newton Thorpe, ed. , *Federal and State Constitutions Colonial Charters, and Other Organic Laws of the States, Territories, and Colonies*, Washington: United States Government Printing Office, 1909, Vol. 5, p. 2664.

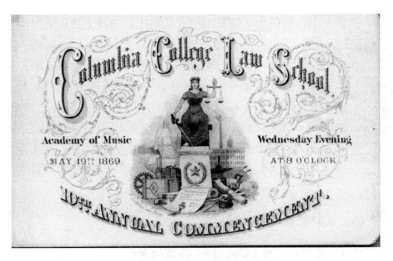

1869 年法学院毕业典礼入场券

毕业生在成为律师之前，至少也应该到律师事务所当一年学徒。

　　1875 年 6 月，反对者在奥尔巴尼召开专门会议，要求州议会取消法学院的"文凭特权"，所有人一律都得通过考试成为律师。反对者尤其强调学徒期对于律师资格的重要性，担任学徒可以让未来的律师更了解行业规范与惯例，这是法学院无法学到的。但是德怀特的理念正好相反，他认为法学院不仅仅只是培养出庭辩护律师，更要造专门领域的法律顾问；法学院比忙忙碌碌的律师事务所更适合进行这样的法律教育；因此，衡量这种教育的成绩，应该由最了解这种教育的人来承担，不应该由专注实务的律师来掌握〔1〕由此可见，是否取消法学院的"文凭特权"，在很大程度上是两种法学教育观念的交锋。德怀特一方的学院派希望以免试的方式继续传授法律的一般规则，不用过多考虑具体的地方法规；而纽约律师界却要求所有律师都要先当一段时间学徒，注重律师之间

---

〔1〕　Julius Goebel, Jr. etc. , *A History of the School of Law*, *Columbia University*, New York：Columbia University Press，1955，pp. 104～105.

137

的传承，维持本行业的自主性与独立性。

经过几次交锋后，双方最终达成妥协，从 1882 年开始，取消"文凭特权"：法学院毕业生也要参加考试，才能成为律师；但可利用学校假期，每年担任 3 个月的律师助理，计入学徒期。与此同时，哥伦比亚法学院也提升了入学标准，生源质量得到很大提高，毕业生的考试通过率几乎达到100%。因此，废除"文凭特权"对学院发展并无太大影响。

弗朗西斯·利伯
(1798～1872)

四、从两年制到三年制

早在 1860 年，德怀特与法学院委员会中的几位成员就提出，应该让有些学生进一步从事第三年的学习，加以深入培养，丰富和提高学院的教育层次。历史与政治学教授弗朗西斯·利伯[1]也敦促法学院早日确定第三年的学习内容。1861 年，法学院委员会

---

[1] Francis Lieber (1798～1872)，生于普鲁士，经历过拿破仑战争中的滑铁卢战役 (1815 年)，身负重伤，后在柏林、耶拿等地求学；1821 年作为志愿者参加希腊独立战争，1822～1823 年在罗马担任普鲁士外交官、著名历史学家尼布尔 (Barthold Georg Niebuhr, 1776～1831) 的家庭教师，1826 年赴英国，靠写作为生，次年赴美，主要以编书为业。1835 年，利伯出任南卡罗来纳学院（南卡罗来纳大学前身）历史与政治经济学教授，1855 年谋求院长未果，辞职赴纽约，1858 年出任哥伦比亚学院历史与政治学教授，同时给大学本科生与法学院学生开课，但并不太受欢迎，引起校方不满，1872 年退休，同年病逝于家中。利伯教授与肯特法官是很好的朋友，两人相识于 1841 年，肯特在其《美国法释义》中曾引用过利伯的著作，还向他赠送过签名本的"释义"。见 Julius Goebel, Jr. etc., *A History of the School of Law*, *Columbia University*, New York: Columbia University Press, 1955, pp. 46～55, 66～67, p. 399. 美国内战期间，利伯教授曾参与林肯政府陆军部的工作，负责起草《美军战场守则》(*Instructions for the Government of Armies of the United States in the Field*, 1863)，简称《利伯守则》(Lieber Code)，成为后来战争法的主要依据。参见 John Fabian Witt, *Lincoln's Code*: *The Laws of War in American History*, New York, N. Y. : Free Press, 2012. 该书的中译本（胡晓进、李丹译）即将由中国政法大学出版社出版。

西奥多·德怀特与学生合影

责成德怀特、利伯等人考虑是否应该开展第三年学习，如果他们认为有必要，就拿出一份学习方案。1862 年 10 月，德怀特汇报说，1861 届毕业生中有些就希望留下来继续学习一年。法学院委员会于是决定设立第三年课程，并要求德怀特列出详细的指导计划。当年冬天，4 名毕业生留下来继续深造，他们在德怀特的个人指导下听课、阅读。从学院的记录看，到 1865 年，留下来多读一年的学生共计 11 名，学院也对外宣称，可以为结束常规课程学习的学生提供研究生课程。但学院并没有给这批学生授予更高一级的学位，[1] 内战前哥伦比亚法学院的三年制尝试随之无疾而终。

内战后，在争取保留"文凭特权"的过程中，增设三年制学位课程的提议再起。1870 年代，根据纽约州法律，只有通过了本州考试的人方能成为律师，而在此之前，必须先经过 3 年的秘书或学徒期，才能获得考试资格。但是，哥伦比亚学院等高校法学

〔1〕 Julius Goebel, Jr. etc. , *A History of the School of Law*, *Columbia University*, New York：Columbia University Press, 1955, pp. 63 ~ 64.

院的毕业生却拥有所谓的"文凭特权"，两年法学院毕业后可以不经考试即可成为律师，时间比学徒制律师更短，而且还不用参加统一考试，颇受世人诟病。为了缓和外界攻击，维持"文凭特权"，哥伦比亚法学院内部有教授提议延长学制，拉平学院内外律师报考资格在学习时间上的差别。

1871 年 5～6 月间，在校董会的授权下，法学院曾组织特别小组委员会，调查延长学制的可行性，并对外宣布即将提供第三年的研究生课程。1874 年 12 月，法学院委员会向校董会提交报告，提出设置第三年课程，内容包括政治科学、国际法、宪法与海事法，招收本校与其他法学院毕业生，完成学业、考试合格后授予硕士学位。但迟迟没有实施。

1876 年 3 月，在约翰·伯吉斯[1]教授即将应邀加盟法学院

---

[1] John W. Burgess (1844～1931)，生于田纳西州，曾参加美国内战，1867 年毕业于阿默斯特学院，同年进入哥伦比亚法学院，跟随利伯教授学习政治、法律，获得律师资格，但并未独立开业，在伊利诺伊州的诺克斯学院（Knox College）任教两年后，伯吉斯于 1871 年赴德国求学，先后在哥廷根、莱比锡、柏林等地学习，深受著名历史学家蒙森（Theodor Mommsen, 1817～1903）影响。在柏林期间，伯吉斯几乎同时收到阿默斯特学院和哥伦比亚学院的回国任教邀请，回国后，他先在阿默斯特短期任教；随后，在德怀特教授的极力劝说与帮助下，伯吉斯于 1876 年出任哥伦比亚学院历史、政治与国际法教授，接替恩师利伯教授的席位。由于法学院并不重视政治与历史类课程，1880 年代，伯吉斯等人在哥伦比亚学院创设政治学院（School of Political Science），成立政治学会（Academy of Political Science），创办《政治学季刊》（Political Science Quarterly），开启美国大学政治教育之先河。1913 年，伯吉斯退休，其讲座教授席位由威廉·冈瑟（William Dameron Guthrie, 1859～1935）继任，与冈瑟竞争同一讲席的古德诺（Frank Johnson Goodnow, 1859～1939）教授，则应卡内基国际和平基金会之邀，出任袁世凯政府顾问，后担任约翰斯·霍普金斯大学校长（1914～1929），从此离开哥伦比亚大学。见 Julius Goebel, Jr. etc., *A History of the School of Law, Columbia University*, New York: Columbia University Press, 1955, pp. 69～75, 89～92, 210～211. 伯吉斯是 19 世纪末、20 世纪初美国著名的政治学家、宪法学家，著作包括《政治学与比较宪法》（*Political Science and Comparative Constitutional Law*, 1890）、《内战与宪法》（*The Civil War and the Constitution*, 1859～1865, 1901）、《重建与宪法》（*Reconstruction and the Constitution*, 1866～1876, 1902）、《美国宪法理论的最新发展》（*Recent Changes in American Constitutional Theory*, 1923）等。

之际，德怀特向法学院委员会汇报了自己的三年制改革设想：将伯吉斯教授主讲的课程纳入教学大纲，从当年 10 月起开设研究生课程，年满 20 岁具有法律学士学位者方能申请；第三年主要修习宪法、国际法、罗马法、诉讼程序方面的内容；期满考试合格后授予硕士学位。但法学院委员会坚持认为，三年毕业后只能授予学士学位。延长学制之议再次搁浅。[1]

约翰·伯吉斯
(1844～1931)

1881 年 3 月，约翰·伯吉斯教授向法学院提交五点建议，除了提高招生标准、增加学费外，最重要的就是实行三年制，建议校董事会向州议会请愿，在新学制基础上恢复已经失去的"文凭特权"，使三年制毕业生仍可以不经考试直接成为律师。在伯吉斯的建议中，改为三年制后，法学院毕业生所获文凭不变，依然是法律学士。对此，德怀特有不同看法，他觉得第三年属于研究生性质的学习，应该授予硕士学位，这样对学生也更有吸引力。经过一番争论，法学院提出一个折中方案：1882 年 10 月以后在法学院增设第三年选修课程，供哥伦比亚法学院和其他同类法学院毕业生选择；成功修完所有课程者授予硕士学位；第三年学费为 150 美元。虽然有教授不认同，但院方仍将此方案提交哥伦比亚校董会批准。校方随即将此方案转交法学院委员会讨论，校长兼法学院主席弗雷德里克·巴纳德也参与其中。巴纳德是美国著名学者，对通识性基础教育深有研究，他认为，法学院未来的硕士生，不应该仅仅具有法律学士学位，也应该同时具有文理学士学位；"在哥伦比亚这样的高等教育机构，一个没有接受过文理基础教育的人，没有资格获得硕士学位。"由于分歧

〔1〕 Julius Goebel, Jr. etc., *A History of the School of Law*, *Columbia University*, New York: Columbia University Press, 1955, pp. 73～74.

严重，法学院委员会莫衷一是，三年制讨论随之搁浅。[1]

当时，法学院正准备搬迁新址，巴纳德希望新的法学院大楼能够为延长学制提供更广阔的物理空间。但他的希望还是落空了。1882 年，约翰·狄龙[2]教授退休，他的课程要由德怀特和乔治·蔡斯分担，法学院教授减少，更没有精力开设第三年的课程了。巴纳德一面敦促学校物色新的教授人选，一面提醒校董会留意，哈佛和耶鲁的法学院都增设了第三课程，授予硕士学位，耶鲁甚至设立了授予法律博士学位的四年制课程；如果哥伦比亚校方继续犹豫不决，法学院生源将大受影响。

从 1884 年到 1886 年，巴纳德一再致信学校董事会，为了打动董事会，他甚至提出，增设第三年课程，只会带来新的学费收入，不会增加任何开支。校董会最终认同了巴纳德的看法，同意

---

〔1〕 Julius Goebel, Jr. etc., *A History of the School of Law*, *Columbia University*, New York: Columbia University Press, 1955, pp. 108~109.

〔2〕 John F. Dillon (1831~1914)，生于纽约，幼年时随父母前往艾奥瓦的达文波特 (Davenport)，家境贫寒，但依然坚持自学，1850 年毕业于艾奥瓦大学医学院，开始骑马行医，后因疝气无法骑马，弃医从法，自学法律，1852 年获得律师资格。1858 年，狄龙出任艾奥瓦州地方法院法官，1862 年进入州最高法院，1869 年获任联邦巡回法院法官，1872 年出版成名作《地方政府组织》(*Municipal Corporations*)，1879 年出任哥伦比亚法学院教授、联合太平洋铁路公司 (Union Pacific Railroad) 律师，1882 年辞去教职，专心为铁路公司服务，是 19 世纪末、20 世纪初美国著名律师，曾任美国律师协会主席。狄龙成名于艾奥瓦，曾摘要出版艾奥瓦州法院案例汇编 (1860 年)，任职州最高法院期间，发表的判决意见书，多有创见，广为引用。他还在同事创办的艾奥瓦法学院讲授法医学。狄龙的《地方政府组织》一书，认为地方政府的权力由州政府赋予，只拥有维持政府运转的最低限度的权力。这一主张被后人称为"狄龙原则"(Dillon Rule 或 Dillon's Rule)。该书出版后多次再版，狄龙生前已修订至第 5 版。Clyde E. Jacobs, *Law Writers and the Courts: The Influence of Thomas M. Cooley, Christopher G. Tiedeman, and John F. Dillon upon American Constitutional Law*, Berkeley: University of California Press, 1954, pp. 111~121. 狄龙之后，威廉·哈蒙德曾继续摘编艾奥瓦州的法院判决 (Dillon and Hammond's Digest)，后出任艾奥瓦法学院负责人、圣路易斯法学院院长。Charles Claflin Allen, "The St. Louis Law School", 1 *Green Bag* 284~291 (1889).

延长学制；法学院委员会也达成一致意见：将第三年视为研究生阶段，考试合格后授予硕士学位；第三年的课程每周 5 小时，共计 28 周、140 小时；其中 90 小时为必修课学时，包括法律理论（10 小时）、美国宪法（20 小时）、公司法（20 小时）、联邦与州法院司法（30 小时）、各州法律（10 小时），余下 50 小时为选修课学时，包括专利法、英国宪法、罗马法等方面的内容。

　　法学院委员会的意见，与德怀特最初的主张基本一致。虽然德怀特对第三年的课程设置不太满意，但只要能授予硕士学位，教学内容可以再调整，因此，他也赞成委员会的提议，期待着学院早日从两年制改为三年制。但是，由于法学院委员会的人事变动，德怀特等人的希望再次落空。1888 年 1 月，法学院委员会将改学制一事交给新成立的特别委员会研究讨论。同年 5 月 7 日，特别委员会提出了一份全新的改革报告：从 1889 年开始，学制改为三年，但只授予学士学位；为了适应新学制，必须改革课程设置，在第一年增加私法方面内容，在第三年增设选修课程。校董会批准了该报告，同意从次年开始执行，为此，校方还更改了在报纸上刊登的招生广告。[1]

　　对于延长学制一事，法学院学生也很欢迎，认为第三年的选修课（比较宪法、国际法、不动产法、货运法等），可以让他们学到更多最新的法律理论与实用性法律知识；而且第三年的课程并不紧张，可以利用其中的空闲时间找事务所实习。当然，延长学制之后，势必会将急于毕业当律师挣钱的学生挡在门外，影响学院的招生规模。但是，为了提升教学质量与培养水平，维护哥伦比亚的声誉，必须延长学制。而且，当时国内的宾夕法尼亚大学、耶鲁、密歇根大学都在扩大师资，开设专题课程，宾夕法尼亚大学甚至增设了四年制的研究生学位课程。因此，他们认为延

---

〔1〕　Julius Goebel, Jr. etc. , *A History of the School of Law*, *Columbia University*, New York：Columbia University Press, 1955, pp. 109 ~ 112.

长学制系进步之举。[1]

1889 年 6 月，法学院制定出第三年的详细课表，提交校董会讨论通过后，于 1890 年 2 月正式公布。第三年课程共分两部分，第一部分主要是法律（私法）类课程，包括英美法律基础、公司法、遗嘱法、票据法、普通法令状、美国宪法与联邦诉讼程序、国际私法、专利法等等；第二部分主要是政治类课程，包括政治系第二、三年级所开课程，外加教会法。[2]

对于第三年课程与前两年课程的不同之处，1890 年 11 月，德怀特曾专门撰文论述，在他看来，前两年的课程以阅读立法文本和司法判决为主，注重法律原理与规则，旨在培养学生如何思考；第三年课程则是在前两年的基础上，有重点地进行强化学习，更注重法律应用与法律程序，更贴近生活。[3]

哥伦比亚学院法学院的第三年课程，同时也招收其他学校受过同等法律教育的毕业生，对于希望获得学位的法学院学生，具有一定的吸引力，但对于急于毕业挣钱的律师无疑是一个负担。1890 年秋，哥伦比亚法学院的 205 名二年级学生中，只有 77 人回到学校，修学第三年课程，63 人于次年毕业获得学位。第三年课程每周五天，主要安排在下午 4～5 点之间，授课教师除了德怀特、伯吉斯、蔡斯等常任教授外，还包括几位外聘讲师。[4]

三年制课程的推行并非一帆风顺，由于得不到新任校长的支持，1891 年 1 月，创院教授德怀特宣布准备退休，3 月，学院的另外两名教授也提交辞呈，学院陷入动荡，学生情绪不稳。1891

〔1〕 Paul K. Ames & T. Gold Frost, "The New Courses in Columbia Law School", 1 *Columbia Law Times* 266～267 （1887～1888）.

〔2〕 "Current Items", 3 *Columbia Law Times* 185 （1889～1890）.

〔3〕 Theodore W. Dwight, "Courses of Instruction in Columbia College Law School", 4 *Columbia Law Times* 33～35 （1890～1891）.

〔4〕 Julius Goebel, Jr. etc., *A History of the School of Law, Columbia University*, New York: Columbia University Press, 1955, pp. 119～120.

西奥多·德怀特给法学院学生上课

年 3 月，1889 年入学的二年级学生集会讨论学院现状，决定组织委员会起草请愿书。在呈交给校长和校董事会的请愿书中，学生们对德怀特等几位教授的离职深表遗憾，认为德怀特教授及其教学方法非常成功，应该延续；他们进入法学院，很大程度上就是为了接受德怀特的指导，现在德怀特退休了，他们也要求像原来一样两年就毕业，考试合格者授予法律学士学位，而不必再修一年。[1] 但是，校方并未接受他们的请愿，导致 1891 年秋季，1889 级的很多学生再也没有回到学校继续第三年的学业。

五、设置法律硕士学位

1889 级是实行三年制的第二届学生，如果德怀特等人不退

---

〔1〕 "College Items", 4 *Columbia Law Times*（1890～1891）182～183；"Middle Class Petition", 4 *Columbia Law Times*（1890～1891）248～249.

休、辞职，这批学生本应该于 1892 年按期毕业，获得学士学位。但是，德怀特等人的离职，冲击了他们的学业，使其中的一部分学生转入其他学校，或者终止学业。1889 级原有学生 202 人，1891 年秋季返校修读第三年的只有 68 人，六成以上的学生放弃了哥伦比亚的法律学士学位。[1] 其中就包括后来成为杰出法官的本杰明·卡多佐。

与 1889 级相比，1888 年入学的首届三年制学生更是备受冲击，先是学校在入学前几个月临时更改招生广告，延长学制；接着是第三年课程久拖不决，直到二年级春季才最终公布，致使学生茫然失措，1888 级的 200 多名学生中，也只有 60 余名毕业获得学位。这其中，校方的拖延与法学院委员会内部的意见不一，要负很大的责任。鉴于这一历史背景，1934 年，在院方的建议之下，哥大校方给当时还健在的 33 名法学院 1888 级肄业生颁发了法律学士学位，以弥补当年的过失。[2]

在延长学制的争议中，法学院内部的意见之所以不统一，也跟学位问题密切相关。作为学院创始者和教学负责人，德怀特一直希望将三年级学生作为研究生来培养，毕业后授予法律硕士学位，这样也可以吸引更多学生，增加学费和学院收入。德怀特的设想，得到了伯吉斯等几位教授的支持，最初的三年制方案也确实是这样设计的。但是法学院委员会内部的人事变动改变了德怀特等人的设想，最后匆忙决定的方案是学制延长、课程增加，但学位不变。这使德怀特等人大为失望。

最终的三年制—学士学位方案，在很大程度上源自校长弗雷德里克·巴纳德的影响。作为法学院主席和后来的学院委员会成员，巴纳德虽然主张延长学制，但却反对给三年制毕业生授予硕

---

〔1〕 Julius Goebel, Jr. etc. , *A History of the School of Law*, *Columbia University*, New York：Columbia University Press, 1955, p. 446, No. 80.

〔2〕 Julius Goebel, Jr. etc. , *A History of the School of Law*, *Columbia University*, New York：Columbia University Press, 1955, p. 436, No. 211.

第十任校长巴纳德　　　　　　第十一任校长塞思·洛
（1864～1889 年在任）　　　　　　（1890～1901 年在任）

士学位。他认为，当时的法学院既招大学毕业生也招中学毕业生，
入学门槛本来就低，如果三年毕业后就授予硕士学位，无异于自
毁长城、降低哥伦比亚学院的声望。巴纳德早年以优异成绩毕业
于耶鲁，在担任哥伦比亚校长之前，曾在多所学校任教，精通古
典文献与数理化知识，重视基础教育，是杰出的教育家，著名女
校巴纳德学院就是以他的名字命名的。1888 年 1 月，法学院组织
五人特别委员会，研究更改学制一事，巴纳德校长再次参与其中，
支持新方案，主张给法学院三年制毕业生授予学士学位。[1]

　　巴纳德晚年积极扩充学院与专业，推动哥伦比亚从学院从学
院转变为大学。但是年岁不饶人，1888 年 5 月，年近八旬的巴纳
德因病辞职，次年底，校董会成员、曾任布鲁克林市（纽约市前
身）市长的塞思·洛接任哥伦比亚第十一任校长。塞思校长虽无
大学任教经历，但管理经验丰富。他顺应学校教师呼声，改革学

〔1〕　Julius Goebel, Jr. etc. , *A History of the School of Law*, *Columbia University*, New
　　　York：Columbia University Press, 1955, pp. 109～111.

1883～1897 年的法学院大楼

院设置，增加教师数量，设置博士学位课程，成立大学理事会，理事会由各院系负责人与教师代表组成，系学校的核心决策机构。在塞思的推动下，1896 年哥伦比亚学院正式改名哥伦比亚大学；1897 年，学校从曼哈顿中城整体搬迁到晨边高地，法学院还分得了图书馆大楼北翼的四层楼，学生活动室、图书阅览室、教师办公室、教室一应俱全。[1]

　　为提升学校的学术水平，进一步向大学迈进，1891 年，新成立的大学理事会制定了新的学位规则：凡拥有大学学位、在哥伦比亚修满三年法律课程，并在哲学、政治等专业获得一定学时、论文合格、通过考试者，均可获得文科硕士学位。一年后，法学院又建议

---

〔1〕 Julius Goebel, Jr. etc. , *A History of the School of Law*, *Columbia University*, New York：Columbia University Press, 1955, p. 114, p. 181.

校董会修改学校章程，授权校长根据法学院建议，给符合如下条件的毕业生颁发法律硕士学位：在哥伦比亚法学院或其他法学院修满三年，继续到哥大法学院学习一年。校董会接受了这一建议。与人文硕士学位相比，"3+1"式的四年一贯制法律硕士是纯粹的法律学位，不需修读其他专业课程。但是，四年的时间，对于急于获得律师资格的学生而言，可谓不短，尤其是在取消了"文凭特权"后，法学院毕业生也必须通过考试才能成为律师。为此，他们纷纷在法学院的第三年找律师事务所实习，了解实际程序，准备考试，而非选择继续读第四年。

1893 年，大学理事会再次对学位授予条件提出修改：获得文科学士学位或相当学位者，进入法学院学习四年，即可获得法律硕士学位；四年间可选修法律与政治类课程，平均每周 13 小时。已通过三年学习获得法律学士学位者，只需另外修读一年法学或者政治学专业课程（平均每周 13 小时），也可获得法律硕士学位。[1]

无论是哪种形式，都需要在法学院读满四年，方能获得硕士学位。这种学术化的训练，对于希望早日从业的学生而言，并无太大吸引力，因此，在 19 世纪末、20 世纪初，选择攻读法律硕士学位的学生非常之少。从 1893 年到 1910 年，只有 11 人获得法律硕士学位。[2] 从 1911 年到 1923 年，也只招收了 55 名研究生，16 人获得法律硕士学位。因此，学院一直酝酿着进行新的学位制度改革，建立真正的研究性学位。1923 年，哥大修改章程，同意法学院设立新的法律博士学位，但必须与政治、哲学等院系共同设立学位委员会，以保证新授予的法律博士能达到既有哲学博士的学术水平。为此，法学院开设了大量的研讨课程，并提出了现代民法、宪法、

---

〔1〕 Julius Goebel, Jr. etc. , *A History of the School of Law*, *Columbia University*, New York: Columbia University Press, 1955, pp. 157 ~ 158.

〔2〕 Julius Goebel, Jr. etc. , *A History of the School of Law*, *Columbia University*, New York: Columbia University Press, 1955, pp. 157 ~ 158.

国际法、立法等四大研究方向。[1] 1925 年，学院颁发了第一份法律博士学位，开启了法学教育的新时代。

六、提升入学标准

学位体现着毕业生的修业期限与学术水平，颁发学位是学校办学自主权的一种象征，关乎学校声誉。巴纳德掌校时期，因为担心法学院毕业生的文化根基不牢、滥竽充数、影响学校声誉，坚决反对授予三年制法学院毕业生硕士学位。当时，法学院毕业生的文化根基之所以会受到怀疑，很大程度上源于招生门槛过低：大学毕业生与高中毕业生兼收，而且免试入学。1874 年，法学院开始要求不具备大学学历的申请者参加入学考试；而且仅给具有大学学历的法学院毕业生或是在法学读满三年的毕业生授予学士学位。非大学毕业生申请进入法学院，必须年满 18 岁，受过良好教育，懂拉丁语，读过罗马诗人维吉尔的著作、西塞罗的演说词。法学院此举旨在培养绅士型律师，虽然会降低招生人数和学费收入，但多数教授认为值得追求。

1875 年，法学院更改学院章程，增加了全新的第五章：①所有大学毕业生均可免试入学，其他申请者至少年满 18 岁，受过良好教育，懂得大学一年级新生应该掌握的拉丁文；②非大学毕业生申请法学院，必须通过专门的考试，考试内容包括希腊罗马历史、英国美国历史、英语语法、作文写作与修辞、恺撒的《高卢战记》、维吉尔的《埃涅阿斯纪》、西塞罗演说集；③入学考试由校董会任命的三名考试官统一实施；④考试于每年十月第一个周三之前的周六进行，考试地点为法学院大楼，考试形式为笔试。[2]

对报名读法学院的学生组织入学考试，哥伦比亚的做法在 19

---

〔1〕 Julius Goebel, Jr. etc., *A History of the School of Law*, *Columbia University*, New York: Columbia University Press, 1955, pp. 292～295.

〔2〕 Julius Goebel, Jr. etc., *A History of the School of Law*, *Columbia University*, New York: Columbia University Press, 1955, pp. 76～77.

世纪的美国尚属首次，可谓开先河之举。耶鲁、哈佛、密歇根等大学的法学院紧随其后，1876 年耶鲁法学院开始实施入学考试，考试内容为英语、历史、美国宪法；密歇根大学法学院、哈佛法学院也随即宣布从 1877 年开始对申请者进行统一考试，考查入学者的语言水平和法律知识；但哈佛同时也继续招收"特别生"，允许这类学生免试入学，在读法学院期间通过入学考试即可。[1]

入学标准提高后，入学人数不可避免地会有所下降，哥伦比亚法学院的招生人数从 1875 年的 322 人，降至 1876 年的 224 人，减少了将近 100 人。[2] 对此，德怀特颇有微词，认为学生减少，学院收入降低，入学考试要考拉丁语难辞其咎，严格的入学考试导致大批学生转投其他法学院。德怀特主张，为了保持稳定的学生规模，应该废除拉丁语考试。但是巴纳德校长却不这么看，作为校长，他有自己的考虑，他觉得提高法学院的入学标准很有必要，法学院的入学标准不是太高了，而是太低了；过低的入学标准导致很多没资格上大学的人都涌进法学院，而且两年就毕业，对同一大学其他学院的学生而言，很不公平；为了维护校内院系均衡，必须提高法学院的入学标准。[3]

与此同时，哥伦比亚学院所在的纽约州也开始着手整顿鱼龙混杂的律师队伍，1882 年，作为当地律师主管机构的纽约州最高法院规定，凡申请在本州从事律师职业者，在学习法律之前，都必须通过大学评议会组织的相关考试，考试内容为中学阶段的六门主

---

[1] Alfred Zantzinger Reed, *Training for the Public Profession of the Law: Historical Development and Principal Contemporary Problems of Legal Education in the United States with Some Account of Conditions in England and Canada* (New York: Charles Scribner's Sons, 1921), pp. 318~319.

[2] 相比之下，哈佛法学院因为入学考试不那么严格，对招生人数影响不大，只是从 1876 年的 128 人，降至 1877 年的 111 人，参见 Alfred Zantzinger Reed, *Training for the Public Profession of the Law*, pp. 318~319.

[3] Julius Goebel, Jr. etc., *A History of the School of Law, Columbia University*, New York: Columbia University Press, 1955, p. 77.

干课程：算术、语法、拼写、作文、历史，以及地理。次年，在法学院委员会的建议之下，哥伦比亚校董会授权法学院，可以根据本州大学评议会给出的考试成绩，决定是否录取，不必单独举行法学院入学考试。[1] 最初，法学院对申请者的考分要求非常之低，完全达不到一般大学的入学水平。1892 年之后方才有所提高，与本校其他专业的入学要求相当。

从本校组织入学考试，到主要依靠本州大学评议会组织的中学毕业"会考"，哥伦比亚法学院的招生门槛，只是换了一种形式，并未有实质性提高。为了从根本上提升生源质量，1899 年 1 月，校董会最终决定，从 1903 年开始，法学院将只招收大学毕业生，以及能够证明自己受过大学训练的申请者。此举得到了学院和学校校长的一致认可。学院方面认为，学生具有共同的教育背景，更有利于开展既定的教学计划；而塞思校长则称赞，这是一场伟大的变革，像哥伦比亚这样的学校就应该勇于探索，培养高素质的法律从业者。[2]

哥大此举确实需要极大的勇气，因为当时其他法学院基本上仍以高中毕业为起点，哥大的高门槛势必会将一部分学生挡在门外。当然，哥大法学院也同时招收受过大学教育的"同等学力者"，只不过比例很低：每年不过二三十名。因此，从 1903 年开始，哥大的法学教育，可以说已经完全研究生化，只不过仍然颁发法律学士学位，极少人继续读第四年的硕士学位。

提高招生门槛后，哥大法学院的学生质量确实有很大改善，但同时另一个问题也凸显出来：招生减少后，辍学学生的比例也相对提高了。1903 年招收的 110 人，后来毕业的只有 81 人，29

---

〔1〕 Julius Goebel, Jr. etc. , *A History of the School of Law*, *Columbia University*, New York：Columbia University Press, 1955, p. 416, N. 68；Alfred Zantzinger Reed, *Training for the Public Profession of the Law*, p. 320.

〔2〕 Julius Goebel, Jr. etc. , *A History of the School of Law*, *Columbia University*, New York：Columbia University Press, 1955, pp. 156 ~ 157.

人因各种原因终止学业，占总人数的 26%；1904 年招收的 134 人中，最后毕业的也只有 76 人，58 人辍学，占总人数的 43%。[1] 高辍学率说明，有些学生虽然接受过大学教育，但并不一定适合读法学院。因此，必须进一步采取措施，从大学毕业生中招收具有培养潜力的学生。

1921 年，哥大法学院开始对入学新生进行试验性测试，以记录其判断分析与逻辑推理能力，但测试结果不作为任何评价依据。1927 年，1924 级学生毕业后，法学院分析比对了 1921～1924 年四级学生的入学测试与在校三年表现，发现测试得分较低者，在法学院学习期间成绩均不理想，入学测试分数与在校学习成绩呈正相关关系。院方因此决定，从 1928 年始，所有申请者除具备大学学历外，还应该参加入学测试，法学院将综合考虑大学成绩与入学测试得分后择优录取。[2] 在 1928 年申请进入法学院的 406 人中，共有 344 人参加了入学测试，272 人通过测试，其中 235 人登记入学。[3] 此后十余年，直到美国参加第二次世界大战，法学院一直采用这种方法招录新生。

二战结束后，根据军人安置法律，美国退伍军人大量涌入法学院，哥大法学院每年接到的申请多达数千份，每年招生数百人。为了更有效地区分申请者的综合素质，让更多的优秀人才脱颖而出，1947 年，哥大联合哈佛、耶鲁等大学法学院，委托位于新泽西普林斯顿的教育考试服务中心负责组织统一的法学院入学考试。从 1948 年开始，哥大等学校不再单独组织法学院入学考试。[4]

---

[1] Julius Goebel, Jr. etc. , *A History of the School of Law*, *Columbia University*, New York: Columbia University Press, 1955, p. 188.

[2] Julius Goebel, Jr. etc. , *A History of the School of Law*, *Columbia University*, New York: Columbia University Press, 1955, p. 235, 290.

[3] Julius Goebel, Jr. etc. , *A History of the School of Law*, *Columbia University*, New York: Columbia University Press, 1955, p. 235, 337.

[4] Julius Goebel, Jr. etc. , *A History of the School of Law*, *Columbia University*, New York: Columbia University Press, 1955, pp. 371～372.

附 录：成为真正的律师——德怀特在法学院 毕业典礼上的讲话[1]

纽约大都会歌剧院

(Metropolitan Opera House)，1889 年 6 月 12 日

毕业班的诸位先生：

应你们友好而客气的邀请，今晚我到这里与各位见面，讲几句告别前的建议。我想说的是，在过去的 30 年里，几乎每年我都会给你们的学长讲几句告别的话。一般而言，30 年正好是一代人，因此，我已经给整整一代的律师讲过类似的话了。他们从我的视线中离开时，还是朝气蓬勃的年轻人；而现在，他们中的很多人已经人到中年，成为家族的顶梁柱，他们的孩子也成为你们中间的一员。这批学生的总数多达好几千人，我已经通过不同的形式对他们表达过同样的希望，这次，我也无法别出心裁，因为生活一如既往、生命常新，基调一直没有改变。所有的年轻人都像你们一样，满怀着梦想、决心与热情；他们也跟今晚的你们一样，无视成功道路上的所有障碍。尽管他们需要建议，但很少有人会立即听从这类建议，他们认为建议只对班上的同学有用。我对他们所说过的话，今天还需要再说一遍。

杰出的丹尼尔·韦伯斯特临终时认为，在长远的政治问题上，他是对的，而多数美国人是错的。他以格言的形式表达了自己的观点："真理都不讨人喜欢"（良药苦口，忠言逆耳）。他所言不假，在这个问题上，他不过尽到了一个老师的职责：以一种平实

---

[1] 原载 *Columbia Law Times* 第 3 卷 (1889～1890)，第 1～8 页，胡晓进译。

的方式告诉学生真相，不用考虑听者是否乐意接受。关于真相问题，有一个共识：无法接受时会备感痛苦，而一旦接受，则常怀喜悦。今晚，让我们都成为后者。

当年轻人像你们这样开始扬帆远航时，有两件事需要考虑：一是生活的目标与方向；二是实现目标的最佳手段。

对于你们中的绝大多数人而言，有一点是肯定的，你们已经决心要成为真正的执业律师，形势逼迫你们做出这样的决定，你们别无选择，要么从业，要么挨饿。有人可能会说，我们一向就是在魔鬼和深渊之间进退维谷、徘徊踟蹰。但我们不要如此愤世嫉俗，你们的目标和方向是过上体面的生活，为你们自己，也为你们的家人，虽然我无法叫上他们的名字，但他们今夜也许正注视着我。当然，你们的这一目标，并非生活的全部，如果你们照此去做，就大错特错了。因为这是一种非常自我的观念，有利于自己，但过于狭隘，不值得你们追求。你们必须志存高远，以更加宽广、更加有力的翅膀翱翔天际。你们都是公民，不仅仅是你们居住州的公民，也是更为荣耀的美利坚合众国公民，在胸怀家乡的同时，你们也应该为整个国家的利益竭尽全力。而且，若以更尖锐、更深刻的眼光观察，视域也会随之宽广：你们中的每一个人，都是人中俊杰，因为共同的秉性、共同的磨练、共同的渴望、共同的不足、共同的理想，彼此连接在一起。说到这里，我已经触及了今天讲话的主题：真正的律师首先是一个真正的公民、真正的人。简而言之，我诚挚地希望你们成为真正的律师。

怎样才算是真正的律师？ 要弄清这一点，我们必须首先了解律师的职责。他需要学习、思考与行动；他既在幕后运作，也在前台活动；他掌握法律原则，以此赢得裁决。晚上，他挑灯阅读柯克勋爵的著作——柯克死了差不多 300 年，但他依然不朽；白天，他在参加庭审的陪审团面前条分缕析，或是剖析近期谋杀案的蛛丝马迹，或是解开某些复杂欺诈行为的多重内幕。有些时候，他是一心一意的思考者；有些时候，他又是彻头彻尾的行动者。他绝不理会但丁为利亚、拉结、雅各的女儿描述的不同形象，也不会想着谁在天堂门口手捧鲜花欢迎他人，谁又对着镜子顾影自怜，孤芳自赏。

优秀律师的所思所想，都必须诚实，对自己负责，绝不高估自己的能力；对客户负责，从不给他们不切实际的期望。正因如此，优秀的律师知道，最终的结果可能是失望而归，甚至是出离愤怒。优秀的律师还必须对法官以诚相待，绝不能以错误陈述误导法官，或者误引法律；对陪审团，律师也应毫无隐瞒，优秀的律师应该真诚地赢取陪审团的信任。因此，律师绝不能目光短浅，绝不能为了一时便利，牺牲数年努力换来的名望。成为杰出律师，是崇高之事业，杰出律师都是伟大的音乐家，绝不会错写一个音符；杰出律师也是出色的演员，绝不会弄错一个动作；杰出律师还是优秀的舞者，绝不会跳错一个舞步。当一名普通律师，易如反掌，不断地犯错，干扰头脑清楚的法官，也很容易。欺骗法官和陪审团，实在是一件可怕的事情，最终会自食其果，搬起石头砸自己的脚。

但是，我已经说过，无论律师生涯如何美妙、风光，我们也无法仅仅满足于自己的法律成就。在任何国家，在任何时代，律师都因其社会服务而名垂千古。事实上，公众也对律师满怀期待，希望他们发挥这样的作用。这并不意味着律师一定要从政，而是说他应该大胆认真地履行公共职责。在当今社会，作为律师，我们既不要太乐观，也不能太悲观，而是要充满理性、通晓事理。尽管有人乐观，有人悲观，但政治的天空既非晴空万里，也不是愁云惨淡，只不过偶尔有云翳蔽日，前景依然光明。纵使出现疾风暴雨，但雨后终会见到彩虹。对于年轻人而言，在生活中积极进取，对政治形势满怀信心，尤其重要。悲观的态度会使我们丧失动力，牢骚满腹是热情行动的死敌。我们为何还要悲观厌世呢？了解历史的学者，都会得出一种合理而公正的判断：世界范围内的社会与政治力量一直在向前迈进，尽管缓慢，但是势不可挡。陈规旧习逐渐消退，新生力量日趋强盛。罗马人花费

1000 年时间发展出辉煌的法律体系，希望为整个文明世界奠定永久的法则。但是，其政治力量日渐衰退，取而代之的是叱咤一时的基督教会和地方贵族。此后 800 年，才慢慢出现新的替代性体制，并伴之以新思想。所有这些被取代的体制，无一不是衰败不堪，即便怀念旧体制之人，也无力回天。……如果我们的政治体制有什么弊病的话，那就是过分保守。每种政治体制老化之后，总会有人沉浸其中，不能自拔。我们不用担心过于激进，反倒是应该留意不要过分保守……

因为上帝的眷顾，美国将屹立于世界民族之林，而且前途远大，力量超群，具有改天换地的伟力，从建立至今，已数百年。这种吸收同化的能力，正是一个国家活力的源泉。东方国家无此活力，因为东方正处于衰朽之中。今晚在座的各位，你们将共同努力，实现这一宏伟事业。……当然，前路坎坷，民生多艰，需要我们常怀惕怵之心。但是，引领公共舆论，走向正确之路，义无反顾地实现真、善、美，不正是我们律师的职责吗？

一个国家，如果缺乏有智慧、有教养、无所畏惧的律师，将会十分危险。考验政治制度能力的有效途径有两种：一种是战争，另一种是法律冲突。诉讼是常规之道，是和平的规则之治，不可抑制，因为背后体现着国家的最高权威。但是，如果争议的问题太大、太复杂，除了诉诸战争，别无他法。当然，战争是残酷的，会撕裂一切，让整个国家面目全非。国家生活也会完全不同，很可能会滑向恐怖的深渊。律师的职责就是希望通过法律途径解决政治纷争，如同立法或司法判决化解或避免战争冲突。每一代人都会遇到类似的问题，你们将要自己决定，如何才能最后、最完善地解决这些问题。你们也会坚持通过平等、诚实的投票，得到公众的明确授权。但是，选举中的腐败，一直存在，如果持续下去，将是致命之殇，会导致革命，或者政治衰败。在这种致命威胁面前，所有其他的危险，都相形见绌。

观察政治前景的可靠标准，关键在于有没有衰败迹象，千里之堤毁于蚁穴，百足之虫死而不僵，大国的衰亡，需要一个过程。任何历史学者都无法断言，美国不存在政治衰败的丁点儿迹象。作为一个民族，我们最大的敌人是自己与生俱来的缺点，是我们从旧世界带来的可恶的遗产。我们不能听之任之，而是要逐渐摆脱。我们最大的问题，源自英国贵族统治下的弊政，它是政府部门腐败的恶劣先例，英国民众对此似乎习以为常。……通晓历史文献，是治疗政治悲观主义的良药，历史上不少国家，都通过艰苦改革，达到政治自由顶峰，实现民众安居乐业、天下大治。……你们可以想想古希腊，智慧女神降临雅典卫城，她既充满智慧，又战无不胜。但她不是因为不可战胜而充满智慧，而是因为充满智慧，所以不可战胜。

优秀的律师同时也是真正的贤人，诚实而高尚的人格是其最珍视的品行，他通过人生的奋斗、考验与规训，磨练自己的品性。对我们而言，最重要的是要考虑如何发展自己的潜能，如何利用我们的能力去帮助他人。自我修养固然重要，但修养的最高目的是与人为善。一切以自我为中心是一种享受，但是稍纵即逝；为他人造福所带来的快乐，却永远不会消退。

当你们作为法律家慢慢老去时，回忆起自己一生的成就，接受旁人的赞颂，为自己真诚的付出备感荣耀，因自己坚定的判断而骄傲时，该是何等心满意足、何等自得其乐。

我们身边就有这样的人，几个星期前，纽约市律师协会刚给一位年长而受人尊敬的老会员献上真诚的祝福，从1829年至今，他已经整整执业60年。他刚成为律师时，纽约的法律还很弱小，也很简单，诉讼程序方面的法律更是付之阙如。他经历了我们法律的成长时期，当他开始执业时，纽约州的所有判决汇编可以放在今天的女式行李箱里，从一个巡回区拉到另一个巡回区。修订后的纽约州法尚未生效，民众的需求也很简单，当然法律也很简陋。他进入法律界，如同走进了植物园，植物不多，分门别类，都贴好了标签。……他尽量承担法律工作，参与重大案件的辩护，帮助主要客户，在律师协会中显示出领袖群伦的卓越法律技巧。……这位老先生已经84岁高龄，受到同僚们的一致称颂，他就是施里曼先生。

我想再举一个例子，告诉你们英国历史上一位伟大法律家的人生轨迹，他的传记中体现的行为准则并不抽象，都是活生生的现实。他的工作和生活为我们、也为具有类似经历的人，提供了榜样。他一生所面临的环境确实非比寻常，因为他以最大的忠诚和善意服务他人，但却毫不同情政府。他是彻底的爱国者，具有无与伦比的法律才能，性格友好和善，心地纯良。我想，你们一定猜得到，我指的是马修·黑尔爵士。他的一生，是我们所有人的范例。他生于1609年，年轻时钟情于体育运动，为此花费了大量的时间与心血。有一天，他的师傅出于自己的目的，对他说，他已超过师傅，不用再学了。黑尔信以为真，结果在与他人的比赛中大败而归，财产损失严重。黑尔由此认识到，体育运动只能当作实现更高目标的手段。此后，他一心扑在法律上，完全沉浸其中，平均每天读书16小时，几乎因此送命，后来才不得已减为每天6小时。当他想放松一下时，就看看数学、哲学、历史与神学……

终其一生，在任何困难面前，黑尔都毫不退缩。他曾为被控叛国的贵族辩护，当总检察官以惯常的方式威胁他不要跟政府作对时，他回答说，他是在依据政府制定和承诺的法律辩护，他在履行自己的律师职责，不惧怕任何威胁。

黑尔既是出色的律师，也是伟大的法官。虽然是保皇党人，但仍答应为克伦威尔政府服务，他视克伦威尔为篡位者，但却相信，任何时代都需要合理的政府，任何时代都需要保护财产，需要公正的治理。克伦威尔无法容忍其独立精神，却也无可奈何……

黑尔尤其看重履行司法职责时所应该遵循的准则，这些准则在今天依然行之有效。其中一条是，痛恨所有的私下请托。除了在公开场合，任何人都不应该为判决之事找他。另一条准则是，在判决中不偏不倚，既不同情穷人，也不偏袒富人。同情心是法官内心中最隐蔽的敌人，它像天使一样，外表慈爱无瑕，将人引入歧途。总之，黑尔可谓一位不知疲倦、勤奋努力之人，他是法律大师，他所不了解的法律，一般没人能知道。在庭审过程中，他是极好的听众，具有无与伦比的耐心，是优秀的法官。他为人正直、心性纯良，富有吸引力，对待家人朋友异常温和，是一位真正虔诚的基督徒。与很多杰出法律家一样，他对学生尤其负责，用尽一切办法帮助他们；他对学生的忠告，至今仍值得借鉴。他说，"我必须告诉你们，在阅读与学习中应该掌握一种方法，就算记忆再好，也无法长久保持，无法在数年之后重新记起所学的内容；因此，行之有效的办法是反复诵读，温故知新"。……这些睿智的词句，写于两百多年前，到今天我们依然受用，今后也一定有用。

至此，我已经向各位简要介绍了这位法律界的楷模，黑尔正如政界的乔治·华盛顿、哲学领域的牛顿，值得我们学习……

毕业班的诸位先生，从好朋友的角度出发，我必须再多说两句。在过去两年里，你们的老师已经引领你们进入人生的未来航道，教导你们成为正直的成功人士，不仅仅是赚钱的机器，而是要志存高远，成为真正全面发展的人。我们之间的交往，友好而融洽，毫无芥蒂。老师们竭尽所能地教你们，你们也认真向学，不负所望。昨天，你们还是我的学生，今天，你们已经成为我的同道，我们心怀同样的理想，肩负同样的使命。我们为了共同的目标携手向前，与你们分别，让我备感遗憾，师生之情难以言表。但我相信，在你们进入职业生涯之后，一定不会忘记在哥伦比亚的学习、生活，也不会辜负老师们的期望。你们也要相信，你们也会一直留存在老师们的记忆里，两年的朝夕相处，已经将我们紧紧凝聚在一起，无法拆散。在这离别时刻，我谨以乔治·威瑟的诗作为祝愿，送给大家："有些思绪太过深沉，难以表达；但又是如此强烈，难以抑制"。

怀着深情与遗憾，我们就此别过。

第二节　兰代尔与哈佛法学院

克里斯托弗·兰代尔（1826～1906）是 19 世纪末美国法学教育改革的风云人物，主持哈佛法学院长达 25 年（1870～1895）。他所推行的案例教学法，在随后半个世纪里，逐渐为其他法学院所接受，成为 20 世纪美国法学教育的主导方法。兰代尔的成功，得益于哈佛校方，尤其是查尔斯·艾略特校长（1869～1909 年在任）的鼎力支持，他们两人通力合作，将萎靡不振的哈佛法学院带入了新的辉煌境界。

关于兰代尔的法学教育思想、改革理念与案例教学法的影响，国内外学者已有详细论述，[1] 无需赘言，这里仅以兰代尔、艾略特等人的自述，从亲历者的角度，重现他们眼中的哈佛法学教育。

---

[1] Harvard Law School Association, *The Centennial History of the Harvard Law School*, 1817～1917, Harvard Law School Association, 1918; Joel Seligman, *The High Citadel: The Influence of Harvard Law School*, Boston: Houghton, Mifflin, 1978; Bruce A. Kimball, *The Inception of Modern Professional Education: C. C. Langdell*, 1826～1906, Chapel Hill, N. C.: The University of North Carolina Press, 2009; Paul D. Carrington, "Hail! Langdell!", *Law & Social Inquiry*, Vol. 20, No. 3 (Summer, 1995), pp. 691～760; 罗伯特·斯蒂文斯：《法学院：19 世纪 50 年代到 20 世纪 80 年代的美国法学教育》, 阎亚林等译, 中国政法大学出版社 2003 年版, 第 44～95 页; Bruce A. Kimball, "The Proliferation of Case Method Teaching in American Law Schools: Mr. Langdell's Emblematic 'Abomination'", 1890～1915, *History of Education Quarterly*, Vol. 46, No. 2 (Summer, 2006), pp. 192～247; 陈绪刚："'朗道尔革命'——美国法律教育的转型", 载《北大法律评论》2009 年第 10 卷第 1 辑, 第 171～210 页; 李政辉："美国案例教学法的批判历程与启示", 载《南京大学法律评论》2012 年秋季卷, 第 337～357 页。

查尔斯·艾略特校长
(1869～1909年在任)

一、1869～1894年的哈佛法学院[1]

哈佛法学院的历史可分为四个阶段：第一阶段从学院建立（1817年5月14日）到任命斯托里法官为戴恩讲座教授（1829年6月3日）；第二阶段从斯托里任讲座教授到其逝世；第三阶段从斯托里逝世（1845年9月10日）到查尔斯·艾略特出任哈佛大学校长；第四阶段从艾略特任校长至今。

在第一阶段，哈佛法学院的规模很小，也很脆弱，丝毫看不出日后的远大前景。学院没有自己的办公室，也没有得到一分钱的捐助，只有一间小小的图书室，一位教授。这唯一的法学教授还没有薪水，报酬来自学生支付的学费。这一阶段，进入法学院的学生总数是103人，平均每年8.5人。在第一阶段的最后一年，只招收了5名学生，其中2名留下来，跟学院一起进入第二阶段。学院规模之小，可见一斑。

第二阶段，学院进入繁荣时期，获得了持续快速发展。教授增加到两名，分别是戴恩讲座教授和罗亚尔讲座教授；[2] 还收到了17 943.63美元的捐助。这一阶段的头一年，登记在册的学生达到24人，除了两人外，其他都是新入学学生，学生缴纳的学费达到3000美元。在第二阶段的最后一年，登记在册的学生有154人，其中，当年入学的就有133人，学生学费共计13 985美元。

---

〔1〕 Christopher C. Langdell, "The Harvard Law School, 1869～1894", 2 *The Harvard Graduates' Magazine* 490, 1894. 收入 Steve Sheppard ed. , *The History of Legal Education in the United States：Commentaries and Primary Sources*（Pasadena, California：Salem Press, Inc. , 1999）, pp. 517～521. 胡晓进译。

〔2〕 详见本书第二章相关内容。

在这一阶段，戴恩大楼的新旧两部分，分别于 1845 年和 1832 年落成，法律图书馆规模宏大、图书收藏也堪称完备，人们普遍相信，这座图书馆是全美国最大最好的法律图书馆。根据学校监事会 1850 年 2 月 7 日的报告，在斯托里法官任教期间，学院的学费收入总计达到 105 000 美元；其中，47 800 用于支付学院日常开支，29 000 美元用于扩充图书馆藏书，12 700 美元用于建造戴恩大楼，余下的 15 500 美元作为学院的信托基金，由学校司库保管。

西蒙·格林利夫

　　从第二阶段一开始，学院的目标和宗旨就发生了重大变化，并一直持延续至今。在第一阶段，哈佛法学院不过是一所地方性学院，但从第二阶段开始，已经成为全国性学院。这种变化，一方面是内森·戴恩造就的，另一方面，也是斯托里法官带来的。

　　在第三阶段，法学院又开始走下坡路。在这一阶段的最后一年，登记在册的学生有 138 人，比上一年登记学生数少了 16 人。其中，当年入学新生人数为 95 人，比第二阶段最后一年少了 43 人。当年学生学费总数是 11 537.50 美元，比第二阶段最后一年的学费总数少了 2457.50 美元。而且，这一阶段学院也没有扩建，只不过为图书馆买了些书。而上一阶段结余的 15 500 美元，到第三阶段结束时不但全部花完，还欠账 1670.12 美元。而且，在第三阶段结束时，与第二阶段相比，图书馆的状况也衰败不堪。西蒙·格林利夫教授[1]辞职后，法学院教授中已经无人对图书馆感兴趣，也无人意识到需要这样的图书馆。图书馆购书数量有限，而且购买的几乎都是跟图书馆有往来的书商送来的书；几乎无人注意书籍装订与修复工作的重要性。此外，图书馆的使用管理也几乎流于放任，如果一直这样下去，迟早会毁了图书馆。图书馆从早9点开到晚9点，无人管理控制，也无法将图书上架、复原。图书管理员都是在校学生，主要职责是保证学生能找到所需的教科书……

在第三阶段，无论是哈佛校方，还是法学院院方，在制定规则章程问题上，都毫无建树，比较一下1868～1869年间与1844～1845年间的学校年鉴，这种差别一目了然。

除了上述问题外，在艾略特校长到来之前，法学院基本上毫无实质变化。法学院最初建立于律师事务培养学徒的模式之上，实际上在艾略特校长到来之前，也没有实质变化。学生学费一直是100美元一年，比照的正是律师事务所法律学徒的学费。律师事务所的法律学徒不用自己掏钱买书，法学院也照此办理，一直为学生提供所需的教科书复本……

一直以来，法学院不过只是一个名号，校长完全不管，全交

---

[1] 西蒙·格林利夫（Simon Greenleaf, 1783～1853），生于缅因，中学毕业后开始学习法律，1806年成为执业律师，1820年起为缅因州最高法院汇编判决（reporter），1833年出任哈佛大学法学院罗亚尔讲座教授，1846年接替去世的斯托里，担任戴恩讲座教授，1848年退休，1853年去世。任教哈佛期间，格林利夫还曾参与美国联邦最高法院诉讼（*Charles River Bridge v. Warren Bridge*），起草利比里亚宪法，被哈佛大学、亚拉巴马大学授予荣誉法律博士学位。在教学之余，格林利夫勤于写作，他所著《证据法》（*Treatise on the Law of Evidence*）一书，曾多次再版，是19世纪美国证据法方面的首选教材。此外，格林利夫还积极投身宗教论辩，其《四福音书作者的见证》（*Testimony of the Evangelists*）一书是基督教辩惑学（Christian Apologetics）历史上的标志性著作。为了纪念格林利夫，1980年，一位福音派神学家以他的名字建了一所法学院（The Simon Greenleaf School of Law），这所学院后来成为三一国际大学（Trinity International University）的一部分。

给教授管理，而教授们在一起，也没采取什么行动，法学院甚至没有会议记录。

根据学校年鉴，从 1831 年开始，法学院学生开始分为三个班，但是这次分班，与指导方式无关，也与教学时间无关，只是依据他们以前在校内外学习法律时间的长短，唯一的影响在于学生能否参与模拟法庭学习。至于教学方式，三个班并无分别。尽管也有一门特意为初学者准备的课程，但除此之外，所有的教学都是全院性的。

法学院方面也从未采取任何措施，提升教育水平，未曾区分有学习能力和没有学习能力的学生、勤奋的学生和懒惰的学生。法学院的唯一目的在于招徕学生，对他们要求越少越好。学生入学无需任何教育水平证明，毕业时，所获学位也无法证明他们所受法律教育的程度。法律学士学位唯一能证明的是，他们曾经是法学院的学生，缴纳过学费，在法学院学过一段时间，最长时间也就一年半。

1869～1870 学年初，艾略特校长开始执掌校务。1870～1871学年，学校发出通告，公布新学则，只有通过毕业考试者，方能获得学位。

1870 年暑假，学校彻底翻新了图书馆，将其一分为二，一部分专供陈列图书之用，另一部分改为学生的阅览室；将学生经常使用的书放到阅览室，腾出的空间用来购买新书。与此同时，学校还任命了专门的图书管理员，他的全职工作就是管理图书……

在 1870～1871 学年之初，有一门课的教学与指导方法发生了改变，不再选择专题著述作为教材，而是代之以案例摘编。这种变化逐渐扩展到其他课程，如今已经成为通行做法；而且正深刻地影响着全国范围内的法学教育。

1870～1871 学年的学校通告宣布，法学院第一年学费 150 美元，第二年 100 美元，此后 50 美元一年。此举的一个目的在于增加法学院收入，另一目的是为了不让学生长期滞留学校。

同一份通告还宣布，每一位申请学位的学生，在第一年和第二年学习结束之际，都必须通过与所学内容相关的考试，第一年考试不过者，不得参加第二年学习。此后，学院一直坚持这种政策。

1873 年 6 月 2 日，哈佛校方迈出全新的一大步，任命一位仍是法学院学生的年轻人埃姆斯为法学院助理教授，任期 5 年。后来，在其任期结束之前，校方又提升其为全职教授。此后，这种招收教师、补充教授席位的模式，逐渐成为法学院的既定政策。

1878～1879 学年的学校通告宣布，将给通过考试、成绩优异，并符合其他条件的学生，颁发优等生法律学士学位，这也成为目前普通学位与优等生学位之分的源头。

在 1877～1878 学年之初，法学院将当年及以后入学学生的课程，从两年延长至三年，并要求所有未读过大学的学生，必须经过考试，方能获得法学学位。与此同时，法学院学费统一固定为每年150 美元。在此前一年，法学院登记在册的学生一共是 187 人；新政策公布当年，入学学生人数就上升至 128 人，共收学费 26 683.34美元，学院财务账面结余 8909.44 美元。在 1882～1883 学年，登记在册的学生人数降至 131 人，当年入学人数降至 84 人，当年学费收入降至 19 375 美元，账面结余降至 6751.89 美元。从那时起，学院逐渐从新政策的冲击中恢复过来，这一过程，至今没有间断。

1883 年，奥斯汀大楼落成，耗资 140 000 美元，当年暑假，法学院搬入新大楼。这栋美轮美奂的大楼，完全得益于爱德华·奥斯汀先生的慷慨捐赠。

1886 年，在哈佛大学庆祝建校 250 周年之际，哈佛法学院联合会正式成立。协会现有会员 1684 人，在促进法学院繁荣方面，发挥着难以估量的作用。

在哈佛法学院联合会成立后几个月内，《哈佛法律评论》也创刊了。如今，这份杂志已经拥有 902 家付费订户，以及一份2000 美元的编辑出版基金。

落成不久的奥斯汀大楼（1883 年）

1888 年，法学院编撰了一份学院成员的一览表，尽量收集所有在世成员的详细地址，所有去世成员的具体时间与地点。在此基础上，1890 年，学院又编撰了一份类似的一览表，比 1888 年的一览表更完备，此后每五年都会重新编撰一本，成为五年一度的一览表。编撰头两次的一览表，共计花费 4000 美元，但是，最大的花费，还是在准备工作上。

1893～1894 学年之初，法学院入学考试中增加了一门外语，所有当年及此后入学的学生，只要没读过大学，无论是否申请法学学位，都必须参加考试。

1893～1894 学年的学校公告还宣布，从 1895～1896 学年开始，只有名单中所列举的 108 所大学的毕业生，或是有资格进入哈佛学院高年级就读的学生，才能进入法学院就读，申请法律学位。

在艾略特校长掌校之初，法学院的教学工作由三位教授承担，每周 10 课时，外加一次模拟法庭。1892～1893 学年，每周课时增加到 51 课时，法学院一共有六位教授、两位助理教授、两位讲师。

1892～1893 学年，登记在册的学生一共 394 人。其中，当年入学的有 223 人，学费总额 57 950 美元，当年结余 13 818.56 美元。到 1893 年年底，法学院账面结余总数达到 76 301.20 美元。而且，由于学生人数不断增加，在 1860～1870 学年到 1892～1893 学年间，学院还在戴恩大楼和奥斯汀大楼上投入不少，包括装修，一共花费 37 000 美元。

在艾略特任校长期间，法学院图书馆一共购买了 22 374 册图书，花费 67 224.29 美元，另外还在装订、修补图书上花费了 14 328.02 美元。1892～1893 年度，购买图书的费用共计 9447.09 美元。如今，法学院图书馆藏书达到 33 000 册，其中至少包括三套美国和英国的重要案例汇编。

在艾略特任校长之前，以传授法律为职业，仍是一件闻所未闻的事，在英国也同样如此。但是今天的情况却大不相同，至少对哈佛法学院及其毕业生而言，是不太一样了。在法学院的八名教授和助理教授中，有四位年轻人是在艾略特任校长后，才进入哈佛法学院接受法学教育，他们都自觉地选择了以传授法律为职业，而非开业当律师。近期哈佛法学院的一些毕业生也在其他法学院积极地从事法律传授工作，而且他们的人数还在快速增长。实际上，如今很多法学院都习惯于挑选哈佛法学院毕业生，充实自己的教师队伍。因此，完全可以说，哈佛法学院不仅成功地激起了学生学习法律科学、热爱法律职业的浓厚兴趣，而且，学院的毕业生也显示出某种传授法律科学的天资与能力，这种能力，使他们在母校和其他法学院，同样备受欢迎。

哈佛法学院学生数量、比例一览表[1]

年度	法学院年度学生总数	法学院学生中大学毕业生数量	法学院学生中哈佛本科毕业生数量	法学院学生中毕业于其他大学学生数量	法学院未读过大学学生数量	法学院学生中大学毕业生百分比
1870~71	165	77	27	50	88	47
1871~72	138	70	34	36	68	51
1872~73	117	66	34	32	51	56
1873~74	141	86	49	37	55	61
1874~75	144	82	63	19	62	57
1875~76	173	93	60	33	80	54
1876~77	199	116	74	42	83	58
1877~78	196	121	80	41	75	62
1878~79	169	109	71	38	60	64
1879~80	177	118	90	28	59	66
1880~81	161	112	82	30	49	70
1881~82	161	99	66	33	62	61
1882~83	138	93	53	35	45	67
1883~84	150	105	75	30	45	70
1884~85	156	122	85	37	34	78
1885~86	158	122	83	39	36	77
1886~87	188	143	88	55	45	76
1887~88	225	158	102	56	67	70
1888~89	225	158	105	53	67	70
1889~90	262	189	122	67	73	72
1890~91	285	200	135	65	85	70
1891~92	370	257	140	117	113	69
1892~93	405	266	132	134	139	66
1893~94	367	279	129	150	88	76

---

[1] Charles Warren, *History of the Harvard Law School and of Early Legal Conditions in America*, Vol. 2, New York: Lewis Publishing Company, 1908, p. 492.

续表

年度	法学院年度学生总数	法学院学生中大学毕业生数量	法学院学生中哈佛本科毕业生数量	法学院学生中毕业于其他大学学生数量	法学院未读过大学学生数量	法学院学生中大学毕业生百分比
1894~95	413	310	139	171	103	75
1895~96	475	380	171	209	95	80
1896~97	490	408	186	222	82	83
1897~98	551	490	229	261	61	89
1898~99	564	503	212	291	61	89
1899~00	613	557	236	321	56	91
1900~01	655	605	252	353	50	92
1901~02	633	584	247	337	49	92
1902~03	644	600	241	359	44	93

二、法律是一门科学[1]

哈佛法学院联合会的诸位先生：

躬逢盛会，令我备感荣幸。这是校长第二次请我来为哈佛法学院讲几句话。第一次大约是在 17 年前，我正准备担任戴恩讲座教授，当时，我并不知道自己能否担此重任。在那次讲话中，我提醒大家注意英语国家法学教育的反常状况：在这些国家，要获得法律知识，必须跟随实务律师学习，得到他们的认可；而在其他基督教国家，法律则是大学传授和学习的对象。当时，我曾大胆表示，我国的法学教育需要跟上文明世界的脚步，而不能继续

---

[1] Christopher C. Langdell, "Teaching Law as a Science", 这是兰代尔在哈佛法学院联合会 (Harvard Law School Association) 大会上的致辞 (1886 年 11 月 5 日)，当时正值哈佛大学建校 250 周年庆典之际。原载 Harvard University, *A Record of the Commemoration*, *November Fifth to Eighth*, 1886 *on the Two Hundred and Fiftieth Anniversary of the Founding of Harvard College*, Cambridge: John Wilson and Son, 1887, pp. 84~89. 胡晓进译。

跟在英国身后亦步亦趋。

　　从那以后，我就不再关注哈佛法学院以外的其他法学教育，而是竭尽全力使哈佛法学院的法律教学、研究，与大学的名望相称；使这所正在庆祝其 250 岁生日的大学，成为一所名副其实的大学；使哈佛法学院不再是全校最弱小的院系……

　　要实现上述目标，有赖全院共同努力，同时也离不开以下两条原则：其一，法律是一门科学；其二，法律科学的所有已知材料，都写在书本里。如果法律不是一门科学，大学最好顾及自己的尊严，别教授法律；如果法律不是一门科学，而是一种手艺，学习法律的最好方法当然是跟掌握这门手艺的人当学徒。如果法律是一门科学，毫无疑问，它将是一门最伟大最难掌握的科学，需要最有头脑的人全心投入。而且，在大学学习和传授法律，唯一的途径只能是书本。当然，在书本之外，也许还有其他更好的传授方法，或者是以其他手段为主、以书本为辅——比如，在律师事务所当学徒，或者在法院学习诉讼程序——我们必须承认，大学无法提供这样的学习途径。但是，如果书本是所有法律知识的最终来源，如果每个学生要掌握这门法律科学，都必须借助这种最终来源，如果初学者只能从先前经过这种学习的教授那儿获得帮助，那么，只有大学才可能担负传授和学习法律的功能。我想强调的是，法学教授的职责在于，引导学生走上全新的法律之路，他自己曾经走过这条路，已经非常熟悉。因此，一个人是否有资格传授法律，不在于他是否具有律师事务所工作的经验，也不在于他是否有与人交涉的经验，也不在于他的出庭和辩护经验，总之一句话，教授法律与运用法律的经验无关，只与学习法律的经历有关……

　　我和我的同事一直认为，法律是一门科学，是一门必须通过书本才能学习的科学。因此，法律图书馆是我们最渴望、最关注的对象。在这方面，我们所做的工作，离我们的期待还很远，应该更加努力。当然，今天的法学院图书馆，已经完全不是十七年前的模样了。我们也一直认为，图书馆才是教授和学生们的工作室，其作用如同化学家和物理学家的实验室、动物学家的自然史博物馆、植物学家的植物园。

从我的以上言论，不难看出：其一，语言方面的良好训练，是成功学习法律的必要条件；其二，学习法律应该是一个常规、系统、认真的过程，不可时断时续、毫无章法、马马虎虎；其三，学习法律应该坚持一定的时间，时间长度应该与所学内容的难度相称。因此，为了达到第一点要求，我们建立了针对非大学毕业生的法学院入学考试制度。为了达到第三点要求，我们规定，在任何情况下，申请法律学位者，都必须经过三年的法律学习。为了达到第二点要求，我们采取了多种措施：其一，我们的课程都有一定的教学规范。其二，在每年课程结束之际，我们都会组织年度考试。其三，我们要求，每一位申请学位的学生，在第一年和第二年学习结束之际，都必须通过与所学内容相关的考试；第一年考试不过者，不得参加第二年学习，第二年考试不过者，不得参加第三年学习。没有学过相关课程的学生，不得参加本年度考试。换句话说，我们不允许任何学生跨年级考试。其四，我们增加了课程数量，在过去17年里，从每周10学时，增加到每周36学时，这使得我们每年都能同时给三个年级开课，分别指导他们的学习。

之所以能采取这些措施，是因为我们将法学院分为三个年级，每个年级都有不同的课程，每个学生都有很强的动力去完成自己应该完成的学业。

我们不能无视前辈们的工作，如果真是那样，我们就有些忘恩负义了。我们不能忘记，是他们筚路蓝缕，而我们坐享其成。我们也不必讳言，若无前辈们奠定的基业，我们的工作也将无从着手。

我们也无法忘怀哈佛校长给予我们的一贯支持与鼓励，对于应该承担的责任、应该开展的工作，他总是毫不迟疑、毫不退缩。

最后，我们也没有忘记法学院学生对我们的支持，无论是在校期间，还是毕业后，他们的支持都一如既往。没有他们的支持与配合，我所提到的这些措施（其中很多可能不那么受欢迎），也不可能推行下去。……正是因为他们在校内外所取得的成绩，哈佛法学院才获得了公众的认可。

罗亚尔讲座教授与戴恩讲座教授一览表[1]

罗亚尔讲座教授，1786 年设立
艾萨克·帕克（Issac Parker），1815～1827 年
约翰·胡克·阿什穆（John Hooker Ashmun），1829～1833 年
西蒙·格林利夫（Simon Greenleaf），1833～1846 年
威廉·肯特（William Kent），1846～1847 年
乔尔·帕克（Joel Parker），1847～1868 年
纳撒尼尔·霍姆斯（Nathaniel Holmes），1868～1872 年
詹姆斯·布拉德利·塞耶（James B. Thayer），1873～1883 年
约翰·奇普曼·格雷（John Chipman Gray），1883～1913 年

戴恩讲座教授，1829 年设立
约瑟夫·斯托里（Joseph Story），1829～1845 年
西蒙·格林利夫（Simon Greenleaf），1846～1848 年
西奥菲勒斯·帕森斯（Theophilus Parsons），1848～1869 年
克里斯托弗·兰代尔（Christopher C. Langdell），1870～1900 年
詹姆斯·巴尔·埃姆斯（James Barr Ames），1903～1910 年

三、兰代尔与哈佛法学院[2]

克里斯托弗·兰代尔是纽约的执业律师，我在跟他的交谈过程中，主动提出请他到哈佛法学院来担任戴恩讲座教授。我看到，这一提议深深地吸引了他。他特别希望传授法律，而不是开业当

---

[1] Harvard Law School Association, *The Centennial History of the Harvard Law School*, 1817～1917, Harvard Law School Association, 1918, p. 288.

[2] Charles W. Eliot, "Langdell and the Law School", 33 *Harvard Law Review* 518～525, 1919～1920. 胡晓进译。

克里斯托弗·兰代尔

律师，但他的教学方法独树一帜。他提醒我留意，他若任教哈佛法学院，将是完全不同类型的法学教授，当然，对于能否出任戴恩讲座教授，他也表达了自己的一些顾虑。他的看法没错，显然，对于如何改革法学教育，如何重建哈佛法学院，他成竹在胸，我也愿闻其详。他的想法，与我的改革设想不谋而合。戴恩讲座教授虚位以待，这一点对他尤其具有吸引力。内森·戴恩是一名出色的律师、法律学者与政治家，1829 年，他出资 10 000 美元，设立了这个讲座教授席位，约瑟夫·斯托里曾任此讲座教授长达 16年。1832 年，同样是戴恩，为日益壮大的哈佛法学院捐建了一栋大楼，以供学生上课和收藏图书之用。当戴恩设立讲座教授席位时，他曾提出，讲座教授的讲义应该公开出版。兰代尔认为这是明智之举，也非常契合他自己的目标和预期。总体而言，我的提议正好符合兰代尔的人生规划，他很快接受邀请，开启了这场不同寻常的冒险。

　　哈佛校方同意任命兰代尔为法学院戴恩讲座教授，但是有些不情愿。他们之所以勉强同意，也许是为了支持我这位年轻的校长——校董事会的委员与父亲一样年长，他们推选我出任校长，让我处于面对内外批评的困境之中。学校监事会也同意了这项任命，但是更不情愿。监事会之所以能同意，主要得益于詹姆斯·卡特[1]和约瑟夫·乔特[2]这两位纽约律师的证词，他们证明兰代尔是一个法律知识渊博、又极为勤奋之人，具有异常敏锐与聪明的法律头脑。

---

[1]　James C. Carter（1827～1905），19 世纪后期美国著名律师，出生于麻省，在哈佛读完本科后进入哈佛法学院，毕业后赴纽约开业，参与组织成立纽约市律师协会，系哈佛法学院联合会首任主席。

[2]　Joseph H. Choate（1832～1917），19 世纪后期美国著名律师、外交家，出生于麻省，在哈佛读完本科后进入哈佛法学院，毕业后赴纽约开业，曾任纽约市、纽约州律师协会主席、美国律师协会主席，参与多起重要案件的辩护，其中包括排华案。1899～1905 年任美国驻英大使，曾出席第二次海牙和平会议（1907 年），系哈佛法学院联合会第二任主席。

我的下一步工作是让他成为法学院院长。新的大学章程规定，每个专业学院必须从本学院的教授中挑选一位，担任学院院长，负责保管学院文件，应对学院事务。在选举法学院院长的会议上，到会成员包括哈佛校长艾略特、法学院教授埃默里·沃什伯恩[1]、纳撒尼尔·霍姆斯[2]与新任的戴恩讲座教授。其中，沃什伯恩任法学院教授已达14年之久，在三位法学教授中，他一直是法学院的实际负责人；霍姆斯教授刚到法学院才两年，从未参与学院管理工作。在此之前，没有记录显示，法学院教授们在一起开过会。沃什伯恩教授也证实，他也从未听闻开过这样的会议。校长插手法学院事务的情况，也非常罕见。我出任哈佛校长几个月后，曾到位于戴恩大楼的沃什伯恩教授办公室拜访过他，向他请教几个关于法学院的问题。沃什伯恩教授一看到我，就扬起双手惊叫道，"这是我头一回看到哈佛校长走进这栋楼"。柯兰校长[3]和昆西校长[4]因为跟斯托里法官有很好的私交，对法学院还很关心。但是此前和此后的几任校长，都对法学院没什么兴趣。因此，这次会议显得有些突兀，作为校长，我首先阐明了会议目的：选举法学院院长。在当时的哈佛大学，学院院长还是一种新生事物。从1864年起，医学院倒是有一位院长，但其主要职能是

---

[1] Emory Washburn（1800～1877），19世纪美国律师、政治家、历史学者，出生于麻省，大学毕业后，曾跟随律师和哈佛法学院教授学习法律，后投身政界，先后担任州议会议员、州长（1854～1855），1856～1876年任哈佛法学院教授，与其他两位教授一起支撑哈佛法学院走过内战的艰难岁月。沃什伯恩酷爱历史，著有《马萨诸塞司法史概览》（Sketches of the Judicial History of Massachusetts）。

[2] Nathaniel Holmes（1814～1901），出生于新罕布什尔，毕业于哈佛，1839年在密苏里州圣路易斯开业当律师，1865年出任该州最高法院法官，1868～1872年担任哈佛法学院罗亚尔讲座教授。随后继续到圣路易斯开业，1883年回到麻省。参见 Jeremiah Smith，"Nathaniel Holmes"，Proceedings of the American Academy of Arts and Sciences，Vol. 36，No. 29，Jun.，1901，pp. 552～553.

[3] John Thornton Kirkland（1770～1840），1810～1828年任哈佛第十五任校长。

[4] Josiah Quincy Ⅲ（1772～1864），1829～1845年任哈佛第十六任校长，详见本书第二章。

埃默里·沃什伯恩

代表学院与学生进行友好的谅解性沟通。另外一个学院，不久前也任命院长，但是职能和作用，也不明确。法学院院长是否主要负责文书与财务工作，沃什伯恩教授和霍姆斯教授都不清楚，但无论如何，他们都不想干这份差事。唯一的候选人看来只能是兰代尔教授，可他刚到法学院，对于当院长一事，一言不发。沃什伯恩教授解释说，他对这些问题毫不在意，提议选举兰代尔出任院长。沃什伯恩和霍姆斯两位教授就此提议投票，兰代尔教授没有投票。于是，从1870年开始，法学院开启了一场尚未结束的保守试验。新的大学章程规定，各学院院长应该负责管理本院事务，这给了新的法学院院长所需的必要权力。

兰代尔院长改革的首个目标是打造新的学院课程表，将其一分为二，分为一年级课程和二年级课程。为了满足新计划要求，就需要增加课程，校长和院长通力合作，实现了课程改革。医学院的改革也同样如此。在法学院改革的头三年，学院还聘请著名律师、法官前来开设短期课程，三年间，共开了八门这样的课程。其中，三位短期课程教师，布拉德利先生[1]、格雷先生[2]与霍姆斯先生[3]，后来成为法学院的全职教授。兰代尔教授不支持这种增加指导教师的授课方法。他认为，一个人成为出色的律师、受人尊敬的法官，并不意味着他懂得如何教授法律；或者他能够学着传授法律。兰代尔倾向于认为，在律师界与司法界获得成功，

---

[1] Charles S. Bradley（1819~1888），生于麻省，毕业于布朗大学和哈佛法学院，毕业后成为著名执业律师，1866~1868年任罗德岛州最高法院首席法官，后出任哈佛法学院教授，1879年退休。

[2] John Chipman Gray（1839~1915），生于麻省，毕业于哈佛，曾参加美国内战，内战后在波士顿开业，1875年出任哈佛法学院全职教授，1883年出任罗亚尔讲座教授，1903年退休，其间，曾获得耶鲁大学和哈佛法学院的荣誉法律博士学位。

[3] Oliver Wendell Holmes, Jr.（1841~1935），美国著名法官、法学家，生于麻省，毕业于哈佛，曾参加美国内战，1882年获任哈佛法学院教授，但很快辞职，出任麻省最高法院法官、首席法官（1882~1902），1902~1932年任美国联邦最高法院大法官。

很可能意味着没资格担任法学教授。但他满怀诚意地赞成任命格雷先生和霍姆斯先生担任法学教授，认为他们是杰出的法律学者，能够开展鉴别性研究，并准确表达自己的观点。艾略特校长在医学院看到，出色的医生或医疗从业者，很可能是糟糕的教师，虽然作为职业成功的榜样，他能够吸引医学院学生向其学习。在法学院，艾略特认为，应该留出几年时间，展示一下旧式法律教学方法的可能效果，这样做，一方面可以挫败律师界涌现的铺天盖地的批评声，另一方面，主要是为了让法学院的优秀学生能有机会比较新旧两种教学方法。

1873～1874 年，从哈佛法学院毕业不久，毫无执业经验的詹姆斯·埃姆斯[1]被任命为法学院助理教授，这一举动鲜明地体现了兰代尔教授的法律教学理念。哈佛校方和监事会勉强同意这一任命，他们之所以能同意，可能是考虑到他们给埃姆斯规定了五年的任期限制。哈佛校长支持兰代尔院长的大胆冒险，因为他已经看到，在专业性学院，年轻教师尽管没有多少执业经验，但有时候却比老人教得更好些。在五年任期届满之前，埃姆斯先生就已经成为法学院全职教授，获得了普遍的赞誉，也取得了令人瞩目的成绩。

兰代尔院长完成法学院课程重组，推行两年制的改革方案后，随即将注意力转向法学院图书馆。他采取了两项措施：其一，好好维护、妥善管理图书馆；其二，扩充藏书。兰代尔很清楚，1870 年之前的法学院图书馆完全疏于管理，他自己就曾当过几年学生管理员，他自己使用图书馆时，没有受到任何限制，尤其是在准备合同法方面的摘记时。他知道，由于学生的粗心大意、疏

---

〔1〕　James Barr Ames（1846～1910），生于麻省波士顿，本科毕业于哈佛，1872 年从
　　　哈佛法学院毕业后，留校担任学生指导教师（tutor），虽然有律师资格，但从未
　　　执业，一直在哈佛法学院教授法律，大力推行兰代尔创立的案例教学法，以实际
　　　案例作为教学内容。1895～1910 年任哈佛法学院院长。

詹姆斯·埃姆斯

于管理，图书馆的损失相当大。他认为，一个藏书精良、管理
合理的图书馆，是任何一所法学院的必备重要条件，对于他寄
予厚望的哈佛法学院，更是如此。按照惯例，法学院应该给学
生无偿提供上课所需的教材复本。兰代尔的改革，首先就要革
除这一所费不赀的惯例。他很快物色了一个常任图书馆管理员，
能够一直在图书馆上班。兰代尔就任院长没几个月，就采取了
这些旨在保护和改革图书馆管理的措施；但是，直到 1873 年，
约翰·阿诺德出任图书馆管理员，按照兰代尔设想建立的法学
院图书馆才真正初见端倪。

1877～1906 年法学院图书费用与藏书数量[1]

年　份	购买图书费用（美元）	修补、装订图书费用（美元）	藏书数量
1877～78	2 260.00	426.91	16 907
1878～79	1 971.32	386.75	17 500
1879～80	2 586.03	336.81	19 909
1880～81	1 792.01	317.90	19 609
1881～82	2 477.45	……	20 603
1882～83	2 926.50	……	19 934
1883～84	2 825.00	……	20 952
1884～85	2 358.53	……	21 598
1885～86	2 695.06	……	22 298
1887～88	2 143.04	……	23 657
1888～89	2 690.00	……	24 498
1889～90	2 345.17	……	25 251
1890～91	4 003.75	……	24 498
1891～92	4 741.34	……	28 157
1892～93	9 447.09	……	32 151

----

[1] Charles Warren, *History of the Harvard Law School and of Early Legal Conditions in America*, Vol. 2, New York: Lewis Publishing Company, 1908, pp. 491～493.

年　份	购买图书费用（美元）	修补、装订图书费用（美元）	藏书数量
1893 ~94	4 772. 10	……	33 931
1894 ~95	3 598. 77	……	35 615
1895 ~96	8 552. 27	1 149. 41	37 909
1896 ~97	10 938. 93	1 364. 92	40 872
1897 ~98	7 402. 31	1 597. 52	44 340
1898 ~99	11 585. 15	964. 76	50 412
1899 ~1900	11 061. 83	1 523. 53	56 621
1900 ~01	11 884. 67	2 666. 13	62 523
1901 ~02	9 421. 72	2 084. 20	67 582
1902 ~03	11 719. 45	2 008. 84	75 877
1903 ~04	11 947. 61	2 210. 68	81 808
1904 ~05	12 474. 98	2 665. 00	88 307
1905 ~06	13 738. 75	2 324. 53	96 545

　　法学院采用案例教学法后，与图书使用相关的另一个原则也随之推行。复制常用的案例汇编与其他教科书，以供学生借阅。1870 ~1871 年间，哈佛校方曾划拨专款改造法律图书馆藏书室，修复图书封面，填补重要案例汇编的缺失部分，在法学院建院的最初 50 年里，曾花钱购买这类案例汇编。1873 年，当阿诺德先生成为图书馆管理员后，他和兰代尔院长通力合作、配合无间，两人都见证了图书馆藏书急剧扩充、服务师生能力和实际价值成倍增长的全过程。

　　对于兰代尔教授而言，图书具有一种近乎神圣的意义。他认为，应该小心取放书籍，注意防尘防晒，绝对不能用铅笔做记号，或者在书页的空白处写字。阿诺德先生也与院长有同感，尤其是对那些花大价钱买来的无法替代的书，更是应该如此。但是，法学院的有些教师如果正在写书，他们仍习惯于将图书馆的书直接交给剑桥的某个印刷商，以便他们直接从书中摘取需要录入的段落，而不是先由作者抄录需要使用的段落。这种做法，让兰代尔和图书馆管理员尤为感到痛心。当这些书从印刷商手中再次回到图书馆时，其中一些页面不可避免地会出现黑色指印与其他污损，有时候，甚至会页面破损。图书馆管理员曾向兰代尔院长汇报过这一情况，院长也曾温和地提醒，希望著书的教授还是像往常一样自己抄录需要使用的段落。但他后来发现，这几位教授觉得他的建议不合理，完全不予理睬，他的建议没起任何作用。有一天早上，他跑到校长办公室，神情严肃，以官方的身份要求我出面帮忙。他很遗憾地说要请求我干预，因为这种行为实在是无法容忍。我费了好大劲儿才说服那几位教授，告诉他们兰代尔院长是对的，应该尊重他的要求。在兰代尔任院长期间，我记得这是他唯一一次请求我利用校长权威实施他的想法。总之，他急切地希望告诉他的同事和学生，他对待各项措施和原则的态度，是正确的、合理的。

在《哈佛法学院百年史》[1] 中，亲身经历兰代尔教学方法的诸多见证者，已经生动地讲述过这种教学法的成功历史。兰代尔教授和我，热切而耐心地等待着改革的成效。学生的入学人数下降得比我们预期的还快；我们法学院的毕业生，经过兰代尔教学法训练之后，在著名律师事务所和实际工作中所取得的成功，也比我们预期来得要慢。但在另一方面，一旦这种成功来临，法律界也就令人惊讶地坦然接受了。

其他一些限制性改革措施，比如说要求进入法学院就读的学生拥有本科或者同等学力，都有所推后，但也并没有延迟太久。兰代尔院长认为，学习英美法律，不应该掺杂其他内容，比如说政府学、经济学、国际法、罗马法。但他也希望法学院的每个学生都能接受很好的基础性训练，受过很好的大学教育。

---

[1] 指哈佛法学院联合会（Harvard Law School Association）1918 年编写的 *The Centennial History of the Harvard Law School*，1817～1917.

1906 年的兰代尔大楼（Langdell Hall）

当埃姆斯教授打算给图书馆买一些罗马法之类的书时，兰代尔院长不太情愿地认可了，他最终也认识到，一所杰出的图书馆，应该收藏一些远离法律主题的无关之书。

面对不利环境，尤其是对其教学方法及其后果的激烈批评，兰代尔院长从未著文或者公开发表演讲，为自己辩护。他知道，反驳批评的方法只有一种，那就是，让自己的学生获得职业上的成功。他的沉默，绝不意味着对自己的教学方法缺乏自信。即便是因为视力减弱，迫使他不得不在自己的课堂上更改教学方法，他仍旧坚信，他的案例教学法优于其他方法，尽管他自己已经没办法成功运用了。

我想，兰代尔教授并不熟悉福禄贝尔[1]、裴斯泰洛齐[2]、蒙台梭利[3]等人的教育理念与实践，但是，他这种将运用于儿童与残疾人的教学方法，直接用于知识分子与受过教育的成年人。他尽量让自己的学生运用自己的逻辑推理能力，在课堂上分析事实、陈述推理过程、得出正确结论。他首先举例，然后引导学生

---

〔1〕 Friedrich Froebel（Friedrich Wilhelm August Fröbel，1782～1852），德国教育家，现代幼儿教育鼻祖，幼儿园（kindergarten）概念的创造者。

〔2〕 Johan Heinrich Pestalozzi（1746～1827），瑞士教育家，福禄贝尔的老师，专注儿童教育，创立爱的教育理论与要素教育理论。

〔3〕 Maria Montessori（1870～1952），意大利幼儿教育学家，蒙台梭利教育法的创始人。

运用推理与解释，给他们充分的机会，将自己的想法表达出来。首先，学生们必须集中精力；其次，他们必须牢记获得的信息或知识。这种个案教学方法，让每个学生的思想都得到了非常充分的训练。美国的中小学刚刚开始大范围采用这种教学方式。这种教学方式并不被动，需要学生积极参与；学生不需要紧盯着书本或老师，而是重在参与。兰代尔教授的教学方法类似于教授自然科学时的实验方法，他相信，藏书丰富的图书馆就是法学院所需要的实验室。他的案例教学法早已被我国的临床与外科医学教育广泛运用，以补充常规的病房教学。在我国的中小学和大学，将讲授与背诵结合起来的教学方法也广为流行。实际上，在大学内召集小部分人进行会议讨论的教学方法，亦早已有之，这种方法的优点，至少在一个世纪前，就被参与者所认可。

兰代尔本人的性格、人品异常诚实、公正、坦率、沉静。……他能将保守与激进的优点奇妙地集于一身……

兰代尔的一个突出特点就是充满勇气，这种勇气既有身体上的，也有道德上的。他的道德勇气最明显地体现在他接受戴恩讲座教授，以及他作为哈佛法学院院长的全部作为。他的身体勇气体现在，他日复一日地一人行走于剑桥的大街小巷，后来，即便在明亮的阳光之下，他的眼睛都很难看见东西时，[1] 依然如此。对于旁观者而言，他在奥斯汀大楼与住所之间的日常穿梭，都让人提心吊胆，尤其是在汽车出现之后，但他自己却不以为然。每次，只有当他的耳朵确信附近没有马或者马车通过时，他才穿越

---

〔1〕　兰代尔晚年视力逐渐减弱，70 岁以后几乎失明，1895 年卸任院长一职（由其学生詹姆斯·埃姆斯接任），1900 年退休。退休之前，他仍坚持给学生上课、写作。1898 年，英国著名法学家戴雪（A. V. Dicey）到哈佛开讲座，兰代尔每场必到，戴雪盛赞这位"盲眼老先生，比我们所有人知道的加起来还多"，"从来没有说过或者写过一句没有意义的废话"。参见 Bruce A. Kimball, *The Inception of Modern Professional Education：C. C. Langdell*, 1826 ~ 1906, Chapel Hill, N. C.：The University of North Carolina Press, 2009, p. 316.

马路，但是他的耳朵却很难提前判断，动静不那么大的汽车正在快速驶来。这样一来，他就不得不相信，汽车司机会看到一个盲人正在穿行宽阔的大街。后来几年，他已经没法一个人走不熟悉的道路了。对于一个一直高度自立的人而言，这样的无助感是一种极大的考验。但是他以极大的耐心忍受着这种不幸。作为教师，兰代尔是法律职业乃至所有自由与有序团体的大恩人；作为人，他值得我们爱戴和尊敬。

1876～1877 年法学院必修、选修课程表[1]

第一年·必修课程

科 目	教 师	教 材	每周上课次数	参加考试学生人数
不动产	格雷教授	沃什伯恩论不动产	2	81
合同	埃姆斯教授	兰代尔的"合同法案例"	3	85
侵权	埃姆斯教授	埃姆斯的"侵权法案例"	3	85
刑法与刑事诉讼	塞耶教授	布莱克斯通《英国法释义》第4卷 格林利夫《证据法》第5部分	1	84

第二年·必修课程

科 目	教 师	教 材	每周上课次数	参加考试学生人数
证据法	塞耶教授	Stephen 的"证据法摘要"	2	63
衡平法	兰代尔教授	兰代尔的"衡平法案例" 衡平法院实际审判程序	3	61

---

[1] Charles Warren, *History of the Harvard Law School and of Early Legal Conditions in America*, Vol. 2, New York: Lewis Publishing Company, 1908, pp. 405～406.

选修课程

科 目	教 师	教 材	每周上课次数	参加考试学生人数
不动产	格雷教授	沃什伯恩论不动产	1	12
普通法民事程序	兰代尔教授	法院实际诉讼程序	1	4
纽约州民事程序	兰代尔教授	纽约州诉讼程序法	1	6
信托、抵押等问题	布拉德利教授	无教材	2	59
个人财产买卖	塞耶教授	兰代尔的"买卖法案例"	1	27
公司与合伙	布拉德利教授	无教材	2	54
票据交易	埃姆斯教授	无教材	1	17
代理与货运	格雷教授	无教材	1	31

第四章　自由之光：中西部的两所法学院

　　从地域分布上来看，19 世纪后半期建立的数十所法学院，半数以上都在大西洋沿岸，尤其是经济中心纽约与政治中心哥伦比亚特区，更是法学院荟萃之地。小小的曼哈顿岛上，就集中了哥伦比亚大学法学院、纽约大学法学院、纽约法学院等招生数量巨大的法学院。[1] 而哥伦比亚特区同样是法学院云集，比较著名的有：乔治·华盛顿大学（哥伦比安学院）法学院、乔治城大学法学院，[2] 以及霍华德大学[3]法学院、美国天主教大学[4]（哥伦布斯法学院）、华盛顿法学院[5]。

　　相比之下，中西部的法学院则要少很多，当然，这跟美国经济、政治发展的历史格局密不可分，也体现出教育文化事业的滞后性。在中西部不多的法学院中，有几所比较显眼，比如 1893 年创办的斯坦福大学法学院，在前总统本杰明·哈里森[6]和另外一

---

〔1〕　进入 20 世纪后，曼哈顿岛上又相继建立了福特汉姆大学（Fordham University）法学院（1905 年）、本杰明·卡多佐法学院（Benjamin N. Cardozo School of Law, 1976 年）。此外，曼哈顿附近的法学院还包括：布鲁克林法学院（Brooklyn Law School, 1901 年）、纽约城市大学法学院（CUNY Law School, 1983 年）等。

〔2〕　详见第三章相关内容。

〔3〕　Howard University, 1868 年创立，面向黑人，1869 年开办法律系。

〔4〕　Catholic University of America, 1887 年建立，1897 年开办法律系，1954 年更名为哥伦布斯法学院（Columbus School of Law）。

〔5〕　详见第三章相关内容。

〔6〕　Benjamin Harrison（1833～1901），美国第二十三任总统（1889～1893），生于俄亥俄，在印第安纳州从事法律业务，参加过美国内战，战后回到印第安纳，从事政治活动，担任联邦参议员（1881～1887），系美国第九任总统威廉·哈里森（William Henry Harrison）之孙。

位教授内森·阿博特[1]的协助之下，迅速起步，发展顺利。从1900 年起，年轻的斯坦福法学院开始走上正轨，每年都有新教授加盟。到 1916 年前后，已有全职教授 7 人，学生 400 余人，图书两万余册。[2] 成为美国西海岸最有前景的法学院。当然，这是后话，在 19 世纪后半期，美国中西部比较有代表性、具有全国性声望的法学院，当数五大湖地区的密歇根大学法律系与加州的黑斯廷斯法学院。

第一节　托马斯·库利、密歇根大学与中国

2013 年 9 月 17 日，美国西密歇根大学校长约翰·邓恩与托马斯·库利法学院院长唐·勒迪克正式签署协定，将托马斯·库利法学院并入西密歇根大学，成为西密歇根大学附属的托马斯·库利法学院。

西密歇根大学位于密歇根州卡拉马祖市，始建于 1903 年，最初是一所师范学院，以培养教师为主，第二次世界大战后才逐渐发展为研究型大学，是密歇根州内的第四所公立大学。在美国的众多研究型大学中，西密歇根大学排名靠后，并不出色，而且学科设置很不全面，一直没有法学院，无法扩大自己在法律领域的社会影响。为了弥补这种缺陷，西密歇根大学很想办一所法学院，但在密歇根州，除了密歇根大学法学院这样的全国顶尖法学院外，

---

〔1〕　Nathan Abbott（1854～1941），生于缅因，毕业于耶鲁，曾在波士顿开业当律师，1891 年任密歇根大学法律系教授，1892 年跟随亨利·罗杰斯（详见下文）来到西北大学，1895 起任教于斯坦福大学法学院，1907 年起任教于哥伦比亚大学法学院，是不动产法方面的专家，1922 年退休。见 Julius Goebel, Jr. etc., *A History of the School of Law*, *Columbia University*, New York: Columbia University Press, 1955, pp. 203～207.

〔2〕　Marion R. Kirkwood & William B. Owens, *A Brief History of the Stanford Law School*, 1893～1946, March, 1961, pp. 1～28.

THE THOMAS M.
COOLEY
LAW SCHOOL

*In corde hominum
est anima legis.*
1972

托马斯·库利法学院院徽

还有另外四家层次、规模不一的法学院,[1] 它们已经占领了州内的法学教育市场,增设新的法学院,很难在如此激烈的竞争市场中立足。唯一可行的办法,就是找一家独立法学院,联合办学,逐步合并。而在密歇根州,还真有这么一家独立法学院,那就是托马斯·库利法学院。

在密歇根州乃至整个美国,托马斯·库利法学院都是一所非常独特的法学院,这不仅仅因为它是一所独立法学院,不附属于任何一所大学,也缘于它的办学规模与录取比例。托马斯·库利法学院虽然排名很低,[2] 但却拥有全美最多的法学教授(全职、兼职)、最多的在册学生(全日制与非全日制),可谓美国最大的法学院;而且开办各种类型(平时班、周末班、夜间班)、各种学位(JD, LL. M., JD/MPA, JD/MBA, JD/MSW)的法学教育,一年招生三次,[3] 录取率高达 80%,[4] 可以满足绝大部分申请者的愿望。为了方便学生就近入学,学校除了在密歇根州首府兰辛市设立主校区外,还在州内的大激流市、奥本山与安娜堡设立分校区,2012 年,学校甚至在美国南部佛罗里达州的坦帕市开班办学,设置第五个校区。

在美国的众多法学院中,托马斯·库利法学院相对年轻,学

---

〔1〕 分别是密歇根州立大学法学院(Michigan State University College of Law)、韦恩州立大学法学院(Wayne State University Law School)、底特律大学法学院(University of Detroit Mercy School of Law)、托马斯·库利法学院。

〔2〕 在《美国新闻与世界报道》2013 年的法学院排名中,托马斯·库利法学院没有具体名次,位居有名次的近两百家法学院之后。

〔3〕 http://www. cooley. edu/about/factsataglance. html.

〔4〕 http://law‒school. findthebest. com/l/79/Thomas‒M‒Cooley‒Law‒School.

院成立于 1972 年，以 19 世纪美国著名法官、法学家托马斯·库利的名字命名，以纪念这位密歇根州历史上久负盛名的法律学者。

托马斯·库利（1824~1898）

一、托马斯·库利的生平与学术贡献

托马斯·库利虽然在密歇根州青史垂名，大半辈子都生活在密歇根，但他本人并非土生土长的密歇根人。库利生于纽约，兄弟姐妹多达 15 个，家境贫寒，小时候几乎无钱上学，只好半工半读，夏天在农场干活，冬天上学读书。父亲希望他子承父业，经营农场，但他自己却想当律师、出人头地。在母亲的鼓励下，小库利断断续续地读完中学，接受了基本的阅读、写作训练，具备一定的古典知识基础。为了追寻自己的梦想，1842 年，库利开始跟随纽约的一位律师学习法律。翌年，他动身西行，准备到芝加哥闯天下，但是盘缠不够，只得在密歇根停留下来。当时密歇根建州不久，也亟需法律人才。库利一面谋生，一面继续学习法律，1846年，他正式成为密歇根州律师。[1]

在密歇根州的最初几年里，库利的律师事业颇为不顺、毫无起色，他甚至短期离开密歇根，到俄亥俄从事地产投机生意。直到 1855 年，他遇到贵人，与未来的密歇根州州长克罗斯韦尔[2]搭档开业后，才开始展露才华，蜚声律师界。在两人合开的律师

---

〔1〕 Jerome C. Knowlton, "Thomas McIntyre Cooley", *Michigan Law Review*, Vol. 5, No. 5 (Mar., 1907), p. 310；Clyde E. Jacobs, *Law Writers and the Courts: The Influence of Thomas M. Cooley, Christopher G. Tiedeman, and John F. Dillon upon American Constitutional Law*, Berkeley: University of California Press, 1954, pp. 27~28.

〔2〕 克罗斯韦尔（Charles Miller Croswell, 1825~1886）同样出生于纽约州，十多岁时便随父母移居密歇根，家境较好，曾任州议员、参加州制宪会议（1867 年），1877~1881 年任密歇根州州长。

事务所内，他和克罗斯韦尔分工明确，克罗斯韦尔声望较高，负责找客户，库利勤奋踏实、思维敏捷，负责出庭辩护。两人相得益彰，合作融洽。[1]

1857年，在克罗斯韦尔等人的帮助之下，库利开始为州议会工作，负责整理州法，将其分类汇编成册。由于工作出色，一年后，他又获得了汇编州最高法院判决书的差事，与州最高法院建立起密切联系。他汇编的案例，主旨明确，清晰可读，在当地律师界广为流传，也从此奠定了库利在密歇根州法律界的地位。

1859年，密歇根大学设立法律系，库利与另外两位著名律师、法官一起，应邀出任法学教授，直至1884年离开。期间，他还当选州最高法院法官，任职时间长达20年，是19世纪密歇根州最著名的法官。

库利在法律界的声望，不仅仅来自于他的法官和法学教授身份，更多地源于他的论著，尤其是1868年出版的《宪法制约》一书。该书全称为《论美国各州议会的立法权所受到的宪法制约》，[2] 初版之时，正值美国宪法第十四修正案批准生效，被誉为解释宪法第十四修正案的第一部学术著作。而且，库利的基调，在于限制州权，与当时的主流思潮十分吻合，一时间，洛阳纸贵，《宪法制约》一书大卖，1868年、1871年、1874年、1878年、1883年、1890年、1903年连出六版，极为畅销，[3] 大大出乎库利本人的意料。

---

〔1〕 Jerome C. Knowlton, "Thomas McIntyre Cooley", *Michigan Law Review*, Vol. 5, No. 5 (Mar., 1907), pp. 311~312.

〔2〕 *A Treatise on the Constitutional Limitations Which Rest Upon the Legislative Power of the States of the American Union.*

〔3〕 Clyde E. Jacobs, *Law Writers and the Courts: The Influence of Thomas M. Cooley, Christopher G. Tiedeman, and John F. Dillon upon American Constitutional Law*, Berkeley: University of California Press, 1954, p. 29.

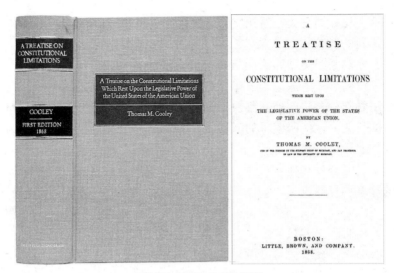

托马斯·库利的《宪法制约》

这本《宪法制约》原本是他给密歇根大学法律系学生准备的宪法课讲义，他编撰此书的目的本是供法律学徒或者政府职员参考，没想到却引起法律界的广泛关注，被誉为当时最重要的法律著作。第二版印行之后，波士顿的年轻律师奥利弗·温德尔·霍姆斯就在评论中称赞这本书"用功颇深，晓畅易懂"，优于其他同类著作，自己获益匪浅。《宪法制约》出到第四版时，已是马萨诸塞州最高法院法官的霍姆斯再次撰文，盛赞该书是"经典之作"，堪称典范，可作为权威论著使用。[1]

论文笔和修辞，库利跟霍姆斯相差甚远，但是他比霍姆斯年长，而且更具平民、平等色彩。库利之所以主张限制政府权力，很大程度上也是源于他一以贯之的平民主义立场。在出版《宪法制约》之后的几年里，他相继编辑出版了其他几位法学家的法律

〔1〕 Paul D. Carrington, "The Constitutional Law Scholarship of Thomas McIntyre Cooley", *The American Journal of Legal History*, Vol. 41, No. 3 (Jul., 1997), pp. 372~373.

名著，比如约瑟夫·斯托里的《美国宪法评注》（1873 年）、布莱克斯通的《英国法释义》（1883 年）。在《美国宪法评注》一书中，库利紧跟美国宪法的最新进展，增加了有关重建宪法修正案的三章内容：解放奴隶、第十四修正案、建立公平的选举权，并引用联邦最高法院最新判决，证明宪法第十四修正案具有限制州权的目的。在他所编辑的《英国法释义》中，库利将契约权视为人的五种自然权利之一，与生命权、自由权、缔结家庭权、获取与享受财产权并列。[1] 未经过正当法律程序，政府不得侵犯个人的这五种自然权利。

除了《宪法制约》外，在密歇根大学法律系任教期间，库利还曾出版《论侵权法》[2]、《美国宪法的一般原则》[3]，都曾多次再版。他发表了大量专题论文，堪称当时最高产、最有学问的州法院法官。

库利的这些著作，广为传播，持久而深远地影响着美国法律界。以联邦最高法院为例，根据相关数据库检索结果，在过去一百多年里，最高法院判决引述库利著作的次数累计已经超过 1000 次，其他各级法院的引述次数更是不可胜数。[4]

鉴于他在法律界的杰出成就与巨大影响，1886 年底，哈佛大学于 250 周年校庆之际，授予他荣誉博士学位。当时，哈佛校友霍姆斯也参加了母校的庆典活动。在当天的聚会上，库利再次表达了自己的法律观：法律的目的在于维护社会公正、保障社会秩序；法律的成败取决于普通民众的认可与支持，如果法律与民众

---

〔1〕 Clyde E. Jacobs, *Law Writers and the Courts*: *The Influence of Thomas M. Cooley*, *Christopher G. Tiedeman*, *and John F. Dillon upon American Constitutional Law*, Berkeley: University of California Press, 1954, pp. 30～31.

〔2〕 *A Treatise on the Law of Torts*: *Or the Wrongs Which Arise Independently of Contract*, 1878 年初版。

〔3〕 *The General Principles of Constitutional Law in the United States of America*, 1880 年初版。

〔4〕 Paul D. Carrington, "The Constitutional Law Scholarship of Thomas McIntyre Cooley", *The American Journal of Legal History*, Vol. 41, No. 3 (Jul., 1997), p. 368.

背道而驰，将会不堪一击、一文不值。[1] 在库利看来，法律是一种教育力量，因此必须面向普通，教育民众懂得自我克制、相互尊重，进而促进社会平等与公共美德。[2] 这种平民主义的法律观，正是霍姆斯这样的新英格兰精英所缺乏的。

在密歇根大学法律系任教期间，库利一直奉行的是这种法律观。由于他的亲和作风，他与同事、同学的关系非常融洽，深得学生喜爱。1884 年他离开法律系后，还曾到密歇根大学的另一学院讲授过两年的历史与宪法，直到 1887 年才正式与密歇根大学脱离关系。但旋即被美国总统任命为州际商务委员会委员、主席，该委员会是美国历史上第一个独立行政管制机构，负责调查、处理铁路运输的费率争端，具有独立的规则制定权与行政裁决权，是美国政府管制经济活动的肇始。但是，库利当时已经年老体衰，力不从心，不能胜任繁重的调查、裁决工作，没干几年便退休了。1891 年，库利回安娜堡颐养天年，[3] 1898 年去世，期间还曾当选美国律师协会主席（1893 年）。[4]

---

〔1〕 Paul D. Carrington, "Law as 'The Common Thoughts of Men': The Law – Teaching and Judging of Thomas McIntyre Cooley", *Stanford Law Review*, Vol. 49, No. 3 (Feb., 1997), pp. 495 ~ 499. 库利讲话原文见 Harvard University, *A Record of the Commemoration, November Fifth to Eighth, 1886 on the Two Hundred and Fiftieth Anniversary of the Founding of Harvard College*, Cambridege: John Wilson and Son, 1887, pp. 92 ~ 96.

〔2〕 Paul D. Carrington, "Law as 'The Common Thoughts of Men': The Law-Teaching and Judging of Thomas McIntyre Cooley", *Stanford Law Review*, Vol. 49, No. 3 (Feb., 1997), p. 527.

〔3〕 Clyde E. Jacobs, *Law Writers and the Courts: The Influence of Thomas M. Cooley, Christopher G. Tiedeman, and John F. Dillon upon American Constitutional Law*, Berkeley: University of California Press, 1954, pp. 28 ~ 29.

〔4〕 Paul D. Carrington, "Law as 'The Common Thoughts of Men': The Law-Teaching and Judging of Thomas McIntyre Cooley", *Stanford Law Review*, Vol. 49, No. 3 (Feb., 1997), p. 498.

库利初到密歇根州时
所开的律所[1]

库利虽然早已作古，但密歇根州没有忘记他的贡献，不但以他的名字命名了新的法学院（1972 年），还将他初到密歇根州时创办的律师事务所，列为纪念性建筑（1986 年），[2]供后人瞻仰凭吊。

二、库利与密歇根大学法律系

库利初到密歇根时，密歇根建州不久（1837 年建州），还是美国的西北边陲，但是机遇众多、生气勃勃；当时的州府底特律是西北重镇，人口繁盛、欣欣向荣。首任州政府领导意气风发，一心要将密歇根建成西部文化中心，极希望成立一所大学。1837 年 3 月，州议会通过密歇根大学组织与管理法，正式组建密歇根大学，该法第 8 条规定，大学由以下三个系构成：文学、科学与艺术系、法律系、医学系；其中法律系教授三人，一人负责自然法、国际法与宪法，一人负责普通法与衡平法，一人负责商事法与海商法。[3]

1859 年 3 月 30 日，密歇根大学校董会正式批准成立法律系，并任命三位法学教授，每人年薪 1000 美元。这三位教授分别是詹姆斯·坎贝尔（1823~1890）、查尔斯·沃克（1814~1895）与托马斯·库利。

---

〔1〕 位于密歇根阿德里安（Adrian）市的 Maumee Street，是该州的法律地标，如今已是受保护的历史性建筑。

〔2〕 http：//www. michbar. org/programs/milestone/milestones_CooleyLawOffice. cfm.

〔3〕 Elizabeth Gaspar Brown, *Legal Education at Michigan*, 1859~1959, Ann Arbor: University of Michigan Law School, 1959, p. 29.

詹姆斯·坎贝尔教授　　　　　　　　查尔斯·沃克教授
（1859～1885 年在任）　　　　　　（1859～1887 年在任）

　　三位教授都生于纽约州，其中，沃克年龄最大，但移居密歇根的时间最晚（1836 年）。1840 年，沃克当选州议会议员，后到东部学习法律，1851 年回到密歇根，与人合伙开业。与此同时，他对密歇根州和当时的西部历史产生浓厚兴趣，曾撰写相关专题论文，参与重建密歇根州历史协会。当然，历史只是沃克的副业，他的主要工作还是法律。他热爱律师职业，从中获利丰厚，而且深得同行尊敬，被任命为郡法院法官，但很快辞去，继续在底特律执业。他是密歇根大学法律系元老，1859～1876、1879～1881、1886～1887 年三度执掌教席，其间，还曾出任底特律市教育委员会主席、密歇根州矫正与慈善委员会主席，对当地的教育、慈善事业发展贡献颇多。1874 年，密歇根大学曾授予其法律博士学位。[1]

另一位教授詹姆斯·坎贝尔，虽然比沃克年轻 10 岁，但很早（1826 年）就随父母移居底特律，家境优越，从小接受良好教育，1841 年从教会学校毕业后，跟随当地著名律师当学徒，学习法律，1844 年成为律师时，年仅 21 岁。据后人回忆，坎贝尔口才并不出众，但是思维敏捷、判断准确、为人和善，与法官、同行素无积怨，逐渐在当地律师界脱颖而出。1857 年，他被推选为法官，进入新组建的密歇根州最高法院，连任到老，在任长达 30 余年。[2]

坎贝尔法官于 1859～1885 年间执教于密歇根大学法律系，并长期担任系主任。任教期间，他每周来校一两次，主要讲授刑法与衡平法，曾被密歇根大学授予法律博士学位（1866 年）。与沃克一样，坎贝尔也深爱历史，他多方收集密歇根州政治史料，于1876 年编成一巨册《密歇根政史纲要》，详细地记录了密歇根州早期的政治历史。[3]

坎贝尔是先当法官，后做教授，而比他小一岁的托马斯·库利则是先做教授，后当法官。从 1864 年开始，库利和坎贝尔在密歇根大学法律系与州最高法院成为"双料同事"，两人长期共事，相处融洽。[4] 在法律系，坎贝尔是名义上的系主任，但一切事

〔1〕 http：//www. law. umich. edu/historyandtraditions/faculty/Faculty_Lists/Alpha_Faculty/Pages/CharlesIWalker. aspx.

〔2〕 C. A. Kent, "James Valentine Campbell", *Michigan Law Review*, Vol. 5, No. 3 （Jan. , 1907）, pp. 162～164.

〔3〕 这本书是密歇根州纪念《独立宣言》签字百年的产物，出版过于仓促，书中颇多瑕疵。C. A. Kent, "James Valentine Campbell", *Michigan Law Review*, Vol. 5, No. 3 （Jan. , 1907）, pp. 168～169.

〔4〕 他俩长期在密歇根最高法院任职，与另外两位法官并称为"四巨头"（The Big Four）。见 Jerome C. Knowlton, "Thomas McIntyre Cooley", *Michigan Law Review*, Vol. 5, No. 5 （Mar. , 1907）, p. 309.

务，几乎全由库利负责。

1859 年，密歇根大学法律系正式开办。当年七八月间，密歇根大学先后六次（7 月 5 日、12 日、19 日、26 日，8 月 2 日、9 日）在《底特律每周论坛报》（*Detroit Weekly Tribune*）上刊登法律系招生广告，列出了三位教授的名字、详细说明了所开设科目、教学方法、学习期限、学习条件、费用、学位等。其中，所开科目包括宪法、国际法、海事法、商法、刑法、法医学与美国司法制度；教学方法包括讲授、背诵、考试、模拟法庭等；学习期限一般为 2 年，每年 10 月初开学，次年 3 月底结课；学生到校后，可以使用学校的法律图书馆，图书馆将提供常用的法律教科书；入学考试费用 10 美元、杂费 5 美元；完成学业、考试合格者，将获得法律学士学位。[1]

法律系初建时，为招徕学生，对于入学条件，除了年满 18 岁外，无任何其他要求，1864 年的章程中增加了一条：品行端正。[2] 相比之下，授予学位的规定，则要详细许多，1861 与 1864 年的法律系章程均规定：修业满两年、通过规定考试、得到教授推荐者，可获法律学士学位；在其他法学院学习满一年或在各州最高法院出庭满一年，到密歇根大学法律系再修业一年，通过考试，得到教授推荐者，也可获法律学士学位；凡希望毕业者，须在修业期满前 3 个月向系主任提出书面申请；凡希望毕业者，须年满 21 周岁、品行端正，且应于毕业 1 个月之前，呈交书面论文 1 篇，论文须关涉法律问题，不少于 40 页对开纸。[3]

---

[1] Elizabeth Gaspar Brown, *Legal Education at Michigan*, 1859 ~ 1959, Ann Arbor: University of Michigan Law School, 1959, pp. 398 ~ 399. 作者在扉页中注明，该书的写作，得益于与密歇根大学法学教授刘伯穆（William Wirt Blume）的切磋讨论（in consultation with），作者在前言中尤其感谢刘伯穆教授。

[2] Elizabeth Gaspar Brown, *Legal Education at Michigan*, 1859 ~ 1959, Ann Arbor: University of Michigan Law School, 1959, p. 428.

[3] Elizabeth Gaspar Brown, *Legal Education at Michigan*, 1859 ~ 1959, Ann Arbor: University of Michigan Law School, 1959, pp. 427 ~ 429.

1859 年 10 月，法律系教授开会，选举坎贝尔为系主任，库利兼任秘书，并决定由坎贝尔发表开班词。[1] 10 月 3 日，坎贝尔在开学典礼上发表长篇讲话，系统讲述了法律系的培养目标和所开课程。他认为开办法律系不仅仅是为了训练好律师，也是为了养成优秀的现代公民，无论是民选官员、议员、商人、农场主，都会跟法律打交道，都需要法律知识。在大学办法律系，可以将大学的人文、科学教育与法律的专业教育结合起来；如果在学习法律之前，能接受人文与科学方面的教育，将能更准确、快速地掌握法律的语言与逻辑。[2]

根据建系之初的章程规定，法律系至少需要三名教授，系务由教授自决，系主任或者两名以上教授认为必要时，可以召开教授会议；每年从现任教授中推选一人，担任本系秘书，负责保管会议记录、学生登记表等文件。[3]

当时，三位教授中除有两位住在安娜堡之外，只有库利一人在校园边上安家落户，也就顺理成章地成为法律系秘书，负责管理学院日常事务。[4] 那个时候，法律系规模很小，教授之间并无明确行政分工，全凭个人关系相互合作。库利名义上虽然是秘书，但实际上干的是系主任的活，从记录、保管文件，到代表学校出庭应诉、维护法律图书馆，几乎都是他的工作职责。[5]

1859 年 12 月，库利向校董会提议，为法学教授席位冠名，被

〔1〕 Elizabeth Gaspar Brown, *Legal Education at Michigan*, 1859 ~ 1959, Ann Arbor: University of Michigan Law School, 1959, p. 31.

〔2〕 Elizabeth Gaspar Brown, *Legal Education at Michigan*, 1859 ~ 1959, Ann Arbor: University of Michigan Law School, 1959, p. 17, pp. 415 ~ 416.

〔3〕 Elizabeth Gaspar Brown, *Legal Education at Michigan*, 1859 ~ 1959, Ann Arbor: University of Michigan Law School, 1959, pp. 426 ~ 427.

〔4〕 Elizabeth Gaspar Brown, *Legal Education at Michigan*, 1859 ~ 1959, Ann Arbor: University of Michigan Law School, 1959, p. 32.

〔5〕 Elizabeth Gaspar Brown, *Legal Education at Michigan*, 1859 ~ 1959, Ann Arbor: University of Michigan Law School, 1959, pp. 446 ~ 447.

校董会采纳。库利获得了杰伊教授的头衔，这个称谓来自美国第一任联邦首席大法官约翰·杰伊。1860 年底，校董会又通过决议，任命库利为医学系兼职讲师，负责给该系高年级学生讲授法医学课程，年薪 1500 美元。从 1861 年到 1865 年间，库利一直在医学系兼课，年薪比法律系其他教授多 500 美元。1869 年 4 月，鉴于库利是法律系唯一的驻校教授，校董会决定给予他每年 300 美元的额外补助。[1]

从 1875 年开始，库利成为名副其实的法律系主任，虽然没有找到会议或任命决议，但相关报告与签字都显示，库利就是系主任。[2] 他也苦心孤诣，发展壮大法律系。1879 年 6 月，库利向学校董事会提交申请，鉴于学生人数增加，要求学校为法律系增加两名教授，费用不超过 2000 美元。次年 7 月，学校董事会决议，任命费尔克[3]为法律系教授，年薪 1500 美元。[4]

由于库利等几位教授身兼他职，不能保证按时给学生上课，也引来了校董的不满。有校董在学校董事会上直言不讳：法律系教授经常数天、甚至整星期不给学生上课，这种不正常状态，对法律系造成了极大的伤害；要求法律系教授明确上课时间，不得长时间缺席。为了回应批评，校董会专门通过决议，为几位法学教授辩护，肯定他们忠实地完成了学校的教学工作；认为库利和坎贝尔两位教授同时兼任州最高法院法官，并未影响法律系的发展，反而能为法律系吸引生源、壮大财力，贡献不小；在他们任

---

〔1〕 Elizabeth Gaspar Brown, *Legal Education at Michigan*, 1859 ~ 1959, Ann Arbor: University of Michigan Law School, 1959, pp. 33 ~ 35.

〔2〕 Elizabeth Gaspar Brown, *Legal Education at Michigan*, 1859 ~ 1959, Ann Arbor: University of Michigan Law School, 1959, pp. 36 ~ 37.

〔3〕 阿尔菲厄斯·费尔克（Alpheus Felch, 1804 ~ 1896），生于缅因，1833 年移居密歇根，先当律师，后出任州议员、州长、联邦参议员，1879 ~ 1883 年任密歇根大学法学教授（Tappan Professor of Law）。

〔4〕 Elizabeth Gaspar Brown, *Legal Education at Michigan*, 1859 ~ 1959, Ann Arbor: University of Michigan Law School, 1959, pp. 475 ~ 476.

内，法律系已经成为仅次于哥伦比亚法学院的全国第二大法律系，资金充足，声望日隆。因此，校董会决定不改变当前的状况，在州法院开庭期间，库利和坎贝尔两位教授可以不来校上课。[1]

尽管如此，库利还是决定急流勇退，辞去教职，但未获校方许可。他只好退而求其次，将系主任职务交予其他教授，[2] 自己仅授课，不管系务。1884 年，库利正式从法律系辞职。

三、库利之后的法律系

库利辞职之后的十年，有几位法学教授相继担任过系主任职务，其中影响最大的是 1886～1890 年间担任法律系主任的亨利·罗杰斯。与库利一样，罗杰斯也出生于纽约，与密歇根同样渊源深厚。他是密歇根大学毕业生，还在法律系念过一年书，是库利的学生。1877 年法律系毕业后，罗杰斯到明尼苏达等地开业；1883 年回到母校，担任法学教授，成为密歇根大学历史上第一位全职法学教授。

在罗杰斯之前，密歇根大学的几位法学教授，几乎都是法律学徒出身或者自学成才，极少像罗杰斯这样经过大学法律训练的教师。由于是全职，又有理论学习经验，罗杰斯锐意改革，对密歇根大学法学教育发展影响颇大。据后人回忆，在罗杰斯负责系务期间，法律系的学制延长至每年 9 个月，分为初级、高级两个班，分开授课；他还引入了笔试制度，定期衡量教学效果，采用新教材，更新教学内容。使当时密歇根的法学教育焕然一新。[3]

---

[1] Elizabeth Gaspar Brown, *Legal Education at Michigan*, 1859～1959, Ann Arbor: University of Michigan Law School, 1959, pp. 70～72.

[2] 有教授回忆，库利辞职的主要原因是自己的改革措施得不到其他教授支持。Elizabeth Gaspar Brown, *Legal Education at Michigan*, 1859～1959, Ann Arbor: University of Michigan Law School, 1959, p. 103.

[3] Elizabeth Gaspar Brown, *Legal Education at Michigan*, 1859～1959, Ann Arbor: University of Michigan Law School, 1959, pp. 41～42.

由于罗杰斯改革的巨大影响，1890 年，他被西北大学聘为校长，离开密歇根，前往伊利诺伊。掌管西北大学期间，不到 40 岁的罗杰斯同样改革劲头十足，他打破既定秩序，倡导男女同校，引进校外教授、增设新专业，引领西北大学向现代大学迈进[1]。

法律系教授、西北大学校长
亨利·罗杰斯（1853～1926）

对于西北大学的法学教育，罗杰斯同样贡献颇多，正是在他任校长期间（1891 年），联合法律学院[2]正式并入西北大学，成为西北大学法学院。罗杰斯还从日本召回了哈佛毕业的约翰·威格莫尔[3]，允许他按照哈佛的案例教学模式，全面改造西北大学的法学教育方法。与此同时，罗杰斯还从母校密歇根大学请来了内森·阿博特，协助威格莫尔推行案例法教学[4]。

罗杰斯在西北大学的改革可谓卓有成效，但最终因为与校董会不和，于 1900 年离开伊利诺伊州，东赴康涅狄格，担任耶鲁大

---

〔1〕 http：//files. library. northwestern. edu/findingaids/henry_rogers. pdf.

〔2〕 Union College of Law，1859 年成立于芝加哥，最初是老芝加哥大学（Chicago University 或者 Old University of Chicago，建立于 1858 年，1886 年关闭，不是 1890 年成立的芝加哥大学）的法律系，1873 年起，由老芝加哥大学和西北大学共同管理，1891 年完全并入西北大学。见罗伯特·斯蒂文斯：《法学院：19 世纪 50 年代到 20 世纪 80 年代的美国法学教育》，阎亚林等译，中国政法大学出版社 2003 年版，第 101～102 页。

〔3〕 John Henry Wigmore（1863～1943），生于旧金山，毕业于哈佛大学，曾在波士顿开业当律师，后赴日本，出任明治政府顾问、庆应义塾大学（Keio University）教授（1889～1892），1893 年回到美国，任教于西北大学法学院，1901～1929 年任西北大学法学院院长。威格莫尔是著名的证据法专家，1904 年出版的《论英美普通法审判中的证据制度》（*Treatise on the Anglo - American System of Evidence in Trials at Common Law*，简称 *Wigmore on Evidence*），是证据法领域的经典之作。

〔4〕 罗伯特·斯蒂文斯：《法学院：19 世纪 50 年代到 20 世纪 80 年代的美国法学教育》，阎亚林等译，中国政法大学出版社 2003 年版，第 77 页。

密歇根大学法律系主任、校长哈里·哈钦斯（1847～1930）

学法学教授；1903 年起担任耶鲁法学院院长，1913 年被任命为联邦巡回上诉法院法官，直至 1926 年去世。[1]

罗杰斯任教密歇根大学法律系期间，正值密歇根大学法学教育转型之际。从教师方面而言，这种转型主要体现在三个方面：①从兼职转向专职。此前的法学教授多由著名法官、律师兼任，罗杰斯之后的教授，慢慢从兼职走向专职。②从学徒出身转向学院培养。此前的教授基本上都是法律学徒出身或者自学法律，罗杰斯之后的教授，大多受过大学训练，具有法律学位。③从不驻校转为驻校。罗杰斯之后招聘的新教授，几乎要求驻校，任教期间不得长期离开学校。当然，驻校的全职教授，工资也相对较高。

比如，1892 年任命底特律著名律师弗洛伊德·米切姆（1858～1928）担任法学教授时，就规定他不得继续在底特律执业，必须常驻安娜堡，年薪 2200 美元，比一般兼职教授优厚。1884 年任命哈里·哈钦斯出任法学教授时，也附加了必须驻校的条件。[2]

与罗杰斯一样，哈钦斯也是密歇根大学毕业生，当过律师，曾在母校和康奈尔大学任教，1895 年返回母校，任法律系主任（1895～1910）。哈钦斯掌系期间，继续推行罗杰斯的改革措施，增加专职教师数量，控制教师兼职，提升有学位教师的比例。由于改革卓有成效，1909 年，他开始代行密歇根大学校长职权，一

〔1〕 http：//files. library. northwestern. edu/findingaids/henry_rogers. pdf.
〔2〕 1897 年涨到 3000 美元，见 Elizabeth Gaspar Brown，*Legal Education at Michigan*，1859～1959，Ann Arbor：University of Michigan Law School，1959，p. 77，80.

年后正式出任密歇根大学校长。此时，法律系已经没有一名非驻校全职教授，而且，13 名全职教授中，只有一人没有法律学位。[1] 基本上实现了法学教授的专职化与专业化。

与此同时，法律系的课程体系也在改革完善之中，朝着多样化、选择性的方向发展。从 1897 年开始，法律系学制由两年增加到三年，第三年课程为选修，最初有 9 门，包括海事法、法医学、保险法、矿业法、专利法、版权与商标法、铁路法等，后来逐步增加了罗马法、西班牙法等内容，而且分上下两个学期开设。到 1911 年前后，法律系基本形成了比较完备的课程体系：一年级为必修课，每学期 4 门；二年级开始增设选修课，上学期 5 学时，下学期 6 学时；三年级全是选修课，上学期 5 学时，下学期 12 学时。[2]

教师专业化、人数增多之后，发展研究生教育的呼声也随之而起。1889 年，校董会授权法律系颁发法律硕士学位。随后，法律系草拟了一份培养方案，包括 17 门必修课程与一份毕业论文，合格者方能获得学位。1898 年，法律系进一步细化课程，将其分为主修和辅修两类；申请硕士学位者，必须在教授指导下修读具体课程，每周汇报学习情况，毕业时提交一篇与主修课程相关的论文，通过笔试和口试，可获硕士学位。[3]

经过 10 年的实践摸索，1909 年，法律系正式设立法律博士学位，入学者必先取得学士学位，在法律系修满三年。1915 年，校董会同意法律系升格为法学院。[4] 此后，密歇根大学法律学位设

---

〔1〕 Elizabeth Gaspar Brown, *Legal Education at Michigan*, 1859 ~ 1959, Ann Arbor: University of Michigan Law School, 1959, p. 79, 81.

〔2〕 Elizabeth Gaspar Brown, *Legal Education at Michigan*, 1859 ~ 1959, Ann Arbor: University of Michigan Law School, 1959, pp. 109 ~ 113.

〔3〕 Elizabeth Gaspar Brown, *Legal Education at Michigan*, 1859 ~ 1959, Ann Arbor: University of Michigan Law School, 1959, pp. 151 ~ 153.

〔4〕 密歇根大学法学院大事年表，http://www. law. umich. edu/historyandtraditions/time-line/Pages/default. aspx.

置又经过多次调整，于 1930 年代形成了 J. D. – LL. M. – S. J. D. 一整套学位体系，开办半个世纪以来，密歇根大学法律系培养了大批杰出法律人才，其中比较著名的有未来的联邦最高法院大法官威廉·戴[1]与乔治·萨瑟兰[2]，以及 20 世纪初的著名律师克拉伦斯·丹诺[3]。当然，在这些毕业生中，对母校法律系帮助最大的，应该是 1882 年毕业的威廉·库克（1858～1930）。库克是密歇根本地人，1880 年本科毕业于密歇根大学，随后进入法律系，跟随库利等人学习法律，毕业后到纽约开业，参与各种投资，积累了大量财富，晚年积极回馈母校，捐资为密歇根大学修建女生宿舍，出巨资为法学院修建餐厅、学生宿舍、图书馆、教室和办公室，组成气势宏伟、别具特色的法学院四方楼群。

　　库克之所以捐重金支持密歇根大学发展法律教育，在很大程度上也源自他对法律与法律教育之间关系的独到见解。他在遗嘱中表示，"我坚信，与美国的财富和权力相比，美国的制度更具影响力；我相信，发扬光大这种制度，过去需要，将来也同样需要

---

〔1〕 William R. Day（1849～1923），生于俄亥俄，1870 年本科毕业于密歇根大学，曾在密歇根大学法律系学习一年，随后回俄亥俄当律师，前后长达 25 年。因帮助好友威廉·麦金莱（William McKinley）竞选总统有功，短期出任助理国务卿、国务卿，1903～1922 年任最高法院大法官。

〔2〕 George Sutherland（1862～1942），生于英国，一岁时随父母移民美国，曾在密歇根大学法学系跟随库利学习法律，但未获法律学位即离开，到犹他开业，参与犹他建州过程，1901 年起担任联邦国会议员，1922～1938 年任联邦最高法院大法官。

〔3〕 Clarence Darrow（1857～1938），生于俄亥俄，父亲是废奴主义者，母亲是妇女选举权运动的积极支持者，但在丹诺十几岁时就去世了。丹诺在阿勒格尼学院（Allegheny College）念了一年书后，休学回家，在当地一所中学当了三年教师，然后到密歇根大学法律系念了一年法律，1878 年获得律师资格。丹诺口才出众，曾担任芝加哥市政府法律顾问、西北铁路公司律师，因同情工人罢工，辞去公司律师职务，转而为罢工工人辩护，名动一时。此后，丹诺又从劳资关系领域转向刑事辩护，在多起著名案件中担任辩护律师，是 20 世纪初美国最著名的律师。见丹诺：《舌战大师丹诺自传》，王炳译，法律出版社 1995 年版。

1930 年代的法学院四方楼群（Law Quadrangle）（Bentley Historical Library）

法律行业的引领，美国的未来极大地依赖于法律行业"。[1] 库克认为，法学院的品质决定着法律行业的品质，法律行业引领美国的未来，因此，法学院的品质预示着美国的未来。[2]

库克去世后，将自己的所有遗产都留给了密歇根大学法学院，虽然后来因为继承纠纷和经济危机，遗赠的股票市值贬值不小，[3] 但法学院仍利用这笔钱，完成了学院基本建设，为密歇根大学法学院跻身一流法学院奠定了坚实的基础。

〔1〕 William W. Cook，"The Law School and the State"，*Michigan Law Review*，Vol. 26，No. 8（Jun.，1928），p. 845.

〔2〕 原文为 The character of the legal profession depends on the character of the law schools. The character of the law schools forecasts the future of America.

〔3〕 https：//www. law. umich. edu/LIBRARY/INFO/COOK/Pages/cookbriefbio. aspx.

威廉·库克法律图书馆大门

威廉·库克遗嘱（James Duderstadt 拍摄）

在密歇根大学法学院所培养的学生中，除了库克这样的美国精英律师外，也不乏来自其他国家的优秀留学生。密歇根大学法学院很早就开始招收各国留学生，尤其是来自东方国家的留学生，这让它与中国结下了不解之缘。

四、密歇根大学法学院与中国

讨论密歇根大学法学院与中国的关系，不能不提吴经熊这位20世纪中国法律界的传奇人物，他既是温良书生，学贯中西、教书育人；也是人中之龙，草拟宪法、游走权门，在法学研究、法学教育、司法实务与立法实践等领域，都留下了深深的印迹。

吴经熊1899年出生于浙江，念过私塾，先后在上海沪江大学、

吴经熊在密歇根
大学的毕业登记照

天津北洋大学学习，1917 年进入位于上海的东吴大学法律专科学校。这所英文名为中国比较法学院的法律学校，由美国人兰金创办，在美国田纳西州注册，系教会学校，宗教氛围浓厚。吴经熊从中找到了心灵的慰藉，在学习英美法律的同时，也皈依了上帝，从此择善固执，终生不渝。

1920 年 10 月至 1921 年 6 月，吴经熊留学密歇根大学法学院，他本来计划攻读法律硕士学位，但因成绩优秀、表现突出，最后获得法律博士学位。在不到一年的时间里，他共修习了五门课程：政治理论、宪法法、国际法、罗马法及法理学，获得 20 学分，而且五门全"A"。[1]

吴经熊之所以能用大半年的时间，就完成美国法学院三年级的课程，很大程度上得益于他在东吴大学法科所经受的三年全英文授课训练，为他了解英美法律打下了坚实基础。当然，另一方面也因为东吴大学法科的办学水平得到美国众多法学院的承认，其毕业生才得以插班进入美国法学院高年级，以极短的时间获得法律学位。

在东吴法科的毕业生中，吴经熊并非前往密歇根大学法学院留学的第一人。早其一年，东吴法科第二届毕业生王传璧即赴密歇根读书，并获法律硕士学位。吴经熊也不是 1920 年前往该院攻读学位的唯一东吴法科毕业生，他的同班同学中还有陈霆锐和陆鼎揆。"同学三人，均只用一个学年获得了法律博士学位。后两人所选修的具体课程及成绩尚不得而知，但可以推测的是，他们也

---

〔1〕 这几门课程，大多是法学院高年级课程，而且学分不一，同时选修，难度不小，作为一个外国留学生，吴经熊的勇气和表现，令人惊叹。关于吴经熊在密歇根大学学习的详细情况，参见李秀清："吴经熊在密歇根大学法学院"，载《华东政法大学学报》2008 年第 2 期，第 143～144 页。

陈霆锐、陆鼎揆、刘风竹三人在密歇根大学法学院的登记照

都属于成绩特别优异者。"[1] 陈霆锐、吴经熊等人毕业后，都曾回母校东吴法科任教，[2] 进一步密切了东吴法科与密歇根大学法学院之间的联系。

根据密歇根大学法学院的学籍记录，早在 1899～1909 年间，就有两名来自中国的留学生；1909～1919 年间，有中国留学生 13 人；1919～1929 年间，中国留学生人数达到 25 人；1929～1939 年间，9 人；1939～1949 年间，4 人；1949～1959 年间，7 人。从 1859～1959 年，密歇根大学开办法学教育 100 年间，共招收中国留学生 60 人。[3] 1921 年，与吴经熊一同毕业的，除了陈霆锐和

---

[1] 李秀清："吴经熊在密歇根大学法学院"，载《华东政法大学学报》2008 年第 2 期，第 144 页。但是密歇根大学法学院大事年表显示，与吴经熊同年毕业的另外两名中国学生获得的是法律硕士学位（LL. M.），见 http：//www. law. umich. edu/his-toryandtraditions/timeline/Pages/default. aspx.

[2] 朱志辉：《清末民初来华美国法律职业群体研究（1895～1928）》，广东人民出版社 2011 年版，第 89～90 页。

[3] Elizabeth Gaspar Brown, *Legal Education at Michigan*, 1859～1959, Ann Arbor: University of Michigan Law School, 1959, p. 689.

陆鼎揆外，还有刘风竹（1889～1981）。[1] 刘风竹回国后，先后出任吉林省法政专门学校校长、教育部专门司司长，1955 年任吉林省教育厅厅长、省政协副主席，1981 年去世。[2]

1922 年，来自中国安徽的何世桢（1894～1972）、何世枚（1896～1975）兄弟同时从密歇根大学获得法律博士学位。他们也是东吴法科毕业生（1921 年毕业），同样仅用一年时间，就得到了法律博士学位，回国后在东吴大学、上海大学任教，并一起创办持志大学。1923 年从密歇根大学法学院毕业的蒋保厘是东吴法科 1922 届毕业生，回国后在上海从事律师业务，1949 年移居澳大利亚。[3]

1925 年毕业的高君湘[4]，同样是东吴法科出身（1924 年毕业），回国后曾任东吴大学法科教授，是民国时期上海著名律师，翻译过《公司法》一书，1948 年移居香港，为 2009 年诺贝尔物理学奖得主高锟之父。[5] 1929 年毕业的姚启胤，也出身东吴法科（1928 年毕业），他从密歇根获得法律硕士学位后，继续攻读法学博士学位，1930 年毕业回国，任教东吴，1949 年去台，后赴美国任教。1931 年毕业的查良鉴与何炳棣，同是东吴法科 1929 届毕业生。查良鉴回国后先后在中央大学、司法部、上海、重庆等地法

---

〔1〕 http：//www. law. umich. edu/historyandtraditions/students/Pages/GraduateListByYear. aspx.

〔2〕 王伟：《中国近代留洋法学博士考（1905～1950）》，上海人民出版社 2011 年版，第 71 页。

〔3〕 王伟：《中国近代留洋法学博士考（1905～1950）》，上海人民出版社 2011 年版，第 73～75 页。但是密歇根大学法学院大事年表显示，1923 年有 3 名中国学生毕业，他们获得的是法律硕士学位（LL. M. ），见 http：//www. law. umich. edu/historyandtraditions/timeline/Pages/default. aspx.

〔4〕 1925 年，与高君湘同年毕业的还有一位名为 Chuan Pi Wang 的中国人，此人应该就是 1919 年（早吴经熊 1 年）赴密歇根大学留学的王传璧，但不知为何延至 1925 年才毕业。见 http：//www. law. umich. edu/historyandtraditions/students/Pages/GraduateListByYear. aspx.

〔5〕 杨建邺："光纤之父——高锟"，载《自然杂志》2012 年第 6 期第 34 卷。

院任职，1949年赴台，任台大教授、"最高法院"院长、"司法行政部"部长。何炳棣回国后，一直在广州、厦门等地任教和从事律师业务，曾任厦门大学法学院院长。[1]

1920~1930年代留学密歇根大学法学院的中国学生，几乎都是东吴法科毕业生，他们回国后，大多都会回东吴任教一段时间，无形之中成为一种示范，推动了东吴法科学子留学密歇根大学法学院。

兰金之后，负责东吴大学法科教务的美国人刘伯穆，也与密歇根大学法学院紧密相关，他虽然不是密歇根人，但却长期在密歇根法学院任教，直至退休。1921~1926年，刘伯穆在东吴大学法科担任教务长，后回到美国，进入密歇根大学法学院学习，1927年毕业，留校工作，1963年退休。[2]

刘伯穆执掌东吴法科期间，除聘请名家、壮大师资外，[3]还十分留意中国的法律教育现状，曾撰文介绍当时中国的法学教育

---

〔1〕 王伟：《中国近代留洋法学博士考（1905~1950）》，上海人民出版社2011年版，第88页、第91~92页。密歇根大学法学院毕业生名单显示，查良鉴是1930年毕业，1930和1931年的毕业生名单中，没有找到何炳棣的名字。在这份名单中，1923年毕业的还有Chang, Yuan Mei，1931年毕业的还有一位名为Li, Tze-hsing的中国留学生。

〔2〕 有文章称，刘伯穆生于西弗吉尼亚州，在德克萨斯读完本科后，进入田纳西州坎伯兰大学（Cumberland University）念法律，获法律学士学位（LL. B.），1928年获密歇根大学法律博士学位（J. D.）。见"Professors Blume, James Begin Retirement," 6 *Law Quadrangle Notes* 2（August, 1962），也许正是在田纳西念书期间，刘伯穆认识了该州律师兰金，跟随他一起来到中国。刘伯穆的简历，参见http://www. law. umich. edu/historyandtraditions/faculty/Faculty_Lists/Alpha_Faculty/Pages/WilliamWBlume. aspx.

〔3〕 比如陈霆锐、吴经熊等校友，此外，刘伯穆还授予法科兼职教授、美国驻华法院法官（美国驻华按察使）罗炳吉（Charles Sumner Lobingier）荣誉法学博士学位，以表彰其贡献（东吴法科的英文名字正是罗炳吉所定，他一直在东吴法科兼课，十分关注中国法律改革）。见朱志辉：《清末民初来华美国法律职业群体研究（1895~1928）》，广东人民出版社2011年版，第85页、第90~91页。

密歇根大学法学院 1923 年毕业纪念册上的另外两名中国留学生照片
(Chang, Yuan Mei 与 Wu, Fu – Kun)

机构,[1] 提出自己的改良意见, 至今仍有借鉴意义。[2] 刘伯穆返美后, 东吴法科升格为东吴大学法学院, 由吴经熊任院长, 另一位校友、留学美国西北大学的盛振为出任教务长, 进一步壮大了东吴大学该学院的实力, 形成了法学教育中的 "东吴派"。[3]

五、密歇根大学与中国的文化渊源

在 20 世纪初, 吴经熊可谓密歇根法学院乃至美国法学界与中

---

[1] 刘伯穆: "二十世纪初期中国的法律教育", 载《南京大学法律评论》1999 年春季号, 第 22~27 页; 该文收录于王健编:《西法东渐——外国人与中国法的近代变革》, 中国政法大学出版社 2001 年版, 第 489~498 页。

[2] 比如律师业的三个准入条件: 一定的通识教育、一定的法律教育、一种良好的道德品质; 通过提高法学院入学条件打下通识教育基础, "借助法律伦理学、社会公正和宗教课程, 通过富于神启的教堂讲谈与传经布道, 藉以个人协商与对话", 培养未来的法官、律师和国家领袖。见刘伯穆: "二十世纪初期中国的法律教育", 载《南京大学法律评论》1999 年春季号, 第 24~25 页。

[3] 朱志辉:《清末民初来华美国法律职业群体研究 (1895~1928)》, 第 85 页、第 92 页。

国法律界一座重要桥梁，他铺垫了东吴法科与密歇根大学法学院之间的留学之路，他与美国著名法学家、大法官霍姆斯之间的交往，至今为中国学者所津津乐道，视为传奇。当时的美国学界，对神秘的东方古国，几乎都抱有一种热切的期盼，希望中国在既有文化基础之上革弊推新、融化新知，因此，也非常乐意接受中国留学生，密歇根大学自然也不例外。20 世纪初，在众多留学密歇根的中国学生中，对中国教育影响最大的，还不是吴经熊，而是吴贻芳（1893～1985）。

吴贻芳在密歇根
大学的毕业照

　　吴贻芳在 1919 年毕业于金陵女子大学，系中国首批获得学位的女大学生。金陵女子大学是一所教会学校，与吴经熊一样，吴贻芳也在大学期间受洗，成为基督教徒。1922 年，吴贻芳留学密歇根大学，1928 年获生物学博士学位，其间，她曾担任密歇根大学中国学生会会长、留美中国学生会副会长，非常活跃。1928～1951 年，吴贻芳出任金陵女子大学校长，长达 23 年，成为民国时期少见的女大学校长，也几乎是任职时间最长的校长。

　　吴贻芳之所以能留学密歇根，得益于密歇根大学校董利维·巴伯（1840～1925）提供的奖学金，巴伯也是密歇根大学法学院毕业生（1865 届）；1914 年，他出资设立专门帮助东方女性学习医学与其他科学知识的"巴伯奖学金"。巴伯设立这种专门奖学金的动机，源自于他在中国旅行期间遇到的两位杰出女性：康爱德和石美玉。她们是密歇根大学医学院 1896 届毕业生，毕业后即作为传教士回到自己的祖国（中国）办学、行医。她们的奉献精神，深深触动了巴伯，让他萌生了为东方女性设立专门奖学金的念头。[1]

---

〔1〕　http：//www. bentley. umich. edu/research/publications/china/main. php，　http：//bentley. umich. edu/exhibits/cosmo/barbour. php.

PRES. J.B. ANGELL.
President J.B. Angell.

詹姆斯·安吉利校长

传教士是中美早期交流的重要纽带，在康爱德和石美玉之前，密歇根大学的毕业生早已投身中国的传教事业。其中，最早的一位应该是 1845 届毕业生柯林。柯林是中美早期关系史上的著名传教士，1847 年，他受教会差遣，携妻子从波士顿登船，到中国传教，在福州开办学校，并与妻子合作翻译圣经，分发给周围的民众。1850 年，他担任福州差会负责人。1851 年染病返回密歇根，次年去世，年仅 29 岁。[1]

如果说柯林来华传教是密歇根大学与中国关系的起点，那么詹姆斯·安吉利（1829～1916）使华则是 19 世纪双方亲密关系的高峰。安吉利是美国著名教育家，曾担任密歇根大学校长长达 38 年之久（1871～1909），对学校发展贡献巨大，奠定了密歇根大学成为美国一流高校的基础。[2] 其间，安吉利还曾短期出任美国驻华公使（1880～1881），负责谈判修订《蒲安臣条约》，缔结了 1880 年《安吉利条约》，允许美国政府限制华工入境（但不得完全禁止）；但已经在美国的华工，来去自由，"享有最惠国公民（臣民）的所有权利、特权与豁免权"。

《安吉利条约》让安吉利在中国名声大噪，也使密歇根大学为更多中国人所知。1884 年底，清政府海关总税务司赫德率团参加在美国新奥尔良举办的世界工业与棉花博览会。展览结束后，他将中国展品赠送给自己老朋友安吉利所在的密歇根大学。安吉利将这些展品存放于学校博物馆，供学生与民众参观。[3] 此举进

---

〔1〕 http：//www. bdcconline. net/en/stories/c/collins‐judson‐dwight. php.

〔2〕 据亨利·罗杰斯回忆，安吉利掌校之初，密歇根大学仅有教授 36 人，到 1889 年，各类教师人数达到 108 人，在校生人数也几乎增加一倍。见 Henry Wade Rogers, "Law School of the University of Michigan", 1 *Green Bag* 189 （1889）.

〔3〕 http：//www. bentley. umich. edu/research/publications/china/main. php.

一步加深了密歇根大学与中国的联系。

此外，安吉利还与美国知识界的有识之士一道，敦促美国政府退还部分"庚子赔款"，资助中国学生赴美学习，清华学堂（留美预备学校）由此建立，在中国掀起留美热潮，密歇根大学也随之成为中国留学生首选大学之一。1911～1917 年间，密歇根大学有 50～70 名在册中国留学生，使密歇根大学位列中国学生人数最多的三所美国大学之中。[1]

1949 年之后，密歇根大学与中国大陆之间的关系基本断绝，但来自其他地区的中国留学生依然不少，其中包括早年弃文从武、参加中国远征印缅抗战的黄仁宇（1918～2000）。黄仁宇在密歇根大学从本科读到博士，最终成为蜚声中外的著名历史学家。

1970 年代初，中美关系出现缓和迹象，密歇根大学又一次得风气之先。在 1971～1972 年的"乒乓外交"中，密歇根大学发挥了不可替代的重要作用。1972 年 4 月，中国乒乓球代表团应邀访美，来到密歇根，留下了精彩的比赛场景。以"乒乓外交"为基础，密歇根大学还专门建立了"中美关系档案馆"，收藏 1971～1980 年间的中美非官方关系档案。

档案馆的两位发起人艾克斯坦教授和奥克森伯格（欧迈格）教授，均是密歇根大学的中国问题专家，后者曾任卡特总统特别助理，并在国家安全委员会担任东亚与中国事务高级顾问，多次访问中国，对卡特总统与中美关系正常化，发挥了不可估量的影响。

继奥克森伯格之后，密歇根大学的另一位教授、"中国通"李侃如也曾担任克林顿总统特别助理、国家安全委员会亚洲事务局局长，致力于在中美之间建立战略合作伙伴关系，至今仍活跃在中美关系舞台上。

---

[1]　http：//www. bentley. umich. edu/research/publications/china/main. php.

1958 年 7 月，宋美龄获得密歇根大学荣誉学位，与中国学人合影

密歇根校方同样重视与中国的关系，自 1979 年中美关系正常化以来，已有数任校长[1]率团访问中国，与中国政府和高校开展多项合作项目，其中比较著名的有"密歇根－中国大学领导高级研修班"与"上海交通大学密歇根学院"，在高校管理培训和工程人才培养方面，发挥着重要作用。

同样是在上海，2012 年 10 月正式揭牌成立的上海纽约大学系中美合作创办的一所研究性大学，美方负责人、常务副校长兼 CEO 杰弗里·雷蒙也是密歇根大学毕业生。雷蒙 1956 年生于纽约，在康奈尔读完本科（数学）后，接着到密歇根大

---

〔1〕 哈罗德·夏皮罗校长（Harold Tafler Shapiro，1980～1988 年在任）1981 年访问中国，詹姆斯·杜德施塔特校长（James Duderstadt，1988～1996 年在任）1993 年访问中国，玛丽·科尔曼校长（Mary Sue Coleman，2002～今）2005 年、2010 年两次访问中国。其中，詹姆斯·杜德施塔特是当代美国著名高等教育家，他的多部关于大学改革的著作，已经有了中译本。

交大－密西根联合学院院徽　　　　　　　上海纽约大学院徽

学念法学，读书期间，曾担任《密歇根法律评论》主编。法学院毕业后，给联邦上诉法院法官和最高法院大法官（史蒂文斯，John Paul Stevens）当过助理，并在华盛顿从事律师行业。1987年回密歇根法学院任教，1994年任法学院院长，成为当时美国最年轻的法学院院长，兼任美国法学院院长联合会主席（2001～2003）。2003年，雷蒙离开密歇根，出任康奈尔大学第十一任校长，积极推进大学国际化。2008年，雷蒙出任北京大学国际法学院创始院长，2011年获得中国政府颁发的"友谊奖"。

像雷蒙这样出身密歇根大学，执掌名校的教授，在密歇根大学历史上屡见不鲜。雷蒙之前的密歇根大学法学院院长李·博林格（1987～1994年在任）后来出任密歇根大学校长（1996～2001），现在是哥伦比亚大学校长（2002年至今），曾于2004年、2006年、2012年多次访问中国。

再往前一个世纪，托马斯·库利的学生、1886～1890年间担任密歇根大学法律系系主任的亨利·罗杰斯，后来出任西北大学校长（1890～1900），耶鲁大学法学教授、院长、联邦上诉法院法官。1895～1910年任法律系系主任的哈里·哈钦斯后来也升任密歇根大学校长（1909～1920）。

1858～1863 年执教于密歇根大学的安德鲁·怀特（1832～1918）后来成为康奈尔大学的首任校长（1866～1885）。怀特是著名历史学家、外交家，曾担任美国历史学会首任主席（1884～1885），两度出任美国驻德国大使（1879～1881、1897～1902），期间还曾出任美国驻俄国大使（1892～1894），结识托洛茨基并醉心摩门教。1899 年率团出席第一次海牙和平会议。

1891 年，斯坦福大学创立之际，斯坦福夫妇曾邀请怀特前往加州担任首任校长，但怀特不愿离开纽约，遂推荐自己在康奈尔时教过的学生、时任印第安纳大学校长的戴维·乔丹（1851～1931）赴任。乔丹任斯坦福校长期间（1891～1913），与来自康奈尔大学、印第安纳大学的教授一道，利用雄厚的资金支持，开设多种自然科学课程，为斯坦福大学奠定了坚实而广阔的根基。

怀特的另一个学生查尔斯·亚当斯（1835～1902），也是历史学家，亚当斯 1861 年毕业于密歇根大学，后留校任教，并赴欧洲学习；1881 年追随恩师怀特到康奈尔任教，后接替怀特，出任康奈尔大学第二任校长（1885～1892），兼任美国历史学会主席（1890～1891）。1892～1901 年任威斯康星大学校长。

在整个 19 世纪，密歇根大学都是美国中西部首屈一指的大学，为美国各地的新兴大学贡献了许多教学、领导人才。尤其是法学院，招生人数稳步上升，几乎是十年一个台阶。从 1860 年代的 200 多名学生，增长到 1890 年代的 600 多人；1905～1906 年，在校学生人数更是达到 896 人之多，是 19 世纪末美国规模最大的法学院。在密西西比河以西地区，密歇根大学法学院毕业生的身影随处可见。

密歇根大学法学院（法律系）州内外、国外学生数及相应比例[1]

年份	美 国			外 国	美 国		外 国（百分比）
	总数	本州	外州		本州（百分比）	外州（百分比）	
1859～1860	90	60	29	1	66. 67	32. 22	1. 11
1860～1861	159	97	61	1	61. 01	38. 36	0. 63
1861～1862	129	60	68	1	46. 51	52. 71	0. 78
1862～1863	134	66	67	1	49. 25	50. 00	0. 75
1863～1864	221	66	155		29. 86	70. 14	
1864～1865	260	61	198	1	23. 46	76. 15	0. 39
1865～1866	385	102	277	6	26. 49	72. 95	1. 56
1866～1867	395	105	286	4	26. 58	72. 41	1. 01
1867～1868	387	112	270	5	28. 94	69. 77	1. 29
1868～1869	343	96	239	8	27. 99	69. 68	2. 33
1892～1893	625	192	420	13	30. 72	67. 20	2. 08
1893～1894	597	182	409	6	30. 48	68. 51	1. 01
1894～1895	649	233	409	7	35. 9	63. 02	1. 08
1895～1896	660	248	403	9	37. 58	61. 06	1. 36
1896～1897	578	231	342	5	39. 97	59. 17	0. 86
1897～1898	745	303	435	7	40. 67	58. 39	0. 94
1898～1899	739	302	434	3	40. 86	58. 73	0. 41
1899～1900	818	331	484	3	40. 46	59. 17	0. 37
1900～1901	830	334	489	7	40. 24	58. 92	0. 84
1901～1902	827	317	507	3	38. 33	61. 31	0. 36

---

[1] Elizabeth Gaspar Brown, *Legal Education at Michigan*, 1859 ~ 1959, Ann Arbor: University of Michigan Law School, 1959, pp. 695 ~ 696.

第二节　西部传奇：黑斯廷斯法学院

在美国加州旧金山市政中心附近的麦卡利斯特街上，高耸着一幢麦卡利斯特塔楼，最初是一家饭店，二战后曾用做政府办公，1981 年重新装修后，成为加州大学黑斯廷斯法学院学生宿舍大楼。离此不远，在同一条麦卡利斯特街上，还散布着黑斯廷斯法学院的办公楼和教学楼。黑斯廷斯法学院是加州大学系统内、也是整个加州乃至西海岸成立最早的法学院，历史悠久、声名卓著。与其他学院不同的是，黑斯廷斯不在加州大学任何一个主校区，也不受加州大学董事会管辖，虽然冠以加州大学名号，但实际上是一所独立运行的研究生院，学生招生、教师聘任、课程设置都由本院指导委员会决定，无需加州大学董事会批准，这在加州大学系统内可谓独一无二。为什么会形成这种独特的办学结构呢？这一切还得从黑斯廷斯的创办经过与特殊历史说起。

麦卡利斯特塔楼

学院院徽

学院教学楼（David E. Snodgrass Hall）

行政办公楼（Mary Kay Kane Hall）

一、创办经过

黑斯廷斯法学院由加州最高法院第一任首席法官塞拉鲁斯·克林顿·黑斯廷斯一手创办。黑斯廷斯是 19 世纪美国的传奇人物，1814 年出生于纽约州杰斐逊郡，父亲是一名军官，曾参与 1812 年战争。20 岁之前，黑斯廷斯一直在纽约接受教育，打下了牢固的古典知识根基。1834 年，他移居印第安纳州，跟一位当地律师当学徒，学习法律，1836 年成为律师。1837 年，23 岁的黑斯廷斯满怀冒险发财之梦，继续西迁，来到当时还是联邦领地的艾奥瓦，很快被任命为当地治安法官，随后当选议员，进入领地议会、联邦众议院（1846～1847），1848 年初被州长提名任命为州最高法院首席法官。一年后，黑斯廷斯抛家别子，跟随淘金的洪流，奔向加利福尼亚，一边从事律师活动，一边寻找发财机会。1849 年底，鉴于黑斯廷斯的资历与能力，加利福尼亚议会选举他出任加利福尼亚领地最高法院首席法官，年薪 10 000 美元。两年期满后，黑斯廷斯决定不再连任，因为法官无法兼职，大大制约了他的发财机会。他转而竞争不限制私人执业的州司法部长一职，并得偿所愿。从 1852 年到 1854 年，黑斯廷斯一面担任公职，一面从事律师与土地投机活动，获利丰厚。1862 年，他的总资产已经达到 90 万美元，20 年后，更是涨到 250 万美元的天文数字。[1]

晚年的黑斯廷斯，手握巨额财富，开始成为加州著名的慈善家。他非常热心教育与科学，资助研究机构，出版研究著作。作为受过良好教育的律师，他最关心的还是培养有学问、有责任的律师，他希望按照自己的想法建立一所注重文化教育的法学院。而当时的加州乃至整个西海岸，尚无一所全日制法学院，1868 年组建的加州大学（位于伯克利），也一直计划建一所法学院。黑

---

〔1〕 Thomas Garden Barnes, *Hastings College of the Law: The First Century*, University of California, Hastings College of the Law Press, 1978, pp. 25～30.

斯廷斯的想法，很快得到州议会的赞同。
1878年初，州议会依照黑斯廷斯的设想，
通过了成立加州大学黑斯廷斯法学院的法
案。根据法案，黑斯廷斯法学院虽然名列
加州大学旗下，但管理权限属于法学院指
导委员会（其中一人为黑斯廷斯本人或其
后裔），加州大学只负责颁发大学学位；黑
斯廷斯在加州府库存入10万美元，州政府
每年拿出7000美元，交给指导委员会支
配；学院办学地点设在旧金山，以方便学
生入学和利用公共图书馆。

1850年代的黑斯廷斯

　　1878年3月26日，加州州长在建立加州大学法学院的法案上
签字，黑斯廷斯法学院正式获得法律身份，4月18日、5月20日
和5月27日，黑斯廷斯分三次将10万美金交给加州府库，用于
筹建黑斯廷斯法学院。[1]

　　1878年6月5日，黑斯廷斯在伯克利参加加州大学的毕业典
礼，并发表演说。他当着校长和众位校董（包括当时的加州州
长）的面公开表示，自己已经出资10万美元，在加州大学旗下设
立一所法学院，这将是西海岸第一所法学院。黑斯廷斯接着解释
了自己建立法学院的三层目的：其一，帮助学生了解法律的历史
与传统，法律不仅仅只是表面的规章与法令，更是蕴含着特定的
时代精神，在这方面，进法学院比当学徒更有优势；其二，加州
已经有很多优秀的律师，但是他们的总体水平仍未达到理想状态，
而法学院的知识培养与思维训练恰恰可以弥补这种缺陷；其三，
法学院的目的不只是培养有雄心的律师，还要向全社会传播法律
的基本原则，惟其如此，才会产生高素质的律师，才能建立稳固

---

〔1〕　Thomas Garden Barnes, *Hastings College of the Law: The First Century*, University of
　　　California, Hastings College of the Law Press, 1978, p. 21.

的民治政府，才能保障每个人的生命、自由与财产。黑斯廷斯坦言，自己确实准备树立一座丰碑，一间永远不会衰败的法律与智慧神殿。[1]

黑斯廷斯心目中的律师，应该像古罗马时期的西塞罗那样博学、睿智、善辩，因此他坚定地认为，历史上创造过灿烂文明的国家，都曾拥有大量具有公共精神的律师，所以，律师的培养关乎国运，不可不慎重其事。为了培养法学院学生的道德使命感，他甚至邀请旧金山一所教堂的牧师、神学博士威廉·普拉特到学院任教，讲授道德伦理与法则。普拉特虽是神学博士，但对科学知识也十分了解，而且口才过人，很符合黑斯廷斯的期望。在当时的美国，无论是法学院还是带学徒的律师事务所，都没有将法律职业伦理列为单独的培养科目，黑斯廷斯此举，可谓大胆而超前，在今天看来，确实具有跨时代的历史意义。而且，为了提升学生的文化素养与道德水平，黑斯廷斯从一开始就要求法学院推行三年制项目，而非当时绝大部分法学院所实施的两年制方案。黑斯廷斯还提出，法学院将优先招收具有大学学历的学生，不具备大学学历者，必须具有一定的拉丁文基础。在当时的加州，这样的要求无疑是有些理想化，因此极难实现。在1878年入学的第一批学生中，大学毕业的仅占19%。[2]

6月5日的毕业典礼还公布了法学院的指导委员会名单，几位指导委员均是加州法律界领袖人物，他们也应邀在毕业典礼上发言，对新建的法学院寄予厚望。6月6日，法学院指导委员会在旧金山市律师协会总部（萨克拉门托街634号）二楼召开第一次会议，会议的主要议程是确定法学院院长和教务主任，会议一致选举塞拉鲁斯·克林顿·黑斯廷斯为法学院院长、其子戴奥·黑

---

[1] Thomas Garden Barnes, *Hastings College of the Law: The First Century*, University of California, Hastings College of the Law Press, 1978, pp. 14～15.

[2] Thomas Garden Barnes, *Hastings College of the Law: The First Century*, University of California, Hastings College of the Law Press, 1978, pp. 17～18.

斯廷斯为教务主任，负责掌管学院档案、文件。7~8月间，指导委员会又接连开了三次会，聘请约翰·诺顿·波默罗伊博士担任国内法教授，月薪 300 美元，每周开课 10 小时，每天具体上课时间自行确定；聘请威廉·普拉特博士担任法律伦理教授，由波默罗伊教授统筹安排全院课程。此外，指导委员会还与旧金山市法律图书馆达成协议，允许学院学生使用该图书馆藏书。

约翰·诺顿·波默罗伊

　　波默罗伊（1828~1885）为 19 世纪末美国著名律师、宪法学家，生于纽约，1847 年毕业于汉密尔顿学院。曾任纽约大学法学、政治学教授、法学院院长（1864~1868），1868 年出版《美国宪法学导论》一书，多次再版，风行一时，被很多学校选为宪法学必读书籍。

　　8 月 8 日，黑斯廷斯法学院正式开学，首批 103 名学生主要来自本州与邻近各州。在与学生们匆匆见过一面之后，黑斯廷斯便离开了，将学院完全交由指导委员会管理。1878 年秋冬，管理委员会继续开会，鉴于黑斯廷斯无法正常与会，管理委员会选举约瑟夫·霍格担任副主席，主持委员会工作。霍格是加州著名律师，旧金山市律师协会创始人与首任主席（1872~1879），此前曾在伊利诺伊州执业，并担任过联邦众议员（1843~1847）。在担任黑斯廷斯法学院管理委员会主席的同时，霍格还当选 1878 年加州制宪大会主席，主持制定了 1879 年加州宪法。

　　为了帮助平民与移民子弟实现大学梦想，黑斯廷斯法学院决定免费招生，只收 10 美元注册费。当时的加州，华裔众多，大多以筑路、洗衣、开餐馆为生，社会地位低下，文化层次不高。虽然出身卑微，远涉重洋，跨海谋生，但他们与所有传统中国人一样，仍保留着以教育为晋身之阶的坚定信念，非常愿意送自己的子女进学校读书。黑斯廷斯法学院开办的当年，就有华人报名入学，但淘金热潮过后，加州排华浪潮高涨，华人备受歧视，霍格等人也不例外。1878 年 10 月 18 日，法学院指导委员会一致通过决议，拒绝招收华人入学。[1]

除了华人外，黑斯廷斯法学院最初也拒绝招收女生，并因此卷入一场影响深远的诉讼。1879 年 1 月 10 日，法学院指导委员会一致决定，不允许女生进入黑斯廷斯法学院，教务主任随即通知两名已经开始听课的女生——克拉拉·肖特里奇·福尔茨和劳拉·戈登离开学院。福尔茨和戈登不服从学院决议，一气之下将霍格等人告上法庭，要求学校接收女性学生学习法律。

二、传奇女子福尔茨

克拉拉·福尔茨是美国历史上的传奇女子，她出身名门，在美国西海岸创下了多项"第一"：加州第一位女性律师、第一位进入法学院的女生、州议会第一位女性秘书、第一位女性检察官。她是天生的斗士，虽然生为女人，但志向高远、永不屈服。

福尔茨本姓肖特里奇，1849 年出生于印第安纳州，据她后来所言，她是美国早期探险家、肯塔基开拓者丹尼尔·布恩（1734～1820）之后，遗传了布恩敢闯敢干、勇于冒险的精神，从福尔茨一生的经历来看，绝非虚言。福尔茨十余岁时，跟随巡回布道的父母迁居艾奥瓦，进入当地一所学校接受正式教育。1863 年，福尔茨的父母到其他地方传教布道，14 岁的福尔茨开始以教书为业，自食其力。她天生伶俐、口才出众，加上从小接受牧师演说熏陶，讲课与演讲极具感染力。1864 年，15 岁的福尔茨爱上了英俊潇洒的联邦士兵杰里迈亚·福尔茨，私定终身，在艾奥瓦购买了农场并安家生子，两人胼手胝足，相继生养了四个孩子。生活的重担消磨了往日的激情，为了养家糊口，1871 年前后，福尔茨

---

[1] Thomas Garden Barnes, *Hastings College of the Law: The First Century*, University of California, Hastings College of the Law Press, 1978, pp. 44～46.

夫妇先后翻越落基山脉，来到俄勒冈的波特兰。由于杰里迈亚的工资不足以养活一家人，福尔茨不得不自己出来工作，到制衣厂、寄宿学校帮工，贴补家用。1875年，福尔茨一家南迁加州圣何塞，生养了第五个孩子。但是杰里迈亚却逐渐厌倦沉重的家庭负担，时常回到波特兰去见另一个女人，1876年，两人的婚姻走到尽头。[1] 福尔茨独自一人带着五个孩子留在圣何塞，到寄宿学校帮工已经无法支撑五个孩子的开支，福尔茨不得不另辟蹊径。

当时，加州的妇女选举权运动如火如荼，各种集会、演讲活动铺天盖地，并得到了当地一些富裕家庭和有识之士的支持。福尔茨决定发挥所长，参与其中，通过发表有偿演说，获取生存资本。没想到一举成名，大受欢迎，从此踏上了"抛头露面"的公共职业生涯。1877年初，福尔茨在圣何塞发表了题为《女性的政治解放》的演说，她将女性的无权地位等同于未解放的奴隶，希望女性能享有与男子一样的政治权利；她还引用《圣经》与自然法理论，认为上帝造就了同样智慧的男人和女人，剥夺女性的选举权是违背自然法之举。[2]

福尔茨相信女人具备与男人同样的智力与禀赋，男人能做到的，女人一样能做到。她决心进入一向为男人天下的律师行业，一方面是为了挑战，另一方面也希望因此获得一份稳定的收入。但是1870年代的加州，虽然经济一片欣欣向荣，但依然是文化上的边陲，全州没有一所正式的法学院，要成为律师，首先得当学徒，跟著名律师学习一段时间。福尔茨找到当地大名鼎鼎的弗朗西斯·斯宾塞律师，给他写了一封很恭敬的信，表示自己希望跟

〔1〕　Barbara Allen Babcock, "Clara Shortridge Foltz: Constitution – Maker", 66 *Indiana Law Journal* 859 ~ 860 (1991); Barbara Allen Babcock, "Clara Shortridge Foltz: First Woman", 30 *Arizona Law Review* 677 ~ 681 (1988).

〔2〕　Barbara Allen Babcock, "Clara Shortridge Foltz: Constitution-Maker", 66 *Indiana Law Journal* 861 (1991); Barbara Allen Babcock, "Clara Shortridge Foltz: First Woman", 30 *Arizona Law Review* 684 (1988).

随其学习法律。过了好一阵子，斯宾塞才给她回信，结果不出所料，他也认为女性的位置在家庭，虽然福尔茨很聪明，但身为女性而想当律师，这种想法很愚蠢。这封信给福尔茨以极大的打击与刺激，激起了她的斗志，促使她奋起抗争。直到晚年，她还记着这封回信，并在回忆文章中全文抄录。[1]

福尔茨最后找了一个支持男女平等的律师当自己的师傅，实现了学习法律的夙愿。但这还只是成为律师的第一步，当时，加州法律（1851 年通过）规定，凡年满 21 周岁的"白人男性"，只要品行端正、具备必要的知识与能力，均可申请成为律师。福尔茨不缺知识，也不乏能力，关键是性别。要想担任律师，必先修改这条法律。福尔茨自己动手，起草了一条"女律师法案"，将原来法律中的"白人男性"改为"任何人"，交由当地一名新当选的议员带到首府萨克拉门托。与此同时，福尔茨与女权运动积极分子也赶往州府，在州议会大厦外集会请愿。

1877 年底，加州第二十二届议会在萨克拉门托开幕，福尔茨带来了圣何塞律师界领袖签名的请愿书，他们认为，像福尔茨这样没有丈夫供养的女子，也可以进入律师行业自食其力。州议会中的很多议员都是律师出身，他们对福尔茨的遭遇、毅力深表同情和理解，加上有重要议员从中施以援手，在会议闭幕前，"女律师法案"最终获得通过。1878 年 3 月，加州州长在"女律师法案"上签字，福尔茨终于有资格成为律师了。与此同时，州长还签署了另外两份法案：成立黑斯廷斯法学院，附设于加州大学名下；召开制宪会议，制定新的州宪法。[2] 这几份法律，对福尔茨的人生，影响深远。

---

[1] Barbara Allen Babcock，"Clara Shortridge Foltz：First Woman"，30 *Arizona Law Review* 685（1988）.

[2] Barbara Allen Babcock，"Clara Shortridge Foltz：First Woman"，30 *Arizona Law Review* 686 ~ 695（1988）.

州议会休会后，福尔茨满怀喜悦与激情回到圣何塞，她一面写信给朋友报告这个好消息，一面抓紧准备律师资格考试。为此，她将年幼的孩子托付给自己的母亲帮忙照看，夜以继日地苦读法律书籍。由于天资聪颖、记忆过人，1878年9月，福尔茨通过了当地律师协会组织的考试，顺利成为律师。当时的律师资格考试非常简单，没有笔试，只有口试，这给福尔茨的语言天赋派上了用武之地。考试委员会由当地的三位著名律师组成，其中一位是她的老师，另一位是曾经拒绝收她为徒的斯宾塞，还有一位是在她的请

克拉拉·福尔茨

愿书上签字的当地律师。经过三个小时的口试问答，福尔茨的辩才、智识与毅力，改变了斯宾塞的看法，三位律师一致同意福尔茨加入律师行列，福尔茨也因此成为加州历史上第一位女性律师。[1]

三、状告法学院

在当地女权组织的帮助下，福尔茨律师很快获得了案源，但接手的多数孤苦无助的女性受害者，这使她认识到，要从根本上改变女性的地位，必先保障女性获得必要的教育与生存技能。对于她本人而言，由于结婚过早，没能接受完整的教育，始终是个遗憾。而且，她的男性同行，很多都是大学毕业，学识比她丰富，常常能引经据典，言词更具有说服力，使她有相形见绌之感。为此，年近30的福尔茨决定进入大学，补充知识，弥补遗憾。正好此时，加州大学成立了黑斯廷斯法学院，免费招生。

---

[1] Barbara Allen Babcock, "Clara Shortridge Foltz: First Woman", 30 *Arizona Law Review* 696~697 (1988).

1879 年初，福尔茨带着三个年幼的孩子，从圣何塞来到黑斯廷斯法学院所在的旧金山，1 月 10 日，她和另一名女性劳拉·戈登一起进入学院。次日，她们接到院方通知，学院指导委员会不同意招收女生，理由是女生的服饰和举止会分散男性学生的注意力。福尔茨和戈登向黑斯廷斯本人和负责课程设置的波默罗伊教授申诉，得到的答复是，女性能否进入法学院，由院方决定，她们并无接受法学教育的法定权利。无奈之下，福尔茨只好求助于法院，将新成立的黑斯廷斯法学院告上旧金山地方法院，希望法官能同意女性进法学院。但是，法官根本就不认可福尔茨的律师身份，倔强的福尔茨只得在旧金山又参加了一次律师资格考试，结果照样通过。2 月 10 日，她正式向旧金山第四地区法院提交申请状，要求法院命令黑斯廷斯法学院接收女生。2 月 13 日，黑斯廷斯法学院指导委员会开会讨论此事，一边选定律师应诉，一边答复法院的质疑。院方在答辩状中声称，招收学生属于学院的办学自主权，为了学院的健康发展，院方可以拒绝某些人入选；黑斯廷斯法学院为黑斯廷斯法官一手创办，由指导委员独立管理，挂靠在加州大学名下，只是为了方便授予大学学位，而不用遵循大学的招生政策。2 月 24 日，法院开庭审理福尔茨诉黑斯廷斯法学院一案，福尔茨既是原告也是自己的律师。作为加州的第一位女律师，她的一举一动都备受关注。加上此案又是加州女性申请进入法学院第一案，因此审判当天，关心女性权利的各界人士与新闻记者挤满了法院审判大厅，新闻记者详细描述了现场情形，连福尔茨的衣着打扮、首饰发型都形诸文字且见于报端。[1]

作为原告，福尔茨先用半小时陈述了自己的立场。她强调黑斯廷斯法学院与其他学院一样，都是加州大学的组成部分，既然

---

[1] Barbara Allen Babcock, "Clara Shortridge Foltz: First Woman", 30 *Arizona Law Review* 700 ~ 709 (1988); Mortimer D. Schwartz, Susan L. Brandt & Patience Milrod, "Clara Shortridge Foltz: Pioneer in the Law", 27 *Hastings Law Journal* 550 ~ 553 (1976).

加州大学男女兼收，法学院也不应该例外；1868 年建立加州大学时，就曾考虑过设立法学院和医学院的问题，1878 年成立法学院时，也没法附加任何招生条件。因此，法学院也应与全校一致，男女兼收，而不应该排斥女性。但是法学院一方的律师提出，女性的天职是养儿育女、相夫教子；女性敏感、冲动，天生脆弱，不适合从事法律职业。法学院方面律师还以 1875 年威斯康星州法院判决的一起类似案件为例，证明律师这个行业涉及杀人放火、抢劫强奸、海淫海盗、卖淫嫖娼、鸡奸乱伦等一些无耻下流之事，不是女性应该涉猎的，她们也无法胜任。作为独立管理的法学院，学院指导委员会有权将不适合担任律师的学生拒之门外。对于法学院律师列举的这些所谓的女性弱点，福尔茨并未直接反驳，她强调这些都是社会问题，不是法律问题，没有任何法律禁止女性进法学院读书；"女律师法案"既然认可女性进入律师行业，就意味着女性可以进法学院，为当律师做准备。而且，正因为女性天生冲动、懦弱，才更需要法律知识的熏陶、培养，使其更理性、更坚强；法律可以使女性"成为更优秀的妻子、母亲、更好的公民"。[1]

3 月 5 日，法院正式宣布判决结果：福尔茨一方胜诉。法官表示，法院应该尊重立法机构的意愿，既然州议员同意女性进入律师行业，法院和指导委员都不应该设置障碍。黑斯廷斯和法学院一方虽然败诉，但他们（尤其是指导委员会）并不甘心，他们决定上诉州最高法院，从时间和精力上拖住福尔茨，不让她顺利进入法学院。福尔茨在旧金山举目无亲，生活难以为继，只好在当年 5 月返回圣何塞，一边准备应诉，一边发表演说并参与女性选举权运动。

为了能有资格到州最高法院出庭应诉，1879 年 12 月 6 日，福

---

[1] Barbara Allen Babcock, "Clara Shortridge Foltz: First Woman", 30 *Arizona Law Review* 710 ~711 (1988).

尔茨又参加了州最高法院组织的律师考试，仍然是口试，福尔茨
又一次顺利过关。12 月 20 日，州最高法院公布判决，维持原判，
认定黑斯廷斯法学院为加州大学之一部，无权单独决定是否招收
女生，年龄合格、品行端正的加州居民均可申请入学。官司走到
这一步，法学院一方可以说是完败。但是院方仍不死心，甚至通
过决议，要求已经获得律师资格者，必先得到指导委员会的特许，
方能入学。但这条专为拒收福尔茨设计的要求，明显违背州最高
法院的判决，福尔茨当然不能接受。她不顾院方的反对，继续在
法学院学习了两年时间，最后因为家庭与事业的原因，中途离开，
没有获得学位。[1] 第一个从黑斯廷斯法学院获得学位的女性是
1879 年入学的玛丽·麦克亨利，1882 年毕业时，福尔茨还专门给
她致信，祝贺她顺利获得学位。[2]

虽然福尔茨后来在法律上取得了不小的成就，但她一直认为，
为女性打开加州法学院大门，才是她一生中最大的贡献。她十分
热爱法律，也希望获得一份法律学位。1889 年，她曾向黑斯廷斯
法学院申请法律学士学位，但因为缺乏完整的课程、考试记录，
没能成功。1925 年，七十多岁的福尔茨再次向黑斯廷斯法学院申
请荣誉法律学位，因为学院没有授予荣誉学位的先例，再次
失败。[3]

离开黑斯廷斯法学院后，福尔茨相继在州议会、地方检察机
构工作，成为加州议会第一位女性顾问、加州第一位女性检察官。
19 世纪末 20 世纪初，她投身加州刑事司法改革，开创了加州保释
制度，倡导建立公共辩护机构，为贫苦的刑事被告提供法律援助，
避免他们遭受不公正审判。

---

[1] Thomas Garden Barnes, *Hastings College of the Law: The First Century*, University of
California, Hastings College of the Law Press, 1978, pp. 54 ~ 56.

[2] Barbara Allen Babcock, "Clara Shortridge Foltz: First Woman", 30 *Arizona Law Review* 715 (1988).

[3] Thomas Garden Barnes, *Hastings College of the Law: The First Century*, 1978, p. 57.

1916～1918 年，六十多岁的福尔茨在自己创办的月刊《新美国妇女》上连载回忆性文章《一个女律师的奋斗与成功》，描述了作为一名女性律师的辛酸与曲折，虽然颇多夸大之处与自溢之词，但仍不失为一部个人奋斗史。

晚年的福尔茨回首自己的一生，曾非常感慨地说，"我所有的牺牲与成就，都必将为后人所记取；尽管我似乎有些怪异、满脑子幻想，但在那样充满偏见与限制的年代，我以自己的成功证明，只要努力抗争、坚持不懈，终将有所收获"。为了记录自己的成败教训，福尔茨保留了大量的个人资料，以便日后有人为自己著述立传。可惜的是，她自己的子女却不这么看，福尔茨去世后，她的后人变卖了所有的家具，销毁了她的私人文档。[1] 他们似乎一直不愿意接受这么一位"四处活动、丢人现眼"的母亲，也不希望别人传扬她的"英名"。

但是后人不会忘记福尔茨的历史贡献，1991 年，在黑斯廷斯法学院女生的一致要求下，学院追授福尔茨法律博士学位（J.D.），[2] 福尔茨逝世半个多世纪后，终于获得了身前梦寐以求的法律学位，得到了黑斯廷斯法学院的认可，她泉下有知，定会含笑瞑目。

2002 年初，洛杉矶市将位于市中心的洛杉矶郡刑事法院大楼，改名为克拉拉·肖特里奇·福尔茨刑事司法中心，以纪念福尔茨为女性参与法律所作的杰出贡献。时任联邦最高法院大法官、平时深居简出的奥康纳破例出席了命名仪式，她在讲话中盛赞福尔茨为女性进入法律职业所作出的开创性贡献，"她是真正的女性律师先驱"。作为美国联邦最高法院历史上的第一位女性大法官，奥康纳

---

〔1〕 Mortimer D. Schwartz, Susan L. Brandt & Patience Milrod, "Clara Shortridge Foltz: Pioneer in the Law", 27 *Hastings Law Journal* 545, 564 N. 150 (1976).

〔2〕 Barbara Allen Babcock, "Alma Mater: Clara Floltz and Hastings College of Law", 21 *Hastings Women's Law Journal* 105 (2010).

劳拉·戈登

由衷地钦佩福尔茨的毅力和勇气。[1]"难道女性不能跟男性平等吗？天赋、才智与劳动是不分性别的"，这是福尔茨的名言，奥康纳自己感同身受。

四、另外两位女性

跟福尔茨一起申请进黑斯廷斯法学院的劳拉·戈登也非平常女子，她比福尔茨年长11岁，1838年出生于宾州，家境贫寒，由母亲一手抚养长大。受母亲影响，接受唯灵论，相信生死相通，并接受其独特的演说布道方式。1862年，劳拉嫁给从苏格兰移民美国的戈登医生，为内战期间的北方联邦军队服务，1867年迁往加州，随后定居加州北部的圣华金郡。次年2月，戈登在旧金山发表首次公开演讲，倡导妇女也与男子一样享有选举权，引起极大轰动。1870年，参与创建加州妇女选举权协会，并在接下来的两年里，发表了将近两百次有关妇女平等权的演说，足迹遍布内华达、俄勒冈州，乃至华盛顿地区，成为西海岸女权运动的代表人物，甚至被推选为州议员候选人，连女权运动先锋苏珊·安东尼也从东部写信给她，请她帮忙发行她们所办的刊物。[2]为了表示感谢，1876年5月，安东尼特意从纽约致信戈登，告诉她全国妇女选举权运动百年纪念的活动安排，邀请她前来参加。[3]也正是

〔1〕 Cecilia Rasmussen, "Justice Prevails for State's First Female Attorney", *Los Angeles Times*, February 3, 2002, http：//articles. latimes. com/2002/feb/03/local/me-then3；Ann Carey McFeatters, *Sandra Day O'Connor*：*Justice in the Balance*, Albuquerque：University of New Mexico Press, 2005, pp. 199~200.

〔2〕 Reneé Francis Hawkins, "Laura de Force Gordon：Fragments of a Feminist Pioneer", wlh-static. law. stanford. edu/papers/GordonL－Hawkins97. pdf.

〔3〕 Ann D. Gordon, ed., *The Selected Papers of Elizabeth Cady Stanton & Susan B. Anthony*, Volume III：*National Protection for National Citizens*, 1873 *to* 1880, New Brunswick, N. J. ：Rutgers University Press, 2003, p. 224.

在这期间，戈登认识了福尔茨，两位聪明过人、口齿伶俐的女性从此成为毕生的同路人。两人一起组织妇女，游说州议会通过了"女律师法案"等一系列有利于女性的法律，福尔茨与其相继成为加州历史上第一位与第二位女律师。

1873 年，戈登还利用自己的影响，在加州经营了一份报纸，无意中开创了女性办报纸的先河。虽然报纸只办了短短数年，但戈登对新闻的热爱却持续了一生，她继续为加州的报纸写稿、发表评论，推动女性平等事业。

当然，作为一名女律师，戈登的职业生涯同样精彩。1879 年，她与福尔茨打赢状告黑斯廷斯法学院的官司后，并没有重返法学院，而是留在旧金山开业当律师，她的律师事务所，除了提供咨询服务外，还出庭替杀人犯、外国移民辩护。当时的美国，女性律师凤毛麟角，女性刑事律师更是绝无仅有，戈登出庭，往往成为当地报纸争相报道的新闻。甚至连南太平洋铁路公司这样的大企业，也成为她的客户。为了回报戈登的服务，南太平洋铁路公司允许她终身免费乘坐本公司列车。由于表现突出，1883 年，戈登还获得了进入联邦最高法院辩护的资格，并应邀加入了当时的女性律师社团公平俱乐部，与其他州的女性律师互通信息，相互鼓励。[1]

但是，与福尔茨一样，戈登的婚姻生活也不幸福。1877 年，她与丈夫离婚，此后没有再嫁，直到 1901 年才回到位于圣华金郡洛代的农场。由于膝下无子，晚年十分孤单、凄凉，1907 年郁郁而终。

福尔茨和戈登是黑斯廷斯法学院最早的女性，但并未获得学位。第一位获得加州大学法学学位的是 1882 年毕业的玛丽·麦克亨利，她曾被选为毕业生代表，在毕业典礼上发言，深受波默罗伊

---

〔1〕 Reneé Francis Hawkins，"Laura de Force Gordon：Fragments of a Feminist Pioneer"，wlh-static. law. stanford. edu/papers/GordonL - Hawkins97. pdf.

玛丽·基思的画像[1]

教授称赞。

玛丽生于 1855 年，是路易斯安那州一位法官的女儿，从小受过良好教育，后随父亲迁居加州，1879 年毕业于加州大学文法学院，同年秋天进入黑斯廷斯法学院。当时，地区法院已经就福尔茨案作出判决，女性可以进法学院读书，而玛丽又是加州大学毕业，成绩优异，黑斯廷斯法学院只好接受她的入学申请。在法学院三年期间，玛丽阅读了大量关于古典文学、罗马法与英国法律史著作，对遗嘱与女性财产权尤其感兴趣。她在毕业典礼上的发言，主题就是遗嘱的起源与历史。[2]

毕业之后，玛丽顺利成为律师，但并没有从事法律实务，而是嫁给了比自己大 17 岁的著名画家威廉·基思（1838～1911），成为画家的第二任妻子（改名玛丽·基思）。基思也是苏格兰移民，十几岁到纽约，先学木刻，后攻水彩、油画，以加州山水画著称。

婚后，基思夫妇定居伯克利，但在旧金山经营着一间工作室。威廉每天往返家庭与工作室之间，而玛丽则为奥克兰一家报纸写专栏，邀请志同道合的女性聚会，先后捐款 15 000 美元，支持日益高涨的女性选举权运动。很快，他们在伯克利的家就成为加州女权运动的策源地，玛丽也随之与福尔茨、戈登等人齐名，只不过比福尔茨更温和、更有魅力。作为丈夫，威廉·基思十分支持玛丽的女权事业，他本人也很乐意与女性交往。但他还没来得及分享她们的喜悦，就于 1911 年春天病逝了，当年年底，加州通过公

---

〔1〕 http：//commons. wikimedia. org/wiki/File：Portrait_of_Mary_McHenry_Keith_by_William_Keith, _1883. jpg, 创作于 1883 年，作者为玛丽·基思的丈夫威廉·基思。

〔2〕 Thomas Garden Barnes, *Hastings College of the Law*：*The First Century*, University of California, Hastings College of the Law Press, 1978, pp. 58～60.

1904年，玛丽·基思给加州妇女选举权组织的捐款[1]

投，授予女性选举权。[2]

威廉·基思病逝，对玛丽打击颇大，使她的意志进一步消沉。1911年以后，玛丽完全淡出公共生活，独自一人生活了数十年，直到1947年去世。

五、谁来管理学院

在黑斯廷斯法学院创办的最初几年里，学校的教学工作几乎是波默罗伊教授一人负责，他是经验丰富的律师和教师，来自东部纽约，对如何办一所法学院，有自己的看法。他坚信，法学院只管教法律，不用管别的；法学院只培养律师，不负责教授人文知识。因此，他给学院设计了三年制的全法律课程：第一年介绍人身与财产法、合同法基础知识；第二年专教商法、不动产法、信托法、遗嘱法以及衡平法；第三年则专注审判、上诉程序、国际法、冲突法与罗马法。[3]

---

〔1〕 http://bancroft.berkeley.edu/Exhibits/suffrage/room_01.html.

〔2〕 Thomas Garden Barnes, *Hastings College of the Law: The First Century*, University of California, Hastings College of the Law Press, 1978, pp. 60~61.

〔3〕 Thomas Garden Barnes, *Hastings College of the Law: The First Century*, University of California, Hastings College of the Law Press, 1978, p. 68.

但是，作为学院的创始人与院长，黑斯廷斯无论如何不能同意波默罗伊这种为法律而法律的办学理念。在他看来，法学院是培养通才的地方，应该法律知识与文化素养并重，既教授法律知识，也培养人文情怀。为了办好法学院，他还曾专门到欧洲考察，走访了英国的律师会馆与德国的著名大学，很称赞德国法官、律师所具备的古典知识与历史情感。1879 年 8 月，黑斯廷斯对法学院学生发表了题为"法学院与法律教学法"的年度演说，集中表达了自己的法学教育观：法学院并非像一般人认为的那样，仅仅只是造就律师，法学院也要培养法官、政治家与立法者；法学院要交给年轻人从事国内外贸易所需的知识，不仅仅是本国的宪法与法律，也包括国际法与外国法；除了法律知识与相关训练外，法学院还应教授其他领域的实用知识。[1] 为此，黑斯廷斯主张，法学院理应成为大学的一部分，这样才能更好地利用大学的人文氛围，培养有知识、有素养的律师、政治家。

但是，实际控制法学院的指导委员会却不这么看，这些指导委员多是律师出身，虽然在业内声名显赫，但都基本上都没上过大学，他们成为律师，靠的是给经验丰富的律师当学徒。在他们的人生经历中，大学教育与培养律师并无必然联系，没进过大学，照样可以当律师，只要聪明、肯干，就能出人头地。成立法学院，只不过是将原来单个律师带徒弟的培养方式，扩大为几个律师共同带徒弟，一人教一块，相互补充。因此，法学院根本不用教法律之外的知识。而且，如果不是因为需要大学发文凭，法学院也根本不用附设于大学之下。

黑斯廷斯希望办一所大学之下的法学院，培养知识全面又有文化素养的政治家型律师，而指导委员会则依然坚持以学徒为律师的养成手段。两者之间的分歧，在对待法学院与加州大学的关

---

[1] Thomas Garden Barnes, *Hastings College of the Law: The First Century*, University of California, Hastings College of the Law Press, 1978, pp. 63 ~ 66.

系问题上，尤其严重。

1868 年，加州大学组建之时就曾提出，将来要设立医学院、法学院，使其成为大学的一部分。1873 年，加州大学将私立托兰医学院收归旗下，成为加州大学医学系。1878 年建立黑斯廷斯法学院时，州议会通过的立法也规定，作为加州大学的法律系，新成立的学院应该附设于加州大学之下；法学院院长为加州大学教师。但并未明确提出，黑斯廷斯法学院何时完全并入大学。[1] 在福尔茨状告法学院一案中，争议的焦点也正在此处，法院一方最终认定，黑斯廷斯法学院成立之后，就是加州大学的一部分，应该执行加州大学的招生政策，男女兼收，对此，黑斯廷斯本人并不反对；但是学院的指导委员会希望保留学院的独立性，坚持按培训学徒的方式办学院。

1879 年 6 月，加州大学校董会成立专门委员会，研究黑斯廷斯法学院问题。8 月 7 日，校董会通过决议，将法学院完全纳入加州大学：学院指导委员会人选应由校董会批准；学院创始院长为加州大学教授委员会终身成员；法学院的所有管理事务都应纳入校董会的控制之下；法学院调整教授职数、人选，必须得到校董会批准。对于校董会全面控制法学院的计划，法学院指导委员会表示坚决反对，他们在 12 月 22 日的会议上一致拒绝加州大学校董会的要求，不同意交出法学院的管理权。[2]

作为法学院院长和指导委员当然成员，黑斯廷斯本人并不反对将法学院并入加州大学。1880 年，黑斯廷斯与指导委员之间的关系也日益紧张，实际负责学院教学事务的波默罗伊无所适从，只好自行其是，决定上课时间与考试日期。1881 年，为了缓和双方的矛盾，指导委员会选举黑斯廷斯的儿子、学院首届毕业生罗

〔1〕 Thomas Garden Barnes, *Hastings College of the Law: The First Century*, University of California, Hastings College of the Law Press, 1978, pp. 71~72.

〔2〕 Thomas Garden Barnes, *Hastings College of the Law: The First Century*, University of California, Hastings College of the Law Press, 1978, pp. 73~75.

伯特·黑斯廷斯为指导委员会成员，1878 年建立法学院的立法曾规定，黑斯廷斯法官及其选定的继承人，为指导委员会当然成员。指导委员会此举既不违法，又很合乎情理，因为罗伯特迟早要接任父亲在指导委员会的位置。

但是，黑斯廷斯与指导委员会的冲突依然不可避免。1882 年 9 月，在法学院指导委员会的全体会议上，黑斯廷斯公开表示，自己对指导的委员会表现并不满意，虽然四年来的办学成效超过预期，但很多课程都没有按照他的想法开设。在这次会议上，黑斯廷斯还提出了一份立法建议草案，要求修改 1878 年建院立法，授权加州校董会全权管理法学院；学院院长由黑斯廷斯的男性后裔担任。1883 年 2 月，加州议会通过黑斯廷斯的立法草案，3 月，州长签字生效。[1]

黑斯廷斯此举旨在架空学院指导委员会，此后两年，指导委员会名存实亡，很少开会。但是指导委员会不愿就此放弃，1885 年，几位指导委员以牙还牙，游说议会通过新的修正条款，修改 1883 年立法，将法学院的主要管理权授予院长、教务主任与 3 名托管人，他们还选举了新的教务主任。但是黑斯廷斯拒不接受，他到法院起诉新教务主任，要求法院判定 1883 年与 1885 年的立法无效，学院指导委员霍格等著名律师悉数出庭，为教务主任和学院辩护。1886 年 3 月，加州最高法院作出判决：维持 1878 年的建院法，再次肯定了数年前判决的福尔茨状告学院案，认为黑斯廷斯法学院自建院以来就是加州大学的一部分，加州宪法禁止政治机构干预学术组织，1883 年与 1885 年的修改条款无效。[2]

经过一番周折，黑斯廷斯法学院又回到原点，学院指导委员会取得彻底胜利，学院依然维持相对独立的地位。1887 年，罗伯

[1] Thomas Garden Barnes, *Hastings College of the Law: The First Century*, University of California, Hastings College of the Law Press, 1978, pp. 77~79.

[2] Thomas Garden Barnes, *Hastings College of the Law: The First Century*, University of California, Hastings College of the Law Press, 1978, pp. 81~83.

特·黑斯廷斯当选学院院长，老黑斯廷斯慢慢退出学院管理，1893 年病逝于纳帕郡家中，埋葬于圣海伦娜公墓，墓碑上刻着两行字：加州最高法院第一位首席法官，黑斯廷斯法学院缔造者。

六、波默罗伊教学法

在指导委员会与黑斯廷斯、加州校董会相互斗争的几年里，上层动荡不定、学院走向不明，法学院的维系全赖波默罗伊一人之力。波默罗伊是 19 世纪末美国顶尖的法律学者、法学教育家，在法学界的历史地位不亚于哈佛的兰代尔、哥伦比亚的德怀特、密歇根的库利。他们是美国历史上的第一代学院派法学教授，奠定了今天美国法学教育的根基。

与兰代尔一样，波默罗伊也相信法律是一门科学，可以用格物致知的方法来分析、研究，进而提出普遍适用的原理与规则。"法律科学的所有材料都在书中，因此，图书馆就是法学院的实验室"；"法律不是偶然事件与单个事实的集合，而是一般规则的总和，是权利与义务之源"[1]

波默罗伊对法律科学性的理解，源自他自己的实证研究。从 1864 年到 1885 年，在二十余年的学术生涯中，波默罗伊一共出版了两部教科书、四部专著，编辑了两部法律著作，发表论文数十篇，是当时极具影响力的学者。他最早的著作《国家法导论》（1864）针对的是具有大学水平的一般读者，名为国家法，实际论述对象为所有的成文法。在这部长达五百余页的大书中，波默罗伊详细分析了国家法的定义、形式与内涵，用极大的篇幅讲述了自古罗马以来，国家法的发展过程。他特别看重法律的历史起源与演变，认为不了解历史上的国家法，就不可能理解现在的国家法。这本书奠定了波默罗伊的学术地位，也为他赢得了极大的社

---

[1] Thomas Garden Barnes, *Hastings College of the Law: The First Century*, University of California, Hastings College of the Law Press, 1978, pp. 89~90.

会声望，母校汉密尔顿学院为此授予他荣誉法律学位，纽约大学法学院也因此邀请他担任法学教授。[1]

在任教纽约大学法学院期间，波默罗伊如鱼得水、潜心学术，1868 年又出版《美国宪法学导论》，以国家主义的视角，重新审视联邦主权以及州与联邦的关系，认为宪法不是各州之间的契约，而是主权国家的最高意志。[2] 在内战后的重建时期，这种观点相当激进，但从后来的宪政历史来看，波默罗伊无疑是开启了美国宪法研究的新方向。

广泛而深入的研究，不仅有助于波默罗伊深刻理解美国法律的历史与现状，也使他形成了自己独特的教学方法：先依照法律的逻辑机构，划分法律的种类；然后根据教学的一般规律，分级讲授；最后，课程结束之时，组织统一考试。波默罗伊将每一种法律都划分为两个层次：基础性权利与义务，以及补救性权利与义务。每门课程，基本上都按这两个层次展开。基础性权利、义务以介绍、讲授为主，一般安排在头两年，补救性权利与义务以讨论和模拟为主，一般放在第三年。基础性权利、义务类似于书本上的法律，侧重于历史与理论，而补救性权利、义务则类似于行动中法律，强调程序与应用。第一年课程主要是阅读立法文本与法律专著，第二年则要求学生接触实际判决，为此，波默罗伊准备了所有课程的相关判决摘要。当然，这些判决摘要收录的主要是加州和纽约州法院的判决，以及本州的相关立法。从学院第一位女毕业生玛丽·麦克亨利保存的笔记来看，第二年课程多达181 节，平均每周5 节。与第一、二年课程不同，第三年课程基本上不依靠书本，也没有摘要，主要是程序应用与诉讼技巧。但是，与前两年一样，第三年结束时，也有一次年度考试，以写诉状为

〔1〕 Thomas Garden Barnes, *Hastings College of the Law: The First Century*, University of California, Hastings College of the Law Press, 1978, p. 99.

〔2〕 Phillip S. Paludan, "John Norton Pomeroy, State Rights Nationalist", *The American Journal of Legal History*, Vol. 12, No. 4 (Oct. , 1968), pp. 275~293.

主，不涉及具体法律条款。[1]

从上面的记叙中不难看出，波默罗伊的教学方法与兰代尔在哈佛推行的案例教学法十分类似，只不过更理论化，更具有历史性。但是，波默罗伊明显没有兰代尔那样显赫的声望与历史地位，这在很大程度上是由于兰代尔在哈佛任教时间长（1870～1900），而且传薪有斯人——詹姆斯·埃姆斯将兰代尔提出的案例教学法发扬光大。波默罗伊却没有这么幸运，他在黑斯廷斯任教期间，正值黑斯廷斯多事之秋，指导委员会与校董事会互不相让，学院事务几乎由他一人独立支撑。不过七年，他便积劳成疾、旧病复发，因病去世（1885年）。波默罗伊的继任者系他的学生、黑斯廷斯法学院1882届毕业生查尔斯·斯莱克。

斯莱克出生于东部宾夕法尼亚州，1879年毕业于加州大学机械学院，随后进入黑斯廷斯法学院，是波默罗伊的仰慕者，波默罗伊也十分欣赏其才能，委其为个人助理，协助自己写作专著。1884年，应波默罗伊之邀，当了两年律师的斯莱克重回黑斯廷斯，分担波默罗伊的重担。一年后，波默罗伊病逝，法学院指导委员会一时没有找到合适的继任者，学院由斯莱克全力维持，其间甚至被选为院长。

斯莱克虽然没能像埃姆斯那样，继承和弘扬前辈的法学教育理念，但对黑斯廷斯法学院也不无贡献：他凭一己之力，极大地提升了法学院的入学水平。在波默罗伊时代，法学院的入学要求十分简单：中学毕业，品行端正，能证明自己有能力学习相关课程即可。斯莱克认为，过低的入学标准，会损害学院的声望，也不利于培养优秀的律师。为此，他联合几位指导委员，于1886年10月向学院指导委员会提出新的入学标准，获得通过。新的标准要求，凡申请黑斯廷斯法学院的学生，都必须具备一定的英语、

---

[1] Thomas Garden Barnes, *Hastings College of the Law: The First Century*, University of California, Hastings College of the Law Press, 1978, pp. 102～110.

历史、地理与拉丁文基础；入学之前应与加州大学其他学院学生一起参加入学考试，但大学毕业者可免试入学。此后，在斯莱克的促成之下，黑斯廷斯法学院的入学标准不断提升：从要求四年制高中毕业生（1911 年），到四年高中加一年大学（1912 年），再到四年高中加两年大学（1913 年），几乎达到了那一时期的最高入学水平。[1]

斯莱克之所以敢于提升入学标准，也与生源充足有关。19 世纪末 20 世纪初的美国，正处于高等教育飞速发展的历史时期，大学招生规模扩充很快，而西部的法学院相对较少，致使黑斯廷斯可以招到很大数量的大学毕业生，从而提升整个学院的办学水平。1886～1900 年间，黑斯廷斯法学院招收的学生中，40% 左右都具有大学学历。

1895 年后，学院教授人数不断增加，这些新来的教授，大多毕业于东部名校，都不是波默罗伊的学生，不了解其教学方法。他们眼中，只有源自哈佛的案例教学法与案例教科书，波默罗伊的判决摘要已经无人问津。斯莱克虽在，但是独木难支，无法抵挡案例教学法的滚滚浪潮。为适应案例教学法，新来的教授改变了原来的课程设置与课程结构，波默罗伊所划分的两个法律层次随之烟消云散。

新的环境让斯莱克本人也很难适应，从 1897 年初开始，他就多次提出要辞去院长职务，直到 1899 年才得以实现。1901 年，斯莱克正式离开黑斯廷斯法学院。但很快又被推选为指导委员会成员，继续参与法学院管理。[2]

---

〔1〕 Thomas Garden Barnes, *Hastings College of the Law: The First Century*, University of California, Hastings College of the Law Press, 1978, pp. 117～120.

〔2〕 Thomas Garden Barnes, *Hastings College of the Law: The First Century*, University of California, Hastings College of the Law Press, 1978, pp. 123～130.

七、20 世纪初的黑斯廷斯法学院

爱德华·泰勒[1]

斯莱克之后，继任法学院院长的是具有诗人气质的爱德华·泰勒。泰勒1838年生于伊利诺伊州，24岁时移居加州，1865年毕业于加州托兰医学院（即后来的加州大学医学系），虽然拿的是医学学位，但他对政治与法律更感兴趣。医学院毕业后，泰勒投身政治，给州长当了几年秘书，1872年成为加州律师，与卸任后的州长共同执业。其间，他结识了对土地投机与强盗大亨愤愤不平的进步青年亨利·乔治，两人一见如故。当时，乔治正在撰写他的成名作《进步与贫困》，泰勒认真地读完了全书的手稿，提出了很多修改建议。对此，乔治一直都心怀感激，尽管泰勒的妻子就是"强盗大亨"利兰·斯坦福（斯坦福大学创始人）的侄女。

1880年代，泰勒积极投身旧金山市政改革，要求消除公共领域的腐败，提升城市服务水平，虽然没能完全如愿，却赢得了巨大的声望。与此同时，他的律师业务也蒸蒸日上，在1890年代四次当选旧金山市律师协会会长。1899年7月，泰勒正式接任黑斯廷斯法学院院长职务，年薪4000美元。[2]

虽然任命书上限定院长职务为专职，需要全心投入，不得兼任他职，但泰勒担任院长期间，依然没有放弃律师职业与政治活动，甚至在1907~1910年间，还出任了旧金山市市长。当然，泰勒出任市长，属于临危受命。1906年春，旧金山发生9级强震，随后大火连绵，整个城市几乎化为灰烬。灾难过后，泰勒全力投

---

〔1〕 Edward Robeson Taylor（1838~1923），1899~1920年任黑斯廷斯法学院院长。

〔2〕 Thomas Garden Barnes，*Hastings College of the Law*：*The First Century*，University of California，Hastings College of the Law Press，1978，pp. 132~135.

入抢险救灾，利用自己的医学知识，救死扶伤，阻止瘟疫蔓延，功劳与贡献有目共睹。

1916 年法学院教授的课时与工资

教授/助理教授	周课时	年薪（美元）	月薪（美元）	月薪/周课时（美元）
爱德华·泰勒 Edward R. Taylor	10	4000	333. 33	33. 33
罗伯特·哈里森 Robert W. Harrison	6	1500	125. 00	20. 83
刘易斯·亨格斯特 Louis T. Hengstler	4	1110	92. 50	23. 13
理查德·哈里森 Richard C. Harrison	5	1000	83. 33	16. 67
詹姆斯·巴伦坦 James A. Ballentine	4	600	50. 00	12. 50
戈登·贝尔 Golden W. Bell	3	600	50. 00	16. 67
乔治·贝尔 George L. Bell	2	390	32. 50	16. 25

1906 年的地震和大火对黑斯廷斯法学院的打击几乎也是毁灭性的。长期以来，由于没有自己的教学楼，黑斯廷斯法学院一直在市政大楼三楼开课，但地震彻底摧毁了市政大楼，法学院学生也随之无家可归，学校档案也几乎荡然无存。此后数年，黑斯廷斯法学院一直处于居无定所、赁屋授课的状态。实际上，在此之前，法学院曾有多次机会购买或新建办公大楼，但因为指导委员会犹豫不决、办学资金缺乏，每次都失之交臂。[1]

---

[1] Thomas Garden Barnes, *Hastings College of the Law: The First Century*, University of California, Hastings College of the Law Press, 1978, pp. 145 ~ 148.

没有固定的办学场所，也就不能修建附属图书馆。最初，在依靠讲授与讨论为主的波默罗伊时代，只要有课本和参考书就行，图书馆的重要性并未突显出来，况且，法学院的学生还可以利用旧金山市的法律图书馆。但是，案例教学法风行之后，案例汇编成为法学院学习的必要参考资料，相关的法律刊物也日益增多，要收藏这些汇编与期刊，没有一间法律图书馆确实不行。1899年，斯莱克离任时，就曾敦促指导委员会重视此事，身前还将自己收藏的一万多册图书遗赠给法学院，法学院也曾着手收集相关案例汇编，但一直没找到合适的存放之处。直到1953年，黑斯廷斯法学院才拥有自己的图书馆。由于图书馆不达标，黑斯廷斯法学院虽然是美国法学院协会（AALS）的创始会员单位，但在1916年却被法学院协会暂时除名，给学院发展抹上阴影。[1]

20世纪的最初十年，是黑斯廷斯法学院历史上最艰难的十年，学院居无定所、图书缺乏、师资不稳，而且面临着新的外部竞争压力。由于黑斯廷斯相对独立，不受加州大学管理，加州大学一心要建一所属于自己的法学院。1906年，伊丽莎白·博尔特捐资加州大学，在伯克利建造一座博尔特大楼，以纪念其丈夫、已故律师、法官约翰·博尔特。1910年，大楼正式动工，落成后将成为加州大学的法律系大楼。对于建立30年仍没有自己大楼的黑斯廷斯法学院而言，加州大学此举无疑对其是一个巨大的冲击。1910年5月，黑斯廷斯法学院指导委员会两次开会，商讨对策。指导委员会决定，一方面提高入学要求，要求所有入学新生都必须具备高中学历，并且受过1~2年的大学教育，另一方面向州法院申请，让所有获得加州大学法律学士的毕业生都能自动成为加州律师。虽然州法院并未认同黑斯廷斯法学院的这种"文凭特权"，但是重申了1878年建院法的合宪性，认为黑斯廷斯法学院

〔1〕 Thomas Garden Barnes, *Hastings College of the Law*: *The First Century*, University of California, Hastings College of the Law Press, 1978, pp. 149~150.

1906 年旧金山地震后的市政大楼

的文凭由加州大学颁发，整个学院就是加州大学的一部分。[1]

　　1911 年，博尔特大楼落成，次年，位于伯克利的加州大学法律系改称法律学院，加州大学终于有了属于自己的法学院，黑斯廷斯法学院彻底失去了并入加州大学的机会。

〔1〕　Thomas Garden Barnes, *Hastings College of the Law : The First Century*, University of California, Hastings College of the Law Press, 1978, pp. 152～155.

第五章 自由之国：行业协会 与行业自治

　　在 19 世纪末 20 世纪初，美国相继成立与法学教育相关的两大行业自治组织：美国律师协会和美国法学院协会，前者的目的在于发展法律科学，改善司法管理、统一各州立法、提升法律职业声望、鼓励协会成员之间的真诚交流；后者的宗旨在于提升法学教育水平——尤其是法学院的法学教育水平。

　　在美国法学院协会成立的最初十余年里，其一直是与美国律师协会一起举办年会，通常开完美国律师协会年会后，美国法学院协会代表留下来继续开会，讨论法学院改革问题。但是，由于美国律师协会在提升法学教育水平方面，没有采取实际有力措施，美国法学院协会愈来愈不满，法学教师与实务律师之间的分歧越来越大。从 1914 年起，美国律师协会的年会时间从每年 8 月改到每年 10 月，由于 10 月正处学校开学上课期间，来自法学院的教师代表不方便参加。于是，美国法学院协会决定自行召开年会，两者从此分道扬镳。[1]

---

[1] Jerold S. Auerbach, *Unequal Justice: Lawyers and Social Change in Modern America*, New York: Oxford University Press, 1976, pp. 89～91. 但是，由于大批非盎格鲁－撒克逊血统的东南欧新移民涌入美国，进入门槛很低的法律职业，冲击了原有的法律市场，美国律师协会也觉得有必要采取一定的限制措施，防止律师人数过于膨胀、净化律师行业。时隔 7 年之后（1920 年 8 月），美国律师协会与美国法学院协会再次携手，在密苏里州圣路易斯召开联合会议，共同商讨如何统一法学院设置标准。胡晓进："法学教育如何向医学教育学习：美国经验与中国路径"，载《法学教育研究》（第四卷），法律出版社 2010 年版。

第一节　美国律师协会

自 1878 年成立之初，美国律师协会就设有法律教育与律师资格委员会，但最初十余年并没有开展任何活动；从 1890 年起，方才每年提供美国法律教育报告，向美国律师协会汇报各州律师资格要求、培养现状，提出相应的改革建议。这些建议，当时虽然没有得到有效实施，但从中也可以看出 19 世纪末美国的法律教育状况。

一、关于召开美国律师协会成立大会的通知[1]

各位亲爱的先生：

我们准备于 1878 年 8 月 21 日在纽约州萨拉托加召开一次非正式会议，商讨成立美国律师协会的可行性与适宜性。这一建议始于去年 1 月，源自某一个州的律师协会，对此建议，下列签名者均深表赞同。我们希望组织一个代表全国各地律师的团体，每年开会，以便相互交流想法，促进彼此间的友谊。此举将不仅有利于参与其中的律师，也有助于同化各州法律、扩大改革红利，从不成功的立法中汲取教训。

此通知将分发各州律师协会中有志于此项事业的成员。

如有可能，我们希望能在萨拉托加见到您，当然，我们也欢迎您就成立美国律师协会一事表达自己的看法，请与康涅狄格州纽黑文的西米恩·鲍德温联系，他将向会议汇报收到的反馈意见。

本杰明·布里斯托（Benjamin H. Bristow），肯塔基州

威廉·埃瓦茨（William M. Evarts），纽约州

乔治·霍德利（George Hoadly），俄亥俄州

亨利·希契科克（Henry Hitchcock），密苏里州

---

[1]　1 *Annu. Rep. A. B. A.* 4，1878. 胡晓进译。

卡尔顿·亨特（Carleton Hunt），路易斯安那州

理查德·哈伯德（Richard D. Hubbard），康涅狄格州

亚历山大·劳顿（Alexander R. Lawton），佐治亚州

理查德·麦克默特里（Richard C. McMurtrie），宾夕法尼亚州

斯坦利·马修斯（Stanley Mathews），俄亥俄州

爱德华·费尔普斯（E. J. Phelps），佛蒙特州

约翰·波特（John K. Porter），纽约州

莱曼·特朗布尔（Lyman Trumbull），伊利诺伊州

查尔斯·特雷恩（Charles R. Train），马萨诸塞州

伦道夫·塔克（J. Randolph Tucker），弗吉尼亚州

1878 年 7 月 1 日

二、美国律师协会章程[1]

名称与目的

第一条 本协会全称为"美国律师协会"，其目的在于发展法律科学，改善司法管理、统一各州立法、提升法律职业声望、鼓励协会成员之间的真诚交流。

会员资格

第二条 任何人，只要在此前五年内一直是某一州律师协会会员，且无任何问题，均具有资格通过下列程序获得提名，成为美国律师协会会员。

---

[1] 1 *Annu. Rep. A. B. A.* 30 ~ 32, 1878. 胡晓进译。此为美国律师协会创会章程，1878 年 8 月 21 日，由美国律师协会成立大会讨论通过，讨论经过见 "Proceedings of the Conference Called for the Purpose of Organizing a National Bar Association, and of the First Annual Meeting of the American Bar Association", 1 *Annu. Rep. A. B. A.* 19 ~ 21, 1878.

官员与委员会

第三条　下列官员由每次年会选举产生，任期从次年开始：主席1名（同一人不得连续两年当选协会主席）；副主席每州1名；秘书1名；司库1名；由每州1名成员组成的理事会，该理事会系提名官员的常设委员会；执行委员会，由秘书、司库与理事会3名成员组成，理事会3名成员由协会挑选，其中1人为执行委员会主席。

下列委员会由协会主席每年任命产生，次年起履职，每个委员会由5人组成：

司法与法律改革委员会；

司法管理与救济程序委员会；

法律教育与律师资格委员会；

商法委员会；

国际法委员会；

出版物委员会；

申诉委员会。

在每次年会上，任何委员会，包括理事会，只要多数成员到场，即构成法定会议人数。

来自各州的副主席，与本州每年另外选举产生的2名及2名以上成员，共同组成该州的地方理事会，负责受理本州律师的入会申请。来自该州的副主席是本州地方理事会的当然主席。

选举会员

第四条　各州地方理事会负责向本州律师协会提名美国律师协会会员，如果该州没有成立地方理事会，则由美国律师协会常设理事会负责提名。所有选举均通过投票进行。

若同一州有多个会员提名人选，应按同一方式进行投票；投票过程中，"不"代表不同意选票上的单个提名人选。若有5人投反对票，则选举失败。

第五条 参与制定本章程的所有成员、所有通过5人委员会推荐的当选成员，在缴纳规定年费后，均可成为本协会会员。

议事规则

第六条 议事规则由本协会每次年会到场多数会员确定，执行委员会负责迅速制定合适的议事规则，在协会废除该规则之前，一直有效。

会 费

第七条 每位会员每年需向司库缴纳5美元会费，逾期不缴纳会费者，无权享受会员权利。会费的缴纳方式由协会自行确定。会员有权免费获得协会出版物。

年度演讲

第八条 协会主席以年度演讲开启每年的年会，在演讲中，他需交代过去一年来，各州与联邦层面涉及公众利益的最值得关注的法律变化。在每年的5月1日之前，理事会中的各州成员，应该向主席汇报本州的立法变动。

年 会

第九条 本协会定于每年七八月开年会，会议具体日期、地点由执行委员会择定，与会者需达到法定人数。

增修办法

第十条 每次年会上，经四分之三以上与会会员投票通过，可更改或增修本章程，但参会人数少于30人时，不得做此修改。

解　释

第十一条　本章程中的"州"等同于"州"、"领地"，以及"哥伦比亚特区"。

三、法律教育与律师资格委员会报告（1879）[1]

美国律师协会主席、各位会员，法律教育与律师资格委员会很荣幸地提交以下报告：

本委员深知所承担议题的重要性。

教育乃公私德行之母，唯有沉心于教育，方能获得渊博的知识、成为专家里手、提升个人德行。了解自己的权利，符合人的自由天性。法律的训练意味着知晓服从的责任，这也是治国理政者必不可少的品质。因此，通过法律的手段，社会得到控制和发展，人类也得以延续。

所有的自由国度都珍视以上原则，自由与安全有赖于此。当法律的原则沁入人心，就可以克服无知、错误与恶行，就可以遏制民粹政府的狂躁与骚动，使其充满活力，永续长存。

成立美国律师协会的目的，在于达成以下有利目标：发展法律科学，改善司法管理、统一各州立法、提升法律职业声望、鼓励协会成员之间的真诚交流。

我们从祖国的不同地方汇聚于此，在见面之前，彼此之间已经知晓对方。在法律这个行当里，不同地区的律师都有自己的等级与地位。任何其他职业，都不像律师这行一样高低分明。律师之间的差别源自经验丰富程度与执业时间长短，他们的地位因为声望与才学而不尽相同。处于领先地位的律师，可以通过法院的关键性判决，塑造法律，他们的职业优势，随处可见……

---

〔1〕　2 *Annu. Rep. A. B. A.* 209～236，1879. 本报告由法律教育与律师资格委员会主席卡尔顿·亨特（Carleton Hunt）提交，胡晓进译。

　　同是律师界成员，不同的州却有不同的执业要求，这实在是说不通。比如，即便是在其他州开业多年的老律师，到了纽约州，也无法出庭辩护，除非他在纽约州实习（clerkship）满一年。在路易斯安那州，其他州来的律师，无论多么有经验，也不得开业，除非他先当一年法律学徒（apprenticeship）。而法律学徒只是对想从事律师职业的人提出的入门要求，对于这些有经验的律师显然不适宜。

　　他们提出这种要求，肯定有自己的考虑，这一点，本委员毫不怀疑。像法律这样需要真才实学的重要职业，其从业人员确实需要一定的能力、经验，承认行业内部的差别，是为了肯定他们的不同地位。但是，我们必须加强各州之间已有的联系，增进相互之间的好感与认同，促使大家追求共同的行业知识，建立全国性的共通规范，统一各州绅士进入律师行业的入职标准。

　　很显然，加入律师协会的资格，是本委员会考虑的首要问题。据说，美国各地的律师组织是世界上唯一不关心入会资格、行为规范、职业操守的行业协会。如果这种说法是真的，就很值得反思了。此话也许言过其实，但是时候改变这种状况了。美国律师界最大的问题莫过于如何教育律师，有什么能比教育更能提升律师品性呢？

　　有人说，自1840年以来，在绝大多数城市，美国法律教育与服务的总体水平一直在下降，并于1870年降至最低点。对于这种指责，本委员也不想多费时间，辨其真伪。但是，我们必须指出的是，法律职业管理方面的变化，起了很大作用。由于律师职业门槛较低，大量没有受过法律职业训练、缺乏应有知识的人，未经任何适当准备，就涌入法律职业，成为律师……

　　我们可以很肯定地认为，提升本国法律职业的真正渠道在于法律教育，过去如此，现在也一样。早在公元前5世纪，古罗马就公布了"十二铜表法"，并广为传播。罗马皇帝优士丁尼颁布了五年制的法律课程，还在罗马、君士坦丁堡、贝鲁特等地建立了法律学校。后来，在政府的支持之下，博洛尼亚以及意大利和法国的其他城市都出现了法律学校，罗马民法复兴，并开始新的法律汇编，涌现出一大批法学教授。……1149 年，伦巴第人瓦卡留斯（Vacarius）远赴英国牛津，建立了一所罗马民法学校，传授法律课程。

在英国，曼斯菲尔德勋爵同意重视法律教育，终其一生，他都非常注重指导学生修习法律，以期促进共善……

在我们这个时代，极少有人会质疑曼斯菲尔德勋爵的结论，对于这一点，没有人比斯托里法官更有见地。他自己就是一个博学而杰出的法学教授，他的所有能力与观点，都强烈地倾向于法律教育一边。

较之于简单的实际训练，或者跟律师当学徒，以法律学校（法学院）为渠道，开展法律教育，更为优越，这已是没有争议的主张。如果毫无偏见地看待实际训练，任何有识之士都会支持法律学校（法学院）。

法律学校（法学院）所能提供好处显而易见，也更胜一筹。法律学校（法学院）能让学生更熟悉法律的一般原则，使他们更好地掌握具体而科学的法律用语，了解法律词汇的准确定义与明确含义；使他们熟悉关键案例，并在讨论中加以运用。法律学校（法学院）还培养他们良好的学习习惯，在与同学的相互接触过程中，养成高尚的生活情操。法律学校（法学院）视法律为科学，注重培养学生的科学精神与道德伦理准则。"辩论、推理、阅读与演讲"是他们的日常训练，学生沉浸其中，日有所获，进步速度非法律学徒能比。

美国法律学校（法学院）如此优越，本应充分发挥作用，为年轻学子进入法律职业奠定坚实基础，提供系统而科学的训练，逐步改变整个法律职业状况。

然而，不幸的是，事实并非如此。本委员会无意贬低那些法律学校的成绩，尽管面临着很多障碍、考验与不利，它们一直在努力向前，尽力提升职业培训标准与效果。他们的成绩人所共知，他们的例子鼓舞人心。

但是，不可否认，美国也有些学院乏善可陈。这些学院，学生的学习受到无可救药的限制和制约，学习期限极短，完全达不到目的；它们招收的学生也根本不是可教之材，缺乏基本的人文训练，与法律教育格格不入；这些学院的法律训练不值一提，也毫无竞争精神；考试徒有其名，无法测量学生的实际水平；教师既不称职，也不尽力。

……

本委员认为，成为一名合格的美国律师，必须熟知以下内容：美国作为一个独立国家的历史与法律基础，宪法原则的演变；和平状态之下国家的权力与责任；宣战与战争措施；战争中可以获得的各种财产；中立的权力与责任；对中立贸易的限制；休战、通行证与和平条约，以及国际法。

这些都是法学院应该开设和传授的课程，如果没有，实在是不应该。年轻人是未来的支柱，在这个世界上，尤其是在我们国家，他们所受的训练应该使他们足以成为有用之才，学习法律的学生最需要这方面的教育。公法以学术文化为基础，但是远离科学其他分支的纷扰。自从格劳修斯创始以来，这一领域已经吸引了很多眼界开阔的优秀人才。别的暂且不提，在我们国家，汉密尔顿和韦伯斯特就是最好的例证。通过规则与先例，公法使人明了爱国之责，是综合知识与校正政治理论的关键准则。历史、哲学、道德与宗教都有助于确立与发展公法，继续壮大这一领域，是我们这一代人首要义务。

……

目前，法学院所亟需的是坚定、稳固而充满智慧的组织，以及进行改革的自由精神、有活力的管理者，以备日后之用。

法学院普遍使用的教学方法还是讲授和展示，与法学院刚出现时并无二致。教授的讲义，或是宣读或是直接提供，要求学生用心留意，是学生知识的来源。但是，这样传播知识的力量、这样讲授科学的原则，往往过后即忘、事倍功半。有一种更富成效的办法，值得教师们加以留意、多次使用。在最后一讲，他应该做一个总结，在开始的第一讲，也应有同样的提纲。在上课时坚持这么做，会有多方面的收效。学生能有一个整体概念，也能从专注细枝末节的痛苦中解脱出来……

这样的指导方式，可以说非常需要时间，要求教授竭尽全力。但是，就方法本身而言，却值得一试，本委员也将大力推广。当然，应用这种指导方式，也需要配备得力的助手与讲师，由他们来概括讲义、训练学生，指出课程的核心内容。希望日后留校任教的学生，可以充当助手，与教授建立更紧密的联系，相得益彰……

对于这种实际训练的优点，我们已经讲得够多了，本委员会并不反对实际训练，相反，我们鼓励学生充分参加实际训练。这种训练，非但与法学的教学不矛盾，反而具有互补性。

按照上述办法组织的法学院，必然会开展各种实际训练，模拟法庭正是其中一种。在模拟过程中，学生们将会起草各类起诉状与诉讼文书、准备海事法庭的控诉书、填写各种遗嘱、写作法律职业要求的法律意见、文章。在目前的法律教育中推行模拟法庭，无疑会激发学生的模仿精神，使他们获得实际应用技巧。对于法学院学生与律师的学徒而言，参与法庭诉讼同样简单，因此，也没有理由不让律师学徒走进课堂，获得课程知识。

以笔试的形式完成毕业考试，具有毋庸置疑的优点，现在已经广为认可。那些不要求笔试的法学院，很难达到较高的教学标准。口试的作用相对有限，大的法学院，学生较多，经常采取这种办法。经验表明，口试往往非常宽松、无序，很不适当，就像买彩票一样，唯有幸运者才能中奖。对于谦虚的学生而言，口试就是一场灾难，会适得其反……

笔试试卷必须认真准备、系统完备，包括所有学过的内容。

学生拿到试卷后，应有充分的时间作答，有充分的空间展示自己的才华，在答卷中显示自己的成绩。……最后，所有的学生都应使用同样的试卷，按照同一标准判定合格与否。

接下来，可以根据考试成绩，将荣誉授予真正学有所成的学生，给他们颁发法律学士、博士学位，证明他们具有可信的能力与成就……

对于本委员会而言，通过几项决议，维持已有法学院标准，确实是值得追求的目标。这样一方面可以强化努力向上的法学院，提振处于下滑之中、无法实现既定要求的法学院，另一方面也可以形成统一的法律教育系统，达成一致可行的共同标准，让即将进入法律职业的年轻人有所准备，有追求的目标，得到合理的回报。

……

自由的政府体制离不开教育，无知是奴役之母。绝对权力不会容忍启蒙式探索和真正的讨论自由，必定会加以损害并摧毁之。绝对权力禁止竞争、遏制知识……

但是共和国的民众与此不同，他们立足于平等基础之上，依靠教育的力量。为了维护自己的权利，他们必先了解自己享有哪些权利；为了履行爱国职责，必先了解公民职责。腐败的国家不可能是自由的国度，美德乃自由之母，也是自由政府的首要源泉。

……

卡尔顿·亨特，主席

本委员会建议通过以下决议：

各州与地方律师协会应分别采取措施，推动进一步立法，在联邦之内统一互信互认原则，对于其他州律师，若已经得到自己所在州律师协会认可，并在该州最高法院出庭满 3 年，可以认可其在本州执业的平等权利。

各州与地方律师协会应分别采取措施，推动本州政府部门建立法学院，每所法学院至少应有 4 名在职的支薪教师，毕业生经过充分而公平的笔试后，可获得毕业文凭，以证明他们有资格从事法律职业。

上述各州与地方律师协会应分别采取措施，鼓励法学院开设适当课程，并分3年合理安排课程教学，所开课程应包括如下几个方面：

Ⅰ. 道德与政治哲学。

Ⅱ. 英国法基础与宪法原则，包括：

    1. 封建法；

    2. 国内法基础；

    3. 普通法的起源与发展。

Ⅲ. 物权法及相应救济。

Ⅳ. 个人权利及相应救济。

Ⅴ. 衡平法。

Ⅵ. 商事法。

Ⅶ. 刑法与惩罚措施。

Ⅷ. 国际法。

Ⅸ. 海事法与海商法。

Ⅹ. 民法或罗马法。

Ⅺ. 美国宪法，美国法院的管辖、判决。

Ⅻ. 比较法，各州宪法与法律。

ⅩⅢ. 政治经济学。

各州与地方律师协会应分别采取措施，实现上述法学院要求，并以三年制课程作为申请加入律师协会的资格考试条件。

四、法律教育与律师资格委员会报告（1890）[1]

法律教育常设委员会已经至少连续十年没有提交报告了，我们在考虑是否应该打破这种惰性，听从业界的强烈冲动，履行自

---

[1] 13 *Annu. Rep. A. B. A.* 327～335，1890. 胡晓进译。

己的职责，向美国律师协会提交自己对本行业内重要问题的看法。

　　我们之所以如此犹豫，很大程度上是因为，在过去的一年里，我们损失了最为宝贵的帮手。耶鲁大学法学院约翰逊·普拉特教授刚进入本委员会不久，就不幸离世，他的博学与智慧曾造福于整个法律教育界；他的教学声望与丰富经验，在美国法学院内人所共知，如果由他来起草这份报告，将会增色不少。

　　……

　　十一年前，我们的前任曾提出，在每个州建立一所法学院，到现在，这个目标仍未实现。但是，民众与业界已经认可了在法学院开展法律教育的观念，目前，全国的法学院大约有五十所，超过了每州一所，而且数量还在增加。在增加法学院数量的同时，进入律师协会的资格要求也在提高，这一点尤其有利于提升法律职业状况。而且，一些州还通过立法，将吸收新律师的权力，从初审法院移交给州最高法院或者中级上诉法院，这一措施非常有效。我们可以规定（将来应该如此），至少经过两年学习、通过常规委员会考试者，才能成为律师，就会造就一个高素质的专业律师团体；现在只有大约二分之一或者三分之一的州有这样的要求，一旦统一律师资格标准，美国律师协会就不需要急着进一步提升所有律师的现有品行。鉴于此，我们相信，所有律师成员都会有同样的看法，律师协会应该立即建议各州采取如下措施，提升法律教育水平：

　　（1）吸收新律师的权力属于各州最高法院，或者各州具有终审权的法院；

　　（2）在任何情况下，新加入律师都必先经过两年学习；

　　（3）鉴于法学院的诸多优势，建议律师入职之前在比较好的法学院学习一段时间。

　　但是，我们也必须充满敬意地提出，美国律师协会的责任不止如此，也不仅限于立法领域。尽管法学院发展迅猛，我们也不能忘记由律师个人指导学生具备的独特优点，我们可以利用这一优点，来改造我们的法学院教育……

法学院远非完美教育制度，其缺点显而易见。有些缺点是暂时性的，因为发展过快导致的，学生招收过多，投入不够，训练时间不足。当然也跟缺乏统一标准、统一监督有关。现有的 50 所法学院，各自为战，降低标准、吸引学生的现象在所难免……

有些缺点，大的法学院难辞其咎，另外一些缺点，则在小的法学院普遍存在。小的法学院为招徕学生，竞相降低毕业要求，毕业考试并不严格，学生只需死记硬背即可过关。为了逃避两到三年的学习期限要求，有些法学院经过简单考试，就让招收的学生直接进入第三年……

所有这些缺点，都是因为缺乏统一的法律教育标准，缺乏一套完善的课程方案。如果美国律师协会中的优秀分子愿意花费一两年时间来考虑这个问题，应该不难解决。

目前法学院教学方法上的缺陷，也同样值得一提，法学院不是在培养，而是在指导学生，它们的目的仅仅在于给学生灌输一堆法律见解——规则、概念，等等，而无法让学生形成系统的法律认知，更谈不上解释法律的系统方法。完全忽略了不同规则之间的相互影响、法律关系与法律体制的建立方式、法律演变的持续过程与新阶段。学生得到的只是大量的基础资料，而不知如何利用。在跟随律师当学徒的过程中，学生们至少还能参与日常的实际诉讼，得到经验性训练，了解日常业务程序，尽管没有系统的解释，也不知道日常程序背后的原则，但他们能凭所谓的"经验法则"解决问题。学徒式培训方法简单、粗糙，培养结果也充满不确定性，而且非常耗时耗力，但是两三百年来，英国和美国的律师都是这么培训出来的，将来若无更好的替代方式，也不会完全放弃。我们目前的法学院，也无法完全取代学徒式培训……

最近的一些改善法律教育状况的计划，都过于强调扩大律师的学习范围，要求他们不仅要掌握法庭诉讼程序，同时也要知晓宪法、行政法、国际法。因此，也就要求相应增加一些法学院课程，比如外交、战争法、国际法的历史与现实、政治经济学，以及社会科学类的其他相关知识。据说，这样的法学院可以造就全能型的美国律师；这些学院培养的人，无论是作为严格意义上的律师，还是广义上的政党领袖、国会议员、财政负责人、教育工作者、法官、政治家，都可以担负起指导和领导普通民众的重任。我们对这样的理想深表同情，也希望美国大学的法律系能像欧洲最好的大学那样，培养出全面而优秀的法律人才……

但是，我们不得不说，这样的目标要到非常遥远的未来才能实现。就目前而言，我们很担心这样的美景会分散我们下一步工作的注意力。今天的法学院最需要培养的是能承担实际工作的律师，他们需要能胜任自己所在城市、州郡的法庭诉讼案件，这样的案件一点也不宏大，顶多只是违约纠纷，或是普通法上的侵权赔偿问题。

目前我们法学院面临的首要目标应该是如何传授我们日常法庭所使用的普通法，如何培养律师真心相信公平正义。律师不能因接受贿赂而背叛他人，不能漫不经心、拖延案件，徒费客户钱财；也不应该在输赢未知、毫无胜算的情况下，就要求客户预先付费；不能仅凭猜想、不查法律，就给客户提供意见；不得罔顾既定法律原则，耗费法官的时间与耐心；更不能无视已有判决意见，狂妄自大、目空一切。真正的律师应该品行诚恳、辨别论据与谬论，明了普通人的法律知识局限，意识到更多的法律不为自己所知，诚实地抵制各种诱惑……

实际上，正是因为很多不称职的律师无法辨别值得辩护和不值得辩护的案件、很多不称职的法官无法辨别既定的法律原则与值得庭审的疑难案件，加上因为同样的无知而带来的不必审理的案件、不必要的辩护，才使得我们的法院如此拖拉迟缓。过度增长的法院诉讼成本，招来了很多批评，也已成为我们自由政府体制的最大威胁。如果有一种超人的智慧与能力，将法律图书馆的所有未定案件做上标记，如果能念一个魔咒，让所有援引陈腐案件的律师闭嘴，该是多么大的改善啊！

……

目前法律的不确定性，很大程度上是因为律师、法官无视或者抛弃法律的基本理念与原则，源自他们接受培训时的教育缺陷。面对实际案件中的现实问题，他们的推理并无完善、周严，因为他们从未受过这样的抽象推理训练……

……

我们这个委员会，由于已知的原因，在过去一年里无法推行如此重要的计划，只能向代表律师行业的美国律师协会提出建议……

建议律师协会进一步考虑此问题，在合适的时候任命一个特别委员会，或者指定法律教育委员会的继任者，准备这方面的方案。

威廉·哈蒙德（W. G. Hammond）

乔治·夏普（George M. Sharp）

亨利·罗杰斯（Henry Wade Rogers）

五、法律教育与律师资格委员会报告（1891）[1]

致美国律师协会：

在上次年会（1890 年）上，法律教育常设委员会曾提交一份报告，提醒大家注意目前法律教育领域的主要缺点，敦促协会同仁重视此问题。报告建议协会通盘考虑此事，成立特别委员会全面报告美国法学院的教学状况。对此，协会表示赞同，协会重新任命了法律教育委员会委员，补充过世和缺席的

---

[1]　14 *Annu. Rep. A. B. A.* 301～351, 1891. 胡晓进译。

成员。

委员会成员受命之后，立即行动起来，1890 年 12 月，他们在华盛顿特区开会，经过协商，决定着手全面收集当前国内外的法律教育信息，掌握法律教育的实际情况。第一项任务是由委员会主席罗杰斯代表委员，向各州最高法院首席法官发放问卷，问卷全文见附录。

就律师资格问题，本委员向各位首席法官提出了几个问题，得到的答复如下：

你们州的法律是否要求学生在申请律师资格之前，完成一定的学习期限？对于这一问题，如下几个州的答复是否定的：亚拉巴马、阿肯色、加利福尼亚、佛罗里达、佐治亚、密歇根、密西西比、密苏里、内华达、新罕布什尔、北卡罗来纳、宾夕法尼亚、南卡罗来纳、田纳西、弗吉尼亚、西弗吉尼亚。在以下各州，法律并未规定具体的学习期限，成为律师之前的学习时间由法院决定，法院的规定各不相同。

康涅狄格州：年满 18 周岁，大学或法学院毕业后，再学习 2 年法律，或者经过 3 年法学院学习，或者在执业律师的指导下经过 3 年实际训练，其中，至少有 1 年是在本州度过。

伊利诺伊州：申请律师资格者必须年满 18 周岁，跟随州最高法院出庭律师学习满 3 年；若是法学院或大学毕业生，只需跟随上述律师学习 1 年；在大学或法学院的学习时间，等同为跟随州最高法院出庭律师的学习时间，但是，在任何情况下，跟随州最高法院出庭律师的学习时间不得少于 1 年。

俄勒冈州：如果是中等学校毕业生，只需学习法律 2 年，可获律师资格，如果不是，则需学习 3 年。

宾夕法尼亚州：申请律师资格者应跟随执业律师学习一段时间，通常是 2 年，有些郡要求的时间更长。

罗德岛州：在法学院和执业律师的事务所学习满 2 年，其中，至少有 6 个月是跟随执业律师学习。

在以下各州，法律明确规定了学习期限：

科罗拉多州：连续学习满 2 年。

达科他：跟随本州律师，或者在某些知名法学院学习满 2 年，或者部分时间跟随本州律师学习，部分时间在法学院学习。

特拉华州：3 年，前提是申请者通过入门考试，或者拥有知名高校毕业文凭。

路易斯安那州：至少跟随本州著名律师学习满 2 年。但路易斯安那大学法律系毕业生，以及本州同等法学院的毕业生，可不受此限制。

马里兰州：2 年。

明尼苏达州：跟随律师学习满 2 年，但获得明尼苏达大学法律系毕业文凭者，可不经考试直接成为律师。

蒙大拿州：在申请律师资格之前经过 2 年不间断学习。

内布拉斯加州：跟随执业律师学习满 2 年。

新泽西州：大学毕业后，跟随本州执业律师学习满 3 年，如果没有大学学习经历，则需跟随执业律师学习满 4 年。在法学院学习时间如不超过一年半，可视同为跟随律师学习时间。执业满 3 年后，执业律师可申请成为法律顾问。

俄亥俄州：2 年。

佛蒙特州：非法学院毕业生，须学习法律满 3 年，申请律师资格必须通过一定的口试与笔试，考试委员会由州最高法院任命。考试与资格认定由州最高法院全体法官共同决定。

威斯康星州：2 年。

怀俄明州：2 年，第二年必须跟随州法官或者执业律师学习。

本委员会还向各位首席法官询问，该州下级法院是否有权认可律师资格？下列各州的回答是否定的：科罗拉多、康涅狄格、伊利诺伊、路易斯安那、蒙大拿、内华达、新罕布什尔、新泽西、纽约、北卡罗来纳、俄亥俄、俄勒冈、罗德岛、南卡罗来纳、佛蒙特、弗吉尼亚、威斯康星。

　　下列各州的回答是肯定的：亚拉巴马、阿肯色、加利福尼亚、佛罗里达、佐治亚、路易斯安那（原文如此）、马里兰、密歇根、明尼苏达、密西西比、密苏里、内布拉斯加、北达科他、宾夕法尼亚、田纳西、西弗吉尼亚、怀俄明。

　　至于是否同意成立一个常设委员会，任期 3 年，每年改选其中三分之一成员，由该委员会在固定的时间、地点实施各州统一律师资格考试？

　　大多数人支持我们去年提出的报告，要求改变律师资格认可办法，将认可律师资格的权力交给各州最高法院，同意各州建立常设考试委员会，以知识丰富、品行端正的律师充任委员，每次更换其中二分之一或者三分之一成员。

　　……

　　为了以更适当的方式呈现本报告的主题，本委员会特向美国律师协会提交以下决议，以供参考：

　　决议：美国律师协会强烈建议，由各州最高法院掌握认可本州律师资格、管理律师职业行为的权力；由州最高法院指派常设委员会负责律师资格考试，考查申请律师资格者是否全面、系统掌握基本法律知识。

　　决议：在参加律师资格考试之前，申请者至少应该学过两年法律；在人口众多、管辖范围广阔的老州，学习期限应该延长至 3 年。

　　决议：美国律师协会完全赞同法学院的指导方法，重申 10 年前表达过的看法：每州至少应该有一所法学院；但是协会反对不必要地扩大法学院数量，尤其是完全以赢利为目的的法学院。

　　决议：美国律师协会认为，在必要时制定法学院运行规则，对所有法律从业者进行彻底的专业教育，是每个文明开化之州的最高职责和需要。

　　决议：美国律师协会认为，律师是一种具有公共责任与服务性质的行业，建议在上述各法学院设立基本法与法律科学教授席位，并使执掌此教席者可以全身心研究与教授法律科学。美国律师协会相信，每所法学院至少需要一位这样的教授，以便学生能正确理解和掌握，其他从事实务的教师所讲授的内容。

决议：法学院的第一年课程应该用来讲授法律基础与法律原则，从逻辑性和历史性两个方面加以介绍；在任何情况下，招收学生进行深入培养，都应该先考查其对这些基本原则的掌握程度，如果不这么做，只讲纯粹的法律规则与实际案例，都将毫无意义。

决议：目前的法学院，最迫切需要的是适合于初学者的书籍和合适讲授方法，使他们更加明确与系统地了解基本法律，读懂为法律从业者所写的专题著作。当然，这也需要经验丰富、能力出众的老师给予口头指导；但是，多年的经验也表明，这样的教师为数不多，可遇不可求……

决议：如果可能，所有法学院，尤其是大城市或者其周边的法学院，都应该开设研究生性质的法律课程，并制定规范，广泛传授法律教育的所有分支……

进入律师职业的年轻人应该有时间投入进一步学习，应该竭尽全力鼓励年轻人学习。在教师指导下，系统学习每天日常工作涉及的相关知识，或者博览群书，将会受益无穷。为了完成工作和学习两大任务，应该合理安排课程：

1. 从逻辑性和历史性两个方面入手，进一步系统学习大学期间的具体法律条文和理论，参照每日实际工作，理论联系实际，效果会更好。

2. 希望投身特定法律领域的年轻律师，可以有针对性地学习具体法律，比如学习不动产法、公司法、商法、国际私法、专利与版权法，等等。

决议：对于美国法学院所应开设的具体课程，可由下一届法律教育委员作进一步考虑，……他们将在1892年的年会上向大家报告。

以上是我们的报告，谢谢各位！

威廉·哈蒙德（W. G. Hammond）

亨利·罗杰斯（Henry Wade Rogers）

乔治·夏普（George M. Sharp）

乔治·沙特克（George O. Shattuck）

附　录：调查问卷[1]

美国律师协会法律教育与律师资格委员会的组成成员包括：来自密苏里州的威廉·哈蒙德、来自马萨诸塞州的乔治·沙特克、来自马里兰州的乔治·夏普、来自纽约州的德怀特·科利尔、来自伊利诺伊州的亨利·罗杰斯。

本委员会恳请您考虑我们提交的问题，并希望您就此发表看法，帮助我们准备提交给美国律师协会下次年会（波士顿）的报告。

这些问题将提交各州最高法院首席法官，以及各州的杰出律师。我们收到的回复意见将随同本委员会报告一起发表——除非提供反馈意见者明确表示不希望公开自己的看法。

我们提出的问题如下：

首先：

（a）你们州的法律是否要求学生在申请成为律师之前，完成一定的学习期限？

（b）如果有要求，具体是多长时间？有什么条件？

（c）如果没有要求，是否应该通过法律规定学习期限？您觉得多长时间比较合适？

其次：

---

[1]　14 *Annu. Rep. A. B. A.* 352～353, 1891. 胡晓进译。

（a）在你们州，下级法院是否有权认可律师资格？

（b）您是否同意将认可律师资格的权力从下级法院转移到各州终审法院？您是否赞同各州组织统一的律师资格考试？

（c）如果您赞同以上建议，您是否同意成立一个常设委员会，任期3年，每年改选其中三分之一成员，由该委员会在固定的时间、地点实施各州统一律师资格考试？

如果您能尽快回复以上问题，我们将非常感激，我们也欢迎您就此问题发表其他建议。

您的回复可以寄送西北大学校长亨利·韦德·罗杰斯，他住在伊利诺伊州的埃文斯顿。

谢谢各位！

法律教育与律师资格委员会

第二节　美国法学院协会的职能

美国法学院协会成立于1900年，本来希望在提升法学院培养水平、改善美国法律职业状况问题上有所作为，但是因为无法控制法律职业的准入标准，最后只得将工作重心转移到法学院课程设置与教学改革方面，成为法学院教授的同业组织。美国法学院协会从1948年起开始编辑出版《法学教育杂志》，从1994年起，又与其他组织合作编辑出版《诊所法律评论》，成为推动美国法学教育教学改革的重要力量。

一、美国法学院协会章程[1]

经各法学院选派代表一致协商，下列美国法学院决定组织成

---

[1] 1900年8月28日制定于纽约州萨拉托加市，见 *AALS Proceedings*, i, 1900 ~ 1901；23 *Annu. Rep. A. B. A.* 571 ~ 574, 1900. 胡晓进译。

立美国法学院协会，并制定如下章程：

第一条　本协会宗旨为提升美国的法律教育，尤其是法学院的法律教育。

第二条　本协会每年开会的时间和地点与美国律师协会年会相同。本协会执行委员会可另选时间、地点召开特别会议，会前30天，由协会秘书向协会所有成员单位发出会议通知，并在通知中说明会议目的。

第三条　选派代表参加此次会议，并在1901年7月1日之前签署此章程的法学院，如果满足本章程第6条要求，将成为本协会成员单位。

第四条　作为本协会成员单位，每所法学院所选派的会议代表不得超过4名。

第五条　本协会的所有会议，均以代表人数统计投票结果，除非有代表要求以法学院为单位投票，若以法学院为单位投票，每所法学院1票。

第六条　在本协会的任何一次会议上，都可以投票产生新的成员单位，但新入会的法学院必须满足以下条件：

1. 该学院所招新生必须具备高中或者同等学力，是否具备同等学力，由法学院依据公共机构或者高等教育机构颁发的证书确定。如果不具备上述学历，申请进入法学院者，必须参加等同于高中毕业生水平的入学考试。此项要求将于1901年9月之后正式生效。

2. 法学院所开学位课程，不得少于2年，每年30周，平均每周至少10小时。1905年之后，本协会成员单位，学制应该达到3年。

3. 授予学位之前，必须先通过考试确定学生的相应成绩。

4. 法学院应该拥有一所方便学生平时使用的图书馆，图书馆应该收藏法学院所在州的法院判决汇编，以及美国联邦最高法院的判决汇编。

第七条 不能达到第6条或者本协会决议要求的法学院，将通过协会会议投票除名，如果能够证明自己实际上达到了上诉要求，可在下次会议上恢复成员身份。

第八条 本协会领导成员包括主席、秘书兼司库，他们从每年的与会代表中产生，任期到接任者产生为止。

第九条 每次年会从与会代表中选举3人，与主席、秘书兼司库共同组成执行委员会，协会秘书为执行委员会秘书。

第十条 执行委员会负责管理协会事务，尤其是执行第6条与第7条的要求，负责接收所有申诉，并至少在年会前90日，将申诉登记在案。执行委员会还负责调查所有申诉，并汇报调查结果，向协会提交合适的处理意见，在协会年会上汇报处理结果。

第十一条 申请加入本协会的法学院，须向秘书提交登记材料，证明该法学院已经完全符合第6条和第7条的要求。执行委员会负责考查申请，并向协会汇报申请者是否符合要求。申请加入协会的法学院，应于协会召开年会90日以前提交材料。

第十二条 执行委员会可以通信方式处理事务。

第十三条 执行委员会领导与其他成员，可连选连任，但任何一所法学院，都不得在执行委员会连任超过3年，唯有秘书-司库的连任次数不受限制。

第十四条 每所法学院每年的评估费用是10美元，需预先支付；任何不缴纳评估费用的法学院，将会被协会除名，但是在缴清费用之后，将会恢复协会成员身份。

第十五条 每次年会均可修改以上条款，修改条款时的投票以学院为单位统计，得到出席学院三分之二以上多数通过，方可修改，而且，赞成修改的学院数量，应该超过本协会法学院总数的三分之一。任何修改章程条款的动议，必须于协会召开年会90日以前，提交给协会秘书，并由秘书将动议转交每位成员。

美国法学院协会领导成员（1900～1901）

主　　　席：詹姆斯·塞耶

秘书－司库：厄恩斯特·赫夫克特

执行委员会

主　　　席：詹姆斯·塞耶

秘书－司库：厄恩斯特·赫夫克特

成　　　员：克劳福德·比格斯

　　　　　　威廉·罗杰斯

　　　　　　乔治·夏普

二、美国法学院协会第一次会议会议记录[1]

1901 年 8 月 21 日（星期三）下午 3 点，美国法学院协会第一次年会在科罗拉多州丹佛市的泰伯剧院（Tabor Opera House）召开。在会议主席、哈佛大学詹姆斯·塞耶缺席的情况下，会议选举印第安纳大学的威廉·罗杰斯担任主席。

……

协会秘书宣读了执行委员的报告：

……

自去年 8 月的萨拉托加会议以来，美国法学院协会执行委员会就开始着手准备这份报告。

执行委员会委派协会秘书，给所有出席 1900 年 8 月萨拉托加年会的法学院递送了一份协会章程，并附信提醒她们留意章程第三条：选派代表参加此次会议，并在 1901 年 7 月 1 日之前签署此章程的法学院，如果满足本章程第六条要求，将成为本协会成员单位。

……

----

〔1〕 *AALS Proceedings* 1～8，1900～1901. 胡晓进译。

执行委员会还指示秘书，给所有未参加萨拉托加会议的法学院也发送一份协会章程，并附上空白的申请表格。秘书照此办理，在发送申请表格的同时，还给已知通信地址的法学院院长、教授都发了类似函件。下列法学院回信申请成为美国法学院协会成员单位：

加州大学黑斯廷斯法学院。

科罗拉多大学法学院。

丹佛法学院。

堪萨斯大学法学院。

斯坦福大学法律系。

芝加哥法学院院长本来也填写了申请表，希望学院成为会员单位，但他随后告诉协会秘书，他已经辞职，与芝加哥法学院脱离关系，无法代表学院意见。协会秘书联系继任院长，希望他确认申请表的有效性，但尚未收到答复。

1901 年 6 月 14 日，美国法学院协会执行委员会在纽约市开会，几位委员讨论了上述申请。对照协会的入会要求，根据学院开设课程、授予学位条件、图书状况，执行委员会认为下列学院满足协会章程第六条的要求，可以成为会员单位：加州大学黑斯廷斯法学院、科罗拉多大学法学院、丹佛法学院、堪萨斯大学法学院、斯坦福大学法律系。

执行委员会也仔细考虑了芝加哥法学院的情况，认为该学院不符合协会章程第六条第一款（入学条件）之规定。对于入学条件，芝加哥法学院在自述材料第 5 页中表示，"高中毕业生或者具备同等学力者，可以不经考试入学；其他申请者需向院方证明其受教育程度满足其法学院毕业后从事律师职业之需要"。执行委员会认为，无法接受如此抽象的入学条件要求，在任何情况下，申请法学院的学生都应该按照章程第六条规定，提供所需的学历证明，或者参加入学考试。因此，芝加哥法学院不符合协会章程第六条第一款入学条件之规定……

执行委员会还收到了乔治城大学法学院的入会申请，但提交时间在年会召开前90日之内，根据协会章程第十一条，本届执行委员会无权决定是否接受，因此，建议下届执行委员酌情考虑。

去年8月的萨拉托加会议曾通过若干决议，由执行委员负责考虑、执行，决议如下：

决议（1）：经过法学院院方同意后，跟随律师学习过一年或一年以上法律的申请者，可进入法学院高年级就读。

决议（2）：执行委员会负责向法学院协会汇报各法学院学位课程、学分。

决议（3）：美国法学院协会认为，法学院毕业文凭并非进入律师职业的资格证书，获得律师资格须经各州组织的律师资格考试，各州律师资格考试委员会成员，由各州最高法院任命。

决议（4）：执行委员会负责向法学院协会汇报各法学院授予学位情况及具体要求。

执行委员会认为，应以下列决议取代上述前两条决议，并建议法学院协会通过：

决议：只有满足协会章程第六条第一款关于入学条件之规定，通过法学院第一年课程的各科考试，或是能证明在满足章程该条要求的法学院学过一年的申请者，方能进入法学院高年级就读。

执行委员会还建议以下述决议取代上述决议（3），并建议法学院协会通过：

决议：法学院毕业文凭并非进入律师职业的资格证书。

决议：获得律师资格须经各州组织的律师资格考试，考试委员会成员由各州最高法院任命。

执行委员会认为，目前无法实现上述决议（4）的要求，建议成立特别委员会调查、汇报此项工作。

除了上述各项建议外，执行委员会还提议美国法学院协会通过以下决议：

决议：法学院协会成员单位每年印制本学院情况介绍材料。

决议：法学院协会建议，由各学院承担本院出席协会年会代表的相关费用。

最后需要指出的是，执行委员会无权决定去年出席萨拉托加成立大会的各法学院，是否符合协会章程第六条第一款之具体规定。但是，执行委员会相信，到1901年9月时，她们应该能够符合该条要求。根据协会章程第十条之规定，下届执行委员会有责任详细考查此事，并决定美国法学院协会的创始会员单位是否符合协会章程第六、七条之规定。执行委员会相信，法学院协会的成败极大地依赖于严格坚守协会章程规定的会员资格要求。

此致！

詹姆斯·塞耶
美国法学院协会主席

附　章：19 世纪美国法学
教育基本情况

一、19 世纪美国法学院名录[1]

威廉－玛丽学院：William and Mary College, Williamsburg, Virginia. 1779 ~ 1861；1920 ~

宾夕法尼亚大学：University of Pennsylvania (*College of Philadelphia*), Philadelphia, Pennsylvania. 1790 ~92；1817 ~18；1850 ~

哥伦比亚大学：Columbia University, New York City, New York. 1794 ~ 98；1824 ~26；1858 ~

特兰西瓦尼亚大学：*Transylvania University* (*Kentucky University*), Lexington, Kentucky. 1799 ~1861；1865 ~79；1892 ~95；1905 ~12

哈佛大学：Harvard University, Cambridge, Massachusetts. 1817 ~

马里兰大学：University of Maryland, Baltimore, Maryland. 1823 ~ 32；1870 ~

耶鲁大学：Yale University, New Haven, Connecticuft. (*Staples-Hitchcock school*; affiliated) 1824 ~

弗吉尼亚大学：University of Virginia, Charlottesville, Virginia. February, 1826 ~

乔治·华盛顿大学：George Washington University (*Columbian College*),

---

[1] Alfred Zantzinger Reed, *Training for the Public Profession of the Law：Historical Development and Principal Contemporary Problems of Legal Education in the United States with Some Account of Conditions in England and Canada* (New York：Charles Scribner's Sons, 1921), pp. 423 ~428. 按照开展法学教育的先后顺序排列，后来解体的大学，或者撤销法学院的大学，用斜体标记（统计时间为 1920 年）。

Washington, District of Columbia. 1826 ~ 27; 1865 ~

迪金森学院: Dickinson College, Carlisle, Pennsylvania. 1834 ~ 50; 1862 ~ 82; 1890 ~

辛辛那提大学: University of Cincinnati, Cincinnati, Ohio. (Cincinnati Law School, 1833; affiliated with *Cincinnati College*, 1835; separate school started by the University, 1896; the two merged, 1897; connection with the University broken, 1910; reestablished 1918) 1835 ~ 41; 1842 ~

纽约大学: New York University, New York City, New York. 1838 ~ 39; 1858 ~

拉法耶特学院: *Lafayette College*, Easton, Pennsylvania. 1841 ~ 52; 1875 ~ 84.

印第安纳大学: Indiana University, Bloomington, Indiana. 1842 ~ 77; 1889 ~

圣路易斯大学: St. Louis University, St. Louis, Missouri. 1842 ~ 47; 1908 ~

佐治亚大学: University of Georgia, Athens, Georgia. (*Lumpkin Law School*, 1843; affiliated) 1843 ~ 61; 1865 ~

北卡罗来纳大学: University of North Carolina, Chapel Hill, North Carolina. (*Battle School*, 1843; affiliated) 1845 ~ 68; 1877 ~

亚拉巴马大学: University of Alabama, Tuscaloosa, Alabama. 1845 ~ 46; 1873 ~

路易斯维尔大学: University of Louisville, Louisville, Kentucky. 1846 ~

普林斯顿大学: *Princeton University* (*College of New Jersey*), Princeton, New Jersey. 1846 ~ 52.

图兰大学: Tulane University (*University of Louisiana*), New Orleans, Louisiana. 1847 ~ 62; 1865 ~

坎伯兰大学: Cumberland University, Lebanon, Tennessee. 1847 ~ 61; 1866 ~

奥尔巴尼法学院: Albany Law School (*University of Albany*, Union University), Albany, New York. (1851; affiliated with Union College, 1873) 1851 ~

纳什维尔大学: *University of Nashville*, Nashville, Tennessee. 1854 ~ 55; 1870 ~ 72.

密西西比大学: University of Mississippi, Oxford, Mississippi. 1854 ~ 61; 1867 ~ 70; 1871 ~ 74; 1877 ~

迪堡大学: *DePauw University* (*Indiana Asbury University*), Greencastle, Indiana. 1854 ~ 62; 1884 ~ 94.

汉密尔顿学院：*Hamilton College* (*Maynard Law School*)，Clinton，New York. 1855 ~ 87.

贝勒大学：Baylor University，Independence，Texas. 1857 ~ 59；1865 ~ 72；Waco，Texas，1920 ~

西部大学：Northwestern University，Chicago，Illinois. (*University of Chicago*，1859；Union College of Law affiliated with both universities，1873 ~ 86；incorporated 1888；control assumed by Northwestern 1891) 1859.

密西根大学：University of Michigan，Ann Arbor，Michigan. 1859 ~

麦肯德里学院：*McKendree College*，Lebanon，Illinois. 1860 ~ 1901；East St. Louis，Illinois. 1891 ~ 95.

艾奥瓦法学院：*Iowa Law School*，Des Moines，Iowa. 1865 ~ 68 (merged with State University of Iowa).

华盛顿与李大学：Washington and Lee University，Lexington，Virginia. (*Lexington Law School*，1849 ~ 61；affiliated) 1866 ~

华盛顿大学：Washington University (St. Louis Law School)，St. Louis，Missouri. 1867 ~

南卡罗莱纳大学：University of South Carolina，Columbia，South Carolina. 1867 ~ 68；1869 ~ 73；*colored*，1873 ~ 77；1884 ~

霍华德大学：Howard University (*colored*)，Washington，District of Columbia. 1868 ~

艾奥瓦州立大学：State University of Iowa，Iowa City，Iowa. (See above，*Iowa Law School*，1865) 1868 ~

威斯康星大学：University of Wisconsin，Madison，Wisconsin. 1868 ~

三一学院：Trinity College，Randolph County，North Carolina. 1868 ~ 81；Raleigh，1890 ~ 94；Durham，1904 ~

圣母大学：University of Notre Dame，Notre Dame，Indiana. 1869 ~

圣劳伦斯大学：St. Lawrence University，Canton，New York. 1869 ~ 72；Brooklyn Law School，New York City，New York. (1901；affiliated) 1903 ~

乔治城大学：Georgetown University，Washington，District of Columbia. 1870 ~

国家大学：National University[1]，Washington，District of Columbia. 1870 ~

里士满学院：Richmond College，Richmond，Virginia. 1870 ~ 74；1877 ~ 82. T. C. Williams School of Law. 1890 ~

印第安纳波利斯学院：University of Indianapolis（*Northwestern Christian College*，Butler College），Indianapolis，Indiana. 1870 ~ 74.（Indiana Law School，1894；combined with Butler College as University of Indianapolis，1896；Butler College withdraws from the University but remains associated，1906）1896 ~

林肯大学：*Lincoln University*（*colored*），Oxford and West Chester，Pennsylvania. 1870 ~ 75.

艾奥瓦卫斯理大学：*Iowa Wesleyan University*，Mt. Pleasant，Iowa. 1871 ~ 84.

匹兹堡大学：University of Pittsburgh（*Western University of Pennsylvania*），Pittsburgh，Pennsylvania. 1871 ~ 73；1895 ~

波士顿大学：Boston University，Boston，Massachusetts. 1872 ~

密苏里大学：University of Missouri，Columbia，Missouri. 1872 ~

三一大学：*Trinity University*，Tehuacana Hills，Texas. 1872 ~ 78.

威尔伯福斯大学：*Wilberforce University*（*colored*），Xenia，Ohio. 1872 ~ 82.

伊利诺伊卫斯理大学：Illinois Wesleyan University（Bloomington Law School），Bloomington，Illinois. 1874 ~

范德堡大学：Vanderbilt University，Nashville， ~ Tennessee. 1874 ~

摩斯大学：Mercer University，Macon，Georgia. 1874 ~ 81；1889 ~

肯塔基中央大学：*Central University of Kentucky*，Richmond，Kentucky. 1874 ~ 82；1897 ~ 1901.

林肯学院：*Lincoln College*（*James Milliken University*），Lincoln，Illinois. 1874 ~ 76.

德雷克大学：Drake University，Des Moines，Iowa.（*Iowa College of Law* affiliated with *Simpson Centenary College*，1875；transferred to Drake University，1881）1875 ~

南方大学：*Southern University*，Greensboro，Alabama. 1875 ~ 87.

堪萨斯大学：University of Kansas，Lawrence，Kansas. 1878 ~

---

[1] 1954 年并入乔治·华盛顿大学。

黑斯廷斯法学院：Hastings College of the Law（University of California），San Francisco, California. 1878 ~

西弗吉尼亚大学：West Virginia University, Morgantown, West Virginia. 1878 ~

利哈伊大学：*Lehigh University*, South Bethlehem, Pennsylvania. 1878 ~ 80.

拉斯特大学：*Rust University*（*Sham University*）（colored），Holly Springs, Mississippi. 1878 ~ 80.

瓦尔帕莱索大学：Valparaiso University（*Northern Indiana Law School*），Valparaiso, Indiana. 1879 ~

瓦尔登大学：*Walden University*（*Central Tennessee College*）（colored），Nashville, Tennessee. About 1880 ~ about 1917.

查多克大学：*Chaddock College*, Quincy, Illinois. 1880 ~ 86；1887 ~ 1900. *Gem City Law School*（*Gem City Business College*）about 1904 ~ about 1907.

艾伦大学：*Allen University*（colored），Columbia, South Carolina. 1881 ~ 98.

中印第安纳法学院：*Central Indiana Law School*, Indianapolis, Indiana. About 1881 ~ about 1890.

内布拉斯加卫斯理大学：*Nebraska Wesleyan University*, University Place, Nebraska. 1882 ~ 85.

阿肯色法学院：Arkansas Law School, Little Rock, Arkansas.（*Little Rock Law Class*, affiliated with *Little Rock University*, 1883, with *Arkansas Industrial University*, 1893）1883 ~ 98.

阿肯色工业大学：*Arkansas Industrial University*, Fayettevilie. 1890 ~ 91.

阿肯色大学：*University of Arkansas*, Little Rock. 1897 ~ 98.（These were separate institutions. The Arkansas Law School was started at Little Rock, in 1898. The *Arkansas Industrial University*, at Fayetteville, changed its name to *University of Arkansas*, and recognized this school as its department, in 1899. The connection was broken in 1915）1898 ~

德克萨斯大学：University of Texas, Austin, Texas. 1883 ~

西北法学院：Northwestern College of Law, Portland, Oregon.（University of Oregon, 1884；connection broken and new name adopted, 1915）1884 ~

维拉米特大学：Willamette University, Salem, Oregon. 1884 ~

黎巴嫩大学：*Lebanon University*（*National Normal University*），Lebanon,

Ohio. About 1884 ~ 1908.

Ohio Northern University (*Ohio Normal University*), Ada, Ohio. 1885 ~

康奈尔大学：Cornell University, Ithaca, New York. 1887 ~

布法罗大学：University of Buffalo, Buffalo, New York. (*Buffialo Law School*, affiliated with University of Niagara, 1887; with University of Buffalo, 1889) 1887 ~

芝加哥 – 肯特法学院：Chicago Kent College of Law, Chicago, Illinois. (*Afternoon law club*, 1887; incorporated as *Chicago College of Law* and affiliated with *Lake Forest University*, 1888; merged with *Kent Law School*, 1900; connection with University broken, 1902) 1888 ~

中央师范学院：*Central Normal College* (*Indiana Central Law School*), Danville, Indiana. 1888 ~ 1917.

明尼英达大学：University of Minnesota, Minneapolis, Minnesota. 1888 ~

埃默里学院：*Emory College*, Oxford, Georgia, 1888 ~ 91; 1898 ~ 1907. Emory University (Lamar School of Law), Atlanta, Georgia. 1916 ~

萧尔大学：*Shaw University* (*colored*), Raleigh, North Carolina. 1888 ~ 1914.

加菲尔德大学：*Garfield University* (*Central Memorial University*), Wichita, Kansas. 1888 ~ about 1895.

田纳西大学：University of Tennessee, Knoxville, Tennessee. (*Private school*, affiliated 1889; moved to university campus, 1891) 1889 ~

巴尔的摩大学：*Baltimore University*, Baltimore, Maryland. 1889 ~ 1911 (merged with *Baltimore Law School*).

北伊利诺伊法学院：*Northern Illinois College of Law* (*Northern Illinois Normal Institute*), Dixon, Illinois. 1889 ~ about 1910.

亚特兰大法学院：Atlanta Law School, Atlanta, Georgia. (Incorporated 1890; affiliated with *Southern Medical College*, 1891; independent charter, 1892) 1890 ~ 98; 1900 ~ 01; 1908 ~

大都会法学院：*Metropolis Law School*, New York City, New York. (*Evening law school*, 1888; chartered by Regents) 1890 ~ 95 (merged with New York University).

俄亥俄州立大学：Ohio State University, Columbus, Ohio. (*Law Club*, 1890;

affiliated）1891 ~

底特律法学院：Detroit College of Law, Detroit, Michigan. (Incorporated 1891; control acquired by Y. M. C. A. , 1915) 1891 ~

纽约法学院：New York Law School, New York City, New York. (Chartered by Regents, 1891; by legislature, 1897) 1891 ~

内布拉斯加大学：University of Nebraska, Lincoln, Nebraska. (*Central Law College*, 1888; affiliated) 1891 ~

丹佛大学：University of Denver, Denver, Colorado. (*Blackstone class*, 1888; affiliated) 1892 ~

科罗拉多大学：University of Colorado, Boulder, Colorado. 1892 ~

西储大学：Western Reserve University (Franklin T. Backus Law School), Cleveland, Ohio. 1892 ~

南方师范大学：*Southern Normal University*, Huntington, Tennessee. 1892 ~ about 1910.

肯特法学院：*Kent Law School*, Chicago, Illinois. 1892 ~ 1900 (merged with Chicago Kent).

南方大学：*University of the South*, Sewanee, Tennessee. 1893 ~ 1910.

沃思堡大学：*Fort Worth University*, Fort Worth, Texas. 1893 ~ 1907.

维克森立学院：Wake Forest College, Wake Forest, North Carolina. 1894 ~

中央学院：*Centre College* (*Danville College of Law*, *Central University of Kentucky*), Danville, Kentucky. 1894 ~ 1912.

美国哈里曼大学：*American University of Harriman* (*American Temperance University*), Harriman, Tennessee. 1894 ~ 1902.

天普大学：Temple University, Philadelphia, Pennsylvania. 1895 ~

锡拉丘兹大学：Syracuse University, Syracuse, New York. 1895 ~

美国天主教大学：Catholic University of America, Washington, District of Columbia. 1895 ~

堪萨斯城法学院：Kansas City School of Law, Kansas City, Missouri. 1895 ~

联合大学：Union University (*Southwestern Baptist University*), Jackson, Tennessee. 1895 ~ 1906; 1919 ~

本顿法学院：Benton College of Law, St. Louis, Missouri. (1895; incorporated）1896 ~

米尔萨普斯学院：*Millsaps College*，Jackson，Mississippi. 1896 ~ 1919.

芝加哥法学院：Chicago Law School（Chicago Seminar of Science，*Midland University*），Chicago，Illinois. 1896 ~

莫里斯·布朗学院：*Morris Brown College*（*colored*），Atlanta，Georgia. 1896 ~ 1907.

奥罗拉学院：*Aurora College*，Aurora，Illinois. 1896 ~ 1901.

德保尔大学：De Paul University，Chicago，Illinois.（Illinois College of Law，1896，incorporated 1897. *Illinois Law School* incorporated separately for evening classes，1909. Both institutions affiliated with the University，but conducted in different locations，1912；brought together，1915）1897 ~

克利夫兰法学院：Cleveland Law School，Cleveland，Ohio.（*Baldwin University*，1897. *Cleveland CollegeofLaw*，1897. Two institutions merged，incorporated and affiliated with the University，later Baldwin ~ Wallace College，1899）1897 ~

伊利诺伊大学：University of Illinois，Urbana，Illinois. 1897 ~

坎贝尔大学：*Campbell University*，Holton，Kansas. 1897 ~ 1904.

南加州大学：University of Southern California，Los Angeles，California.（*Law School Association*，1896；incorporated as *Los Angeles Law School*，1898；affiliated with the University，1901）1898 ~

华盛顿法学院：Washington College of Law，Washington，District of Columbia.（*Woman's Law Class*，1896；incorporated）1898 ~

本杰明·哈里森法学院：Benjamin Harrison Law School，Indianapolis，Indiana.（*National Correspondence Schools*，*Indianapolis College of Law*，1898. *American Central Law School*，a secession from this，1909；incorporated，1911. The two merged，1914；new charter and name，1915）1898 ~

马里恩学院：*Marion Normal College and Business University*（*Marion Law School*），Marion，Indiana. 1898 ~ 1912.（Removed to Muncie，Indiana，and name changed to *Muncie Normal Institute*，later *Muncie National Institute*）1912 ~ about 1917.

缅因大学：*University of Maine*，Bangor，Maine. 1898 ~ 1918. Orono，Maine，1918 ~ 20.

高地公园学院：*Highland Park College*, Des Moines, Iowa. 1898 ~ 1904.

斯坦福大学：Leland Stanford Junior University, Stanford University, California. (Partial law course, 1894; developed) 1899 ~

约翰·马歇尔法学院：John Marshall Law School, Chicago, Illinois. 1899 ~

查塔努加法学院：Chattanooga College of Law, Chattanooga, Tennessee. (*U. S. Grant University*, 1899; connection broken, 1910) 1899 ~

华盛顿大学：University of Washington, Seattle, Washington. 1899 ~

南明尼苏达师范学院：*Southern Minnesota Normal College (Austin College of Law)*, Austin, Minnesota. 1899 ~ about 1910.

辛辛那提基督教青年会法律夜校：Cincinnati Y. M. C. A. Night Law School (McDonald Educational Institute), Cincinnati, Ohio. (1893; authority to confer degrees secured) 1900 ~

北达科他大学：University of North Dakota, Grand Forks, North Dakota. 1900 ~

约翰·斯特森大学：John B. Stetson University, De Land, Florida. 1900 ~

圣保罗法学院：St. Paul College of Law, St. Paul, Minnesota. 1900 ~

州立师范学院：*State Normal College*, Terre Haute, Indiana. About 1900 ~ 01.

南方法学院：*Southern Law College*, Nashville, Tennessee. 1900 ~ about 1902.

巴尔的摩法学院：*Baltimore Law School*, Baltimore, Maryland. 1900; affiliated with *Baltimore Medical College*, 1903 ~ 13 (both institutions merged with University of Maryland).

伯克利加州大学 University of California, Berkeley, California. (*Department of Jurisprudence*, 1894; developed) 1901 ~

南达科他大学：University of South Dakota, Vermillion, South Dakota. 1901 ~

芝加哥大学：University of Chicago, Chicago, Illinois. 1902 ~

俄勒冈法学院：Oregon Law School, Salem, Oregon. 1902 ~ 06. Portland, Oregon, 1906 ~

三州学院：Tri – State College (*Angola Law School*), Angola, Indiana. 1902 ~

博林格林学院：*Bowling Green Normal School and Business University*, Bowling Greon, Kentucky. By 1902 ~ by 1908.

贝萨尼学院：*Bethany College*, Lindsborg, Kansas. 1902 ~ 08.

沃什伯恩学院：Washburn College, Topeka, Kansas. 1903 ~

大都会商学院：*Metropolitan Business College*, Chicago, Illinois. 1903 ~ 04.

东北学院：Northeastern College, Boston, Massachusetts. (*Lowell Institute*, 1897; Boston Y. M. C. A. Evening Law School, 1898; incorporated with power to confer degrees, 1904; combined with other Y. M. C. A. schools to form College, 1916) 1904 ~

二、19 世纪美国法学教育基本数据

1850 ~ 1910 年间美国人口、律师、法学院（学生）
人数及相应比例[1]

年 代	1850	1860	1870	1880	1890	1900	1910
人口数量（万）	2 319	3 144	3 855	5 015	6 294	7 599	9 197
律师数量	23 939	34 839	40 735	64 137	89 630	114 460	122 149
每十万人中律师数	103	111	105	123	142	151	133
法学院数量	15	21	31	51	61	102	124
每千万人中法学院数量	6	7	8	10	10	13	13
法学院学生数量	400	1 200	1 653	3 134	4 513	12 516	19 567
每十万人中法学院学生数量	2	4	4	6	7	16	21

---

[1] Alfred Zantzinger Reed, *Training for the Public Profession of the Law: Historical Development and Principal Contemporary Problems of Legal Education in the United States with Some Account of Conditions in England and Canada* (New York: Charles Scribner's Sons, 1921), p. 442.

1850 ~ 1910 年间美国医生、牧师、律师人数[1]

年代	1850	1860	1870	1880	1890	1900	1910
医生	40 765	55 159	62 448	85 671	104 805	132 002	157 966
牧师	26 842	37 529	43 874	64 698	88 203	111 638	133 988
律师	23 939	34 839	40 735	64 137	89 630	114 460	122 149
总数	91 546	127 527	147 058	214 506	282 638	358 100	414 103

每十万人中医生、牧师、律师人数

年代	1850	1860	1870	1880	1890	1900	1910
医生	176	175	162	171	167	173	172
牧师	116	119	114	129	140	147	145
律师	103	111	105	123	142	151	133
总数	395	405	381	428	449	471	450

1870 ~ 1916 年间美国医学院、神学院、法学院学生人数[2]

年代	1870	1880	1890	1900	1910	1913	1916
医学院	6194	11 929	15 213	25 213	21 394	17 236	14 767
神学院	3254	52 429	7013	8009	11 012	10 965	12 051
法学院	1653	3134	4513	12 516	19 567	20 878	22 993

---

[1] Alfred Zantzinger Reed, *Training for the Public Profession of the Law: Historical Development and Principal Contemporary Problems of Legal Education in the United States with Some Account of Conditions in England and Canada* (New York: Charles Scribner's Sons, 1921), p. 442.

[2] Alfred Zantzinger Reed, *Training for the Public Profession of the Law: Historical Development and Principal Contemporary Problems of Legal Education in the United States with Some Account of Conditions in England and Canada* (New York: Charles Scribner's Sons, 1921), p. 443.

每十万人中医学院、神学院、法学院学生数

年代	1870	1880	1890	1900	1910	1913	1916
医学院	16	24	25	33	23	18	15
神学院	8	10	11	11	12	11	12
法学院	4	6	6	7	16	22	23

1790～1917 年间美国法学院数量[1]

年 代	开办数量	在日后各时期继续开办的法学院数量													
		1790	1800	1810	1820	1830	1840	1850	1860	1870	1880	1890	1900	1910	1917
1779～1790	1	1	1	1	1	1	1	1	1	0	0	0	0	0	0
1790～1800	3	—	1	1	1	1	1	1	3	3	2	2	2	3	2
1800～1810	0	—	—	0	0	0	0	0	0	0	0	0	0	0	0
1810～1820	1	—	—	—	1	1	1	1	1	1	1	1	1	1	1
1820～1830	4	—	—	—	—	3	2	2	2	3	4	4	4	4	4
1830～1840	3	—	—	—	—	—	2	2	2	3	3	2	3	3	3
1840～1850	10	—	—	—	—	—	—	8	6	5	7	7	7	8	8
1850～1860	8	—	—	—	—	—	—	—	6	6	5	5	4	4	4
1860～1870	11	—	—	—	—	—	—	—	—	10	8	8	8	9	9
1870～1880	26	—	—	—	—	—	—	—	—	—	21	12	16	15	15
1880～1890	22	—	—	—	—	—	—	—	—	—	—	20	18	14	13
1890～1900	43	—	—	—	—	—	—	—	—	—	—	—	39	30	28
1900～1910	39	—	—	—	—	—	—	—	—	—	—	—	—	33	28
1910～1917	31	—	—	—	—	—	—	—	—	—	—	—	—	—	25
总 数	202	1	2	2	3	6	7	15	21	31	51	61	102	124	140

---

[1] Alfred Zantzinger Reed, *Training for the Public Profession of the Law: Historical Development and Principal Contemporary Problems of Legal Education in the United States with Some Account of Conditions in England and Canada* (New York: Charles Scribner's Sons, 1921), p. 444.

1790~1917 年间美国各州法学院数量[1]

年代 州名	1790	1800	1810	1820	1830	1840	1850	1860	1870	1880	1890	1900	1910	1917
亚拉巴马	—	—	—	0	0	0	0	0	0	2	1	1	1	1
亚利桑那	—	—	—	—	—	—	—	—	—	—	—	—	—	1
阿肯色	—	—	—	—	—	0	0	0	0	0	1	1	1	1
加利福尼亚	—	—	—	—	—	—	—	0	0	1	1	3	5	10
科罗拉多	—	—	—	—	—	—	—	—	—	0	0	2	2	3
康涅狄格	0	0	0	0	1	1	1	1	1	1	1	1	1	1
特拉华	0	0	0	0	0	0	0	0	0	0	0	0	0	0
华盛顿特区	—	0	0	0	0	0	0	0	2	4	4	6	8	8
佛罗里达	—	—	—	—	—	—	0	0	0	0	0	0	2	2
佐治亚	0	0	0	0	0	0	1	1	1	2	3	4	3	4
爱达荷	—	—	—	—	—	—	—	—	—	—	—	0	1	1
伊利诺伊	—	—	—	0	0	0	0	1	2	3	6	12	9	12
印第安纳	—	—	—	0	0	0	1	2	2	2	5	7	10	8
艾奥瓦	—	—	—	—	—	—	0	0	1	3	2	3	2	2
堪萨斯	—	—	—	—	—	—	—	0	1	2	2	2	2	2
肯塔基	—	1	1	1	1	1	2	2	2	2	1	3	5	3
路易斯安那	—	—	—	0	0	0	1	1	1	2	1	1	2	3
缅　因	—	—	—	0	0	0	0	0	0	0	0	1	1	1
马里兰	0	0	0	0	1	0	0	0	0	1	2	2	3	1
马萨诸塞	0	0	0	1	1	1	1	1	1	2	2	2	3	4
密歇根	—	—	—	—	—	0	0	1	1	1	1	2	2	3
明尼苏达	—	—	—	—	—	—	—	0	0	0	1	2	2	4
密西西比	—	—	—	0	0	0	0	1	1	2	1	2	2	2
密苏里	—	—	—	0	0	0	0	0	1	2	2	4	5	6

[1]　Alfred Zantzinger Reed, *Training for the Public Profession of the Law*：*Historical Development and Principal Contemporary Problems of Legal Education in the United States with Some Account of Conditions in England and Canada*（New York：Charles Scribner's Sons, 1921），p. 446.

续表

年代\州名	1790	1800	1810	1820	1830	1840	1850	1860	1870	1880	1890	1900	1910	1917
蒙大拿	—	—	—	—	—	—	—	—	—	—	0	0	0	1
内布拉斯加	—	—	—	—	—	—	—	—	0	0	0	1	2	3
内华达	—	—	—	—	—	—	—	—	0	0	0	0	0	0
新罕布什尔	0	0	0	0	0	0	0	0	0	0	0	0	0	0
新泽西	0	0	0	0	0	0	0	0	0	0	0	0	1	1
新墨西哥	—	—	—	—	—	—	—	—	—	—	—	—	—	0
纽 约	0	0	0	0	0	0	0	4	5	4	5	7	9	9
北卡罗来纳	0	0	0	0	0	0	1	1	1	3	2	3	4	4
北达科他	—	—	—	—	—	—	—	—	—	—	0	0	1	1
俄亥俄	—	—	0	0	0	1	1	1	1	2	3	6	8	9
俄克拉荷马	—	—	—	—	—	—	—	—	—	—	—	—	2	1
俄勒冈	—	—	—	—	—	—	—	0	0	0	2	2	4	4
宾夕法尼亚	0	0	0	0	0	1	2	1	2	4	1	4	4	5
罗德岛	0	0	0	0	0	0	0	0	0	0	0	0	0	0
南卡罗来纳	0	0	0	0	0	0	0	0	1	0	2	1	1	1
南达科他	—	—	—	—	—	—	—	—	—	—	0	0	1	1
田纳西	—	0	0	0	0	0	1	1	1	2	4	9	7	6
德克萨斯	—	—	—	—	—	—	0	0	1	0	1	2	1	1
犹 他	—	—	—	—	—	—	—	—	—	—	—	0	0	1
佛蒙特	—	0	0	0	0	0	0	0	0	0	0	0	0	0
弗吉尼亚	1	1	1	1	2	2	2	2	2	3	2	3	3	3
华盛顿	—	—	—	—	—	—	—	—	—	—	0	1	1	3
西弗吉尼亚	—	—	—	—	—	—	—	—	0	1	1	1	1	1
威斯康星	—	—	—	—	—	0	0	1	1	1	1	1	2	2
怀俄明	—	—	—	—	—	—	—	—	—	—	—	0	0	0
法学院总数	1	2	2	3	6	7	15	21	31	51	61	102	124	140

参考文献

一、专业杂志与年度报告

1. *American Bar Association Journal*（*ABA Journal*），《美国律师协会杂志》（简称 *A. B. A. J.*）。

2. *American Law Review*（1866～1928），《美国法律评论》。

3. *United States Law Review*（1929～1939），《美国法律评论》。

4. *American Law School Review*（1902～1947），《美国法学院评论》。

5. *Annual Report of the American Bar Association*，《美国律师协会年度报告》（简称 *Annu. Rep. A. B. A.*）。

6. *Association of American Law Schools Proceedings of the Annual Meeting*，《美国法学院协会年度会议公报》（简称 *AALS Proceedings*）。

7. *Columbia Law Times*（1887～1893），《哥伦比亚法律时代》。

8. *Green Bag*（1889～1914），《绿袋子》。

9. *Journal of Legal Education*，《法学教育杂志》。

二、专著

1. 理查德·L. 埃贝尔：《美国律师》，张元元、张国峰译，中国政法大学出版社 2009 年版。

2. 伯纳德·贝林：《美国革命的思想意识渊源》，涂永前译，中国政法大学出版社 2007 年版。

3. 丹尼尔·J. 布尔斯廷：《美国人：建国的历程》，谢延光等译，上海译文出版社 1997 年版。

4. 丹尼尔·J. 布尔斯廷：《美国人：民主的历程》，谢延光译，上海译文出版社 1997 年版。

5. 丹尼尔·J. 布尔斯廷：《美国人：殖民地历程》，时殷弘等译，上海译文出版社1997年版。

6. 曹义孙主编：《多面向的法治教育：法教育学论衡I》，中国政法大学出版社2012年版。

7. 劳伦斯·M. 弗里德曼：《美国法律史》，苏彦新等译，中国社会科学出版社2007年版。

8. 和震：《美国大学自治制度的形成与发展》，北京师范大学出版社2008年版。

9. 洪浩：《法治理想与精英教育：中外法学教育制度比较研究》，北京大学出版社2005年版。

10. 黄宇红：《知识演化进程中的美国大学》，北京师范大学出版社2008年版。

11. 格兰特·吉尔莫：《美国法的时代》，董春华译，法律出版社2009年版。

12. 托马斯·杰斐逊：《杰斐逊选集》，朱曾汶译，商务印书馆1999年版。

13. 亚瑟·科恩：《美国高等教育通史》，李子江译，北京大学出版社2010年版。

14. 劳伦斯·A. 克雷明：《美国教育史（一）：殖民地时期的历程（1607~1783)》，周玉军等译，北京师范大学出版社2003年版。

15. 劳伦斯·A. 克雷明：《美国教育史（二）：建国初期的历程（1783~1876)》，洪成文等译，北京师范大学出版社2002年版。

16. 劳伦斯·A. 克雷明：《美国教育史（二）：城市化时期的历程（1876~1980)》，朱旭东等译，北京师范大学出版社2002年版。

17. 李素敏：《美国赠地学院发展研究》，河北大学出版社2004年版。

18. 李子江：《学术自由在美国的变迁与发展》，北京师范大学出版社2008年版。

19. 林玉体编著：《哈佛大学史》，高等教育文化事业有限公司2002年版。

20. 林玉体编著：《美国高等教育之发展》，高等教育文化事业有限公司2002年版。

21. 林玉体：《美国教育思想史》，九州出版社2006年版。

22. 刘祚昌：《杰斐逊全传》，齐鲁书社2005年版。

23. 詹姆斯·麦迪逊：《辩论：美国制宪会议记录》，尹宣译，辽宁教育出版社 2003 年版。

24. 马丁·梅耶：《美国律师》，胡显耀译，江苏人民出版社 2001 年版。

25. 尼尔·R. 彼尔斯、杰里·哈格斯特洛姆：《美国志：五十州现状》，中国社会科学院美国研究所编译室译，董乐山校，中国社会科学出版社 1987 年版。

26. 伯纳德·施瓦茨：《美国法律史》，王军等译，中国政法大学出版社 1990 年版。

27. 罗伯特·斯蒂文斯：《法学院：19 世纪 50 年代到 20 世纪 80 年代的美国法学教育》，阎亚林等译，中国政法大学出版社 2003 年版。

28. 尹超：《法律文化视域中的法学教育比较研究：以德、日、英、美为例》，中国政法大学出版社 2012 年版。

29. 王健编：《西法东渐——外国人与中国法的近代变革》，中国政法大学出版社 2001 年版。

30. 王伟：《中国近代留洋法学博士考（1905～1950）》，上海人民出版社 2011 年版。

31. 曾尔恕主编：《社会变革之中的传统选择：以外国法律演进为视角》，中国政法大学出版社 2007 年版。

32. 张斌贤、李子江主编：《大学：自由、自治与控制》，北京师范大学出版社 2005 版。

33. 张金辉：《耶鲁大学办学史研究》，中央编译出版社 2009 年版。

34. 朱志辉：《清末民初来华美国法律职业群体研究（1895～1928）》，广东人民出版社 2011 年版。

35. Auerbach, Jerold S. , *Unequal Justice*: *Lawyers and Social Change in Modern America*, New York: Oxford University Press, 1976.

36. Barnes, Thomas Garden, *Hastings College of the Law*: *The First Century*, University of California, Hastings College of the Law Press, 1978.

37. Brown, Elizabeth Gaspar, *Legal Education at Michigan*, 1859～1959, Ann Arbor: University of Michigan Law School, 1959.

38. Dunne, Gerald T. , *Justice Joseph Story and the rise of the Supreme Court*, New York: Simon & Schuster, 1970.

39. Dwight, Timothy, *Yale College*: *Some Thoughts Respecting Its Future*,

New Haven: Printed by Tuttle, Morehouse and Taylor, 1871.

40. Elliot, Jonathan, *The Debates in the Several State Conventions of the Adoption of the Federal Constitution*, Philadelphia: J. B. Lippincott Co. , 1891.

41. Farrand, Max, *The Framing of the Constitution of the United States*, New Haven: Yale University Press, 1913.

42. Fleming, Donald & Bailyn, Bernard, eds. , *Law in American History*, Boston: Little, Brown and Company, 1971.

43. Goebel, Julius, Jr. etc. , *A History of the School of Law Columbia University*, New York: Columbia University Press, 1955.

44. Hall, Mark David, *The Political and Legal Philosophy of James Wilson*, 1742 – 1798, Columbia, Mo. : University of Missouri Press, 1997.

45. Harvard Law School Association, *The Centennial History of the Harvard Law School*, 1817 ~ 1917, Harvard Law School Association, 1918.

46. Harvard University, *A Record of the Commemoration, November Fifth to Eighth*, 1886 *on the Two Hundred and Fiftieth Anniversary of the Founding of Harvard College*, Cambridege: John Wilson and Son, 1887.

47. Hillard, George S. , *Memoir of Joseph Story, LL. D*, Boston: John Wilson & Son, 1868.

48. Hofstadt, Richard & Smith, Wilson, eds. , *American Higher Education: A Documentary History*, Vol. 1, Chicago: University of Chicago Press, 1961.

49. Hurst, J. Willard, *The Growth of American Law: The Law Maker*, Boston: Little, Brown and Company, 1950.

50. Jacobs, Clyde E. , *Law Writers and the Courts: The Influence of Thomas M. Cooley, Christopher G. Tiedeman, and John F. Dillon upon American Constitutional Law*, Berkeley: University of California Press, 1954.

51. Jefferson, Thomas, *The Writings of Thomas Jefferson*, collected and edited by Paul Leicester Ford, New York: G. P. Putnam's Sons, 1895.

52. Kent, C. A. , "James Valentine Campbell", *Michigan Law Review*, Vol. 5, No. 3 (Jan. , 1907).

53. Kent, William, *Memoirs and letters of James Kent, LL. D. late chancellor of the State of New York*, Boston: Little, Brown and Company, 1898.

54. Kimball, Bruce A. , *The Inception of Modern Professional Education:*

C. C. Langdell, 1826 ~ 1906, Chapel Hill, N. C. : The University of North Carolina Press, 2009.

55. Kirkwood, Marion R. & Owens, William B. , *A Brief History of the Stanford Law School*, 1893 ~ 1946, March, 1961.

56. Knowlton, Jerome C. , "Thomas McIntyre Cooley", *Michigan Law Review*, Vol. 5, No. 5 (Mar. , 1907).

57. Kronman, Anthony T. , ed. , *History of the Yale Law School: The Tercentennial Lectures*, New Haven: Yale University Press, 2004.

58. LaPiana, William P. , *Logic and Experience: The Origin of Modern American Legal Education*, New York: Oxford University Press, 1994.

59. Reed, Alfred Zantzinger, *Training for the Public Profession of the Law: Historical Development and Principal Contemporary Problems of Legal Education in the United States*, New York: Carnegie Foundation for the Advancement of Teaching, 1921.

60. Rothbard, Murray N. , *The Panic of 1819: Reactions and Policies*, New York: Columbia University Press, 1962.

61. Seligman, Joel, *The High Citadel: The influence of Harvard Law School*, Boston: Houghton, Mifflin, 1978.

62. Sheppard, Steve, ed. , *The History of Legal Education in the United States: Commentaries and Primary Sources*, Pasadena, California: Salem Press, Inc. , 1999.

63. Smith, J. Clay, Jr. , *Emancipation: The Making of the Black Lawyer*, 1844 ~ 1944, Philadelphia: University of Pennsylvania Press, 1993.

64. Story, William Wetmore, *Life and letters of Joseph Story, Associate Justice of the Supreme Court of the United States, and Dane professor of law at Harvard University*, Vol. 1, Boston: C. C. Little and J. Brown, 1851.

65. Warren, Charles, *A History of the American Bar*, Boston: Little, Brown and Company, 1911.

66. Warren, Charles, *History of the Harvard Law School and of early legal conditions in America*, New York: Lewis Publishing Company, 1908.

67. Wilson, James, *Collected Works of James Wilson*, edited by Kermit L. Hall & Mark David Hall Indianapolis: Liberty Fund, 2007.

68. Witt, John Fabian, *Lincoln's Code: The Laws of War in American History*, New York, N. Y.: Free Press, 2012.

69. Wood, Gordon S., *The Creation of the American Republic*, 1776 ~ 1787, Chapel Hill: University of North Carolina Press, 1969.

70. Wright, John D., Jr., *Transylvania: Tutor to the West*, Revised ed., Lexington: The University Press of Kentucky, 1980.

三、论文

1. 陈绪刚：" '朗道尔革命' ——美国法律教育的转型"，载《北大法律评论》2009 年第 10 卷第 1 辑。

2. 郝倩："'利奇菲尔德'模式：美国早期私立法律学校及其影响"，载《中国法学教育研究》2012 年第 1 期。

3. 胡晓进："法学教育如何向医学教育学习：美国经验与中国路径"，载《法学教育研究》（第四卷），法律出版社 2010 年版。

4. 胡晓进："美国第一个法学教授乔治·威思的传奇人生"，载《法学家茶座》（第 30 辑），山东人民出版社 2010 年版。

5. 胡晓进："美国西海岸第一位女律师的传奇人生"，载《法学家茶座》（第 39 辑），山东人民出版社 2013 年版。

6. 胡晓进："培养绅士型律师：特兰西瓦尼亚的法学教育（1799 ~ 1858）"，载《中国法学教育研究》2013 年第 3 期。

7. 胡晓进："托马斯·杰斐逊与美国早期法学教育"，载《教育史研究》2010 年第 2 期。

8. 胡晓进："像律师一样行动——卡内基基金会的法学教育改革报告"，载《法制日报》2009 年 10 月 15 日。

9. 胡晓进："约瑟夫·斯托里与哈佛法学教育"，载《中国法学教育研究》2010 年第 2 期。

10. 李秀清："吴经熊在密歇根大学法学院"，载《华东政法大学学报》2008 年第 2 期。

11. 李政辉："美国案例教学法的批判历程与启示"，载《南京大学法律评论》2012 年秋季卷。

12. Allen, Charles Claflin, "The St. Louis Law School", 1 *Green Bag* (1889).

13. Ames, Paul K., Frost, T. Gold, "The New Courses in Columbia Law

School", 1 *Columbia Law Times* (1887 ~ 1888).

14. Babcock, Barbara Allen, "Clara Shortridge Foltz: Constitution – Maker", 66 *Indiana Law Journal* (1991).

15. Babcock, Barbara Allen, "Clara Shortridge Foltz: First Woman", 30 *Arizona Law Review* (1988).

16. Bartholomew, Mark, "Legal Separation: The Relationship between the Law School and the Central University in the Late Ninteenth Century", 53 *Journal of Legal Education* (2003).

17. Boden, Robert F. , "The Colonial Bar and the American Revolution", 60 *Marquette Law Review* (1976).

18. Browne, Irving, "The Albany Law School", 2 *Green Bag* (1890).

19. Bryson, W. Hamilton, "The History of Legal Education in Virginia", *University of Richmond Law Review*, Vol. 14 (1979 ~ 1980).

20. Bryson, W. Hamilton & Shepard, E. Lee, "The Winchester Law School, 1824 ~ 1831", *Law and History Review*, Vol. 21, No. 2 (Summer, 2003).

21. Carrington, Paul D. , "Founding Legal Education in America", 40 *Pepperdine Law Review* (2013).

22. Carrington, Paul D. , "Hail! Langdell!", *Law & Social Inquiry*, Vol. 20, No. 3 (Summer, 1995).

23. Carrington, Paul D. , "Law as 'The Common Thoughts of Men': The Law – Teaching and Judging of Thomas McIntyre Cooley", *Stanford Law Review*, Vol. 49, No. 3 (Feb. , 1997).

24. Carrington, Paul D. , "Teaching Law and Virtue at Translyvania University: The George Wythe Tradition in the Antebellum Years", 41 *Mercer Law Review* (1989 ~ 1990).

25. Carrington, Paul D. , "The Constitutional Law Scholarship of Thomas McIntyre Cooley", *The American Journal of Legal History*, Vol. 41, No. 3 (Jul. , 1997).

26. Chase, George, "The 'Dwight Method' of Legal Instruction", 1 *Cornell Law Journal* (1894).

27. Clark, Mary L. , "The Founding of the Washington College of Law: The First Law School Established by Women for Women", 47 *American University Law*

Review（1997～1998）.

28. Collier, Christopher, "William J. Hamersley, Simeon E. Baldwin, and the Constitutional Revolution of 1897 in Connecticut", 23 *Connecticut Law Review* （1990～1991）.

29. Conrad, Stephen A. , "Metaphor and Imagination in James Wilson's Theory of Federal Union", *Law & Social Inquiry*, Vol. 13, No. 1 （Winter, 1988）.

30. Conrad, Stephen A. , "Polite Foundation: Citizenship and Common Sense in James Wilson's Republican Theory", *The Supreme Court Review*, Vol. 1984, （1984）.

31. Conrad, Stephen A. , "Undercurrents of Republican Thinking in Modern Constitutional Theory: James Wilson's 'Assimilation of the Common-Law Mind'", *Northwestern University Law Review*, Vol. 84 （Fall, 1989）.

32. Cook, William W. , "The Law School and the State", *Michigan Law Review*, Vol. 26, No. 8 （Jun. , 1928）.

33. Daggett, Leonard M. , "The Yale Law School", 1 *Green Bag* （1889）.

34. Douglas, Davison M. , "Foreword: The Legacy of St. George Tucker", *William and Mary Law Review*, Vol. 47, No. 4 （2006）.

35. Douglas, Davison M. , "The Jeffersonian Vision of Legal Education", 51 *Journal of Legal Education* （2001）.

36. Dwight, Theodore W. , "Columbia College Law School, New York", 1 *Green Bag* （1889）.

37. Dwight, Theodore W. , "Courses of Instruction in Columbia College Law School", 4 *Columbia Law Times* （1890～1891）.

38. Forgeus, Elizabeth, "The Northampton Law School", *Law Library Journal*, Vol. 41, Issue 1 （February, 1948）.

39. Ganter, Herbert Lawrence, "Jefferson's 'Pursuit of Happiness' and Some Forgotten Men", *The William and Mary Quarterly*, Second Series, Vol. 16, No. 3 （Jul. , 1936）.

40. Geil, John Clinton, "Lewis and Clark Law School: Northwestern School of Law, 1884～1973", *Oregon Historical Quarterly*, Vol. 84, No. 4 （Winter, 1983）.

41. Graves, C. A. , "Judge John W. Brockenbrough", *The Virginia Law Reg-*

ister, Vol. 2, No. 3 (Jul. , 1896).

42. Harlan, John Marshall, "James Wilson and the Formation of the Constitution", 34 *American Law Review* 481 ~ 504 (1900).

43. Hobson, Charles F. , "St. George Tucker's Law Papers", *William and Mary Law Review*, Vol. 47, No. 4 (2006).

44. Hutchins, Harry B. , "The Cornell Univeristy School of Law", 1 *Green Bag* (1889).

45. Jackson, Frederick H. , "Simeon E. Baldwin: Father of the American Bar Association", 39 *A. B. A. J.* (1953).

46. Jezierski, John V. , "Parliament or People: James Wilson and Blackstone on the Nature and Location of Sovereignty", *Journal of the History of Ideas*, Vol. 32, No. 1 (Jan. – Mar. , 1971).

47. Keener, William A. , "The Methods of Legal Education", 1 *Yale Law Journal* (1892).

48. Kent, James, "An American Law Student of a Hundred Years Ago", 2 *American Law School Review* (1906 ~ 1911).

49. Kent, James, "Autobiographical Sketch of Chancellor Kent", *Southern Law Review*, Vol. I, No. 3 (July, 1872).

50. Kent, James, "Kent's Introductory Lecture", 3 *Columbia Law Review* (1903).

51. Kimball, Bruce A. , "The Proliferation of Case Method Teaching in American Law Schools: Mr. Langdell's Emblematic 'Abomination'", 1890 ~ 1915, *History of Education Quarterly*, Vol. 46, No. 2 (Summer, 2006).

52. Klafter, Craig Evan, "The Influence of Vocational Law Schools on the Origins of American Legal Thought, 1779 ~ 1829", 37 *American Journal of Legal History* (1993).

53. Langdell, Christopher C. , "The Harvard Law School, 1869 ~ 1894", 2 *The Harvard Graduates' Magazine* 1894.

54. Leavelle, Arnaud B. , "James Wilson and the Relation of the Scottish Metaphysics to American Political Thought", *Political Science Quarterly*, Vol. 57, No. 3 (Sep. , 1942).

55. McClain, Emlin, "Law Department of the State University of Iowa", 1

Green Bag (1889).

56. McKirdy, Charles R. , "The Lawyer As Apprentice, Legal Education in Eighteenth Century Massachusetts", 28 *Journal of Legal Education* (1976).

57. McLaughlin, Andrew C. , "James Wilson in the Philadelphia Convention", *Political Science Quarterly*, Vol. 12, No. 1 (Mar. , 1897).

58. McManis, Charles R. , "The History of First Century American Legal Education: A Revisionist Perspective", 59 *Washington University Law Quarterly* (1981).

59. Norton, Charles P. , "The Buffalo Law School", 1 *Green Bag* (1889).

60. Pattee, William S. , "Law School of the University of Minnesota", 2 *Green Bag* (1890).

61. Paludan, Phillip S. , "John Norton Pomeroy, State Rights Nationalist", *The American Journal of Legal History*, Vol. 12, No. 4 (Oct. , 1968).

62. Riley, Edward M. , "St. George Tucker's Journal of the Siege of Yorktown, 1781", *The William and Mary Quarterly*, Third Series, Vol. 5, No. 3 (Jul. , 1948).

63. Rogers, Henry Wade, "Law School of the University of Michigan", 1 *Green Bag* (1889).

64. Schlegel, John Henry, "Langdell's Legacy Or, the Case of the Empty Envelope", *Stanford Law Review*, Vol. 36, No. 6 (Jul. , 1984).

65. Tucker, J. Randolph, "The Judges Tucker of the Court of Appeals of Virginia", *The Virginia Law Register*, Vol. 1, No. 11 (Mar. , 1896).

66. Wilmarth, Arthur E. , Jr. , "Elusive Foundation: John Marshall, James Wilson, and the Problem of Reconciling Popular Sovereignty and Natural Law Jurisprudence in the New Republic", *George Washington Law Review*, Vol. 72 (Dec. , 2003).

索　引

A

J

N

Z

后 记

"人生是生而自由的，但却无往不在枷锁之中。"卢梭《社会契约论》的这个论断，用来形容19世纪的美国，也不嫌过时。自由是美国的立国之基，也是"美国梦"的核心。《独立宣言》声称，每个人都有生命、自由与追求幸福的权利，这些权利是与生俱来的、不可剥夺。生而自由，是人类的天性。一个国家的政治体制，若能最大限度地保护、发展这种自由天性，就能释放出巨大的活力与能量；就能"让一切劳动、知识、技术、管理、资本的活力竞相迸发，让一切创造社会财富的源泉充分涌流"。

但是，从自由的天性到自由的国度，并非一蹴而就。即便是在美国，有了1787年宪法这个良好的政治基础，也不是从一开始就能人人得享自由。美国人争取自由的故事，在埃里克·方纳教授的两部著作[1]中，有淋漓尽致的展现，无需赘言。我想强调的是，自由以宪政为基础，需要法律来维护。任何自由的国家，都是法治国家；每个法治国家，都离不开律师和培养律师的法学院。美国人的自由，是律师型政治家在继承；美国的法学院，是学者型的律师所缔造。在19世纪的美国，律师建立了最初的法学院，法学院培养了新一代的律师，新一代的律师又成为美国自由的中流砥柱。说到底，美国是一个法律人统

---

[1] 埃里克·方纳：《美国自由的故事》，王希译，商务印书馆2002年版；埃里克·方纳：《给我自由！一部美国的历史》（上下卷），王希译，商务印书馆2010年版。

治的国度。

这是本书的初衷。

19世纪美国的律师与法学院，是个很有趣的题目，涵盖法学、教育、历史多个层面，机构、事件、人物众多，而且各具特色，值得一写。从2007年底开始，我就投入到这一领域，收集资料，构思框架，陆陆续续地写出一些片段。其间，还曾申请教育部人文社会科学青年基金资助（2008年），做了不少前期准备工作。

由于19世纪的美国没有教育部，也没有国立大学，高等教育几乎是"各自为政、自由放任"（至今如此）；法学教育领域更是百花齐放、百舸争流，既有以个人指导为主的学徒式教育，也有私人开办的法律学校，还有附设于大学的法律系、法学院。头绪繁多，缺乏中心，进行深入研究，颇为不易。

为了兼顾研究的整体性与深入性，我决定以点带面，选取19世纪美国有代表性法学教育人物与组织，各个击破，结硬寨、打呆仗，一点一点地积累。从2008年至今，相继完成了几个题目：杰斐逊与威思、斯托里与哈佛、德怀特与哥伦比亚、库利与密歇根、温切斯特法律学校、耶鲁、黑斯廷斯、特兰西瓦尼亚，等等。其中一些，曾在《美国研究》、《教育史研究》、《法学家茶座》、《中国法学教育研究》、《法学教育研究》等刊物上发表，慢慢形成了一本书的规模。

因此可以说，这是一本断断续续完成的书，若无领导的支持、同事的鼓励、朋友的协助，恐怕至今仍难以面世。这其中，首先要感谢的是单位领导曹义孙教授的督促与鞭策。由于生性疏懒，我一直视著书为畏途，总觉得自己学养不足、根基未稳，担心贸然出版，误人误己。好在曹老师也是学问中人，十分理解我的想法，一再优容、宽待。

曹老师之外，单位的诸位同事，也皆是戮力向学之人，大家相互切磋，让我获益良多。我觉得有必要列举他们的名字，以示谢意。他们是：梁文永、刘小楠、尹超、李慧敏、刘坤轮、王超奕，以及曾经共事的黄婕、孙薇娜。

《美国研究》主编赵梅老师、《法学家茶座》编辑麻素光女士，多次刊用我的投稿，增添了我继续写作的信心与勇气。

我的老同学、北京大学李晓霞博士，在准备毕业论文的时节，挤出宝贵时间，多次帮我到北大图书馆查找、借阅资料，使我得以顺利完成本书的关键篇章。

扬州大学李丹博士、浙江工商大学张庆熠博士通读了本书的部分书稿，修正笔误、提出建议，使本书增色不少。

中国政法大学图书馆老馆长曾尔恕教授一直鼓励我沿着自己的兴趣走下去，多次为我提供锻炼、发展机会，让我无以为报。

北京大学李剑鸣教授、张千帆教授、中国政法大学副校长李树忠教授，十分关心我的个人发展，他们奖掖后学、提携晚进的关爱之情，我一直铭记于心。

中国政法大学杨玉圣教授，是美国史研究领域的著名专家，为人豪爽、交游广泛，不时鼓励鞭策我奋勇向前，使我不敢疏忽懈怠。

中国政法大学科研处的魏雯、韩冰两位老师，专司科研项目管理，虽然我只是无名小卒，但他们每次都笑脸相迎，不辞辛劳，让我倍感温暖。

中国政法大学研究生院的郑永吉老师，英俊多才，多次关心我的工作进展，为我减轻了不少负担。

中国政法大学出版社第六编辑部（六部书坊）的刘海光主任，以专业出版人的眼光，提出了极好的修改建议，付出了大量的时间与精力，使本书脱胎换骨、焕然一新。

当然，文章得失寸心知，作文著书是自我修炼的过程，其间的辛苦与喜悦，不足为外人道。书中自然还有不少缺漏，诸多饶有兴趣的问题，比如 19 世纪美国的黑人律师、法律夜校、早期的几种法律评论，都没能涉及，只能留待以后择机弥补；也欢迎各位同道提出批评意见（huxiaojin78@163.com）。

胡晓进

2013 年 11 月 20 日初稿

2014 年 3 月 18 日修改

北京·昌平